浙江师范大学出版基金资助
浙江省哲学社会科学规划课题结项成果（22NDJC061YB）

类型学视野下
汉语程度副词的演化模式
与生成机制研究

张家合◎著

Study on the Evolution Pattern and
Generation Mechanism of Chinese Degree Adverbs
from the Perspective of Typology

ZHEJIANG UNIVERSITY PRESS
浙江大学出版社
·杭州·

图书在版编目（CIP）数据

类型学视野下汉语程度副词的演化模式与生成机制研
究 / 张家合著. -- 杭州：浙江大学出版社，2025. 5.
ISBN 978-7-308-25678-0

Ⅰ. H146.2

中国国家版本馆 CIP 数据核字第 2025D7U688 号

类型学视野下汉语程度副词的演化模式与生成机制研究
张家合　著

责任编辑	胡　畔	
责任校对	赵　静	
封面设计	雷建军	
出版发行	浙江大学出版社	
	（杭州天目山路 148 号　邮政编码 310007）	
	（网址：http://www.zjupress.com）	
排　　版	大千时代(杭州)文化传媒有限公司	
印　　刷	杭州钱江彩色印务有限公司	
开　　本	710mm×1000mm　1/16	
印　　张	15.5	
字　　数	260 千	
版 印 次	2025 年 5 月第 1 版　2025 年 5 月第 1 次印刷	
书　　号	ISBN 978-7-308-25678-0	
定　　价	88.00 元	

目　录

上　编

下 编

上　编

第一章 绪 论

历史语言学家研究语言的演变,要回答的问题有三:(1)演变的路径
(path);(2)演变的动因(motivation);(3)演变的机制(mechanism)。

——沈家煊(2004)

第一节 程度副词的界定

程度副词是副词的一个重要下属类别。从语义上看,程度副词表达性质
状态或某些动作行为所达到的程度;从句法上看,程度副词大都可以作状语,
能够比较自由地修饰性质形容词,也可以修饰助动词、心理动词以及一些特定
的动词性结构。关于程度副词的句法功能,学界仍有一些不同的看法。

其一,只能作状语。

朱德熙(1982:125)认为补语总是具有陈述功能,副词不具有陈述功能,
"补语只能是谓词性成分"。朱德熙(1982:192)明确指出"副词只能作状语,不
能作定语、谓语和补语",这代表了很多学者的看法。沈家煊(1999a:4)认为
"只有副词专作状语"。杨荣祥(2005:20)也持这种意见,认为汉语的副词只能
作状语,一般是不能作补语的。

其二,主要作状语,少量作补语。

吕叔湘(1956:148)认为个别程度副词如"很""极"等可用在形容词或动词
后头作补语,"慌""利害"两词只能用在后头,不能用在前头。"很""慌"和"利
害"要用"得"字连接,"极"字前头不用"得"字,后头常用"了"字。邢福义
(2016:162)提出"个别副词,包括'很'和'极',以及强调极度的'万分',可以作
补语","这一点表明,个别程度副词对副词的纯状语性稍微有所突破"。罗常

003

培(1981:21)认为副词主要用来作状语,但是"并不排斥有的副词还可以充当定语、补语"。

其三,既可以作状语,又可以作补语。

张谊生对现代汉语中用在补语位置上的副词做了系统考察和分析,《现代汉语副词研究》专设"副词的特殊句法功能——充当补语"一章讨论副词充当补语的问题。在全面考察现代汉语副词的句法、语义和语用特点之后,指出"现代汉语中有相当一些程度副词可以充当补语",这一观点亦详见于其论文《程度副词充当补语的多维考察》。唐贤清、罗主宾(2014)通过跨语言的考察,发现一般语言里程度副词大都作状语,在类型学上这是一种优势语序。程度副词作补语并不是汉语共同语所特有的现象,在汉语方言和国内的民族语言里也同时存在,而且在能作补语的语言里也不仅仅表现在个别的程度副词上,只是在汉语共同语里程度副词作补语时一般会有标记形式。汉语共同语、南方方言以及壮侗语族里存在的程度副词作补语现象可以从类型学上得到解释,作状语是优势语序的结果,而作补语是和谐原则、历时发展以及南方汉语与壮侗语言接触共同作用的结果,南方汉语方言和南方民族语有着与汉语共同语不一样的程度副词作补语的现象,从语言接触的角度来看,是南方汉语方言对南方民族语言的底层保留。

我们认为,程度副词的内部并不是完全整齐划一的,它们的句法功能必然会存在着一些差异。程度副词用于修饰形容词、动词及其短语之前充当状语,是其最典型的用法,用于词语之后充当补语,是其非典型用法。基于汉语的调查,程度副词充当补语是符合语言事实的。无论是历史汉语(尤指近代汉语),还是现代汉语的普通话和方言,均有一些程度副词可以充当补语。需要注意的是,充当补语的程度副词在数量上明显少于充当状语的程度副词,而且这些词用作补语的使用频率基本上都低于充当状语的用法。

程度副词(degree adverbs)是用来表达性质状态或某些动作行为所达到的各种程度的副词,是汉语程度范畴最重要的表达手段之一。根据上文的分析,并结合实际的语言调查,本书中的程度副词既包括已经发展成熟的程度副词,又包括处于演化过程之中但可以表达程度的词语,这类似于 Bolinger(1972)的程度词(degree words)的概念。

第二节 语言类型学的视角

一般认为,当代的语言类型学(linguistic typology)由格林伯格(J. H. Greenberg)在 20 世纪 60 年代创立,是当代语言学中的一门"显学"。语言类型学有广义和狭义之分,但无论如何,都需要跨语言(包括跨方言或跨时代)的比较研究,才能被称为类型学研究。因此,语言类型学是以人类语言间的共同点和差异性作为自己的研究对象,当代的语言类型学不再以语言分类为目标,而是通过语言的比较研究来发掘人类的语言共性(linguistic universals)。

国外的当代语言类型学已经取得丰硕的成果,出版了大量的研究论文和专著。虽然早期的汉语学者在类型学方面有过探索,如赵元任(1926)、王力(1943)、吕叔湘(1956)等,但当代的语言类型学研究则略显滞后。正如刘丹青(2003b)所指出的:"跨语言、跨方言、跨时代的兴趣和研究实践在现代中国并非完全没有,它主要表现为少数学者,特别是一些视野开阔的语言学大家的个人行为,未成风尚,更不成学派。"国内较早的当代语言类型学研究以译介为主,如陆丙甫和陆致极(1984)翻译了 Greenberg 经典论文,余志鸿(1985)对桥本万太郎《语言地理类型学》的介绍以及沈家煊(1989)对科姆里 Comrie《语言共性和语言类型》的评介等,这些译介较早地将语言类型学研究成果介绍到国内,在学界产生了积极影响。此后,一批学者结合汉语的实际进行有益尝试,取得了不少成果。陆丙甫(1993)较早地运用当代语言类型学理论进行汉语研究,张伯江(1997)对形容词词类地位和范围的研究等问题进行了类型学的探讨,沈家煊(1999a)吸取当代类型学发现的跨语言标记模式,归纳出一种新的标记理论,用来描写和解释汉语语法的对称和不对称现象,徐烈炯、刘丹青(1998)以类型学的眼光探讨了汉语的话题结构,是"对汉语结构类型的普遍语法观照"(袁毓林语),刘丹青(2003a)《语序类型学与介词理论》是国内第一本语言类型学方面的专著,"不仅将国外语序类型学研究的最新进展及其取得的重要成果介绍到国内,更重要的是用这种理论和方法对汉语的介词和语序进行了全面的梳理和分析"(徐通锵先生对该书的评审意见)。此外,曹聪孙(1996),金立鑫(1999),吴福祥(2003、2005),石毓智(2004)等从类型学的角度对不少汉语语言现象进行了深入的观察和讨论。

吴春相(2009)认为,目前类型学视野下汉语研究的方法方式,主要有以下三种范式:(1)将汉语整体作为一种语言样本放在世界语言背景下观察,主要突出汉语作为个体的变异特征,尤其这些特征的发现对汉语言学体系的方法论作用和价值;(2)以汉语内部众多方言为语言样本进行观察,主要体现类型学特有研究方法,在汉语研究方面具体的实施情况;(3)对于汉语类型学特征,从历时、地理、认知、语用等方面进行解释。

和国外相比,汉语的类型学研究起步相对较晚。从 20 世纪 80 年代以来,语言类型学在中国从无到有,从译介到研究,已经取得了重要成就。管见所及,类型学视角下的汉语研究方兴未艾,日趋繁荣,研究论文和专著不断涌现,研究课题和项目逐年增加。总体而言,语法研究(特别是语序研究)一直是类型学的重点问题(包括外语、汉语以及其他少数民族语言),但是近年来语言类型学家也十分关注语音、语义、词汇、语法范畴、语法意义、语用功能等各个方面的内容,不仅注重共时层面的类型学研究,也逐渐注意历时层面的类型学研究。

中华文明源远流长,历史悠久。汉字是记录汉语的文字,是迄今为止使用时间最长的,也是古代主要文字系统中唯一流传至今的文字。汉语历史文献丰富多样,绵延不绝。汉语从上古到现代的历时演变过程中有着较为明显的发展变化,既有形态类型的变化,又有句法、语序上的变化。此外,中国境内有着丰富的汉语方言和少数民族语言,它们是语言研究的富矿,它们在形态和句法上都有自己的显著特色,是进行语言类型学研究的上佳材料。因此,汉语的类型学研究具有得天独厚的优势。①

汉语的语义演变问题,学界已进行了大量的研究。吴福祥(2015)从历史语义学的角度对汉语语义演变相关的研究进行系统回顾和全面述评,认为两千多年来,汉语的语义演变研究积累了很多重要成果和宝贵经验,但以往的汉

---

① 带着类型学的意识来研究汉语,也并不是每一项课题都必须涉及众多语言。重要的是要有语言共性和类型的意识。有了这种意识,再借助于合适的理论框架,那么即使是与少量语言方言的比较也会获得可喜的收益。(参看刘丹青 2003b)

语语义演变研究也存在"研究范围过窄""研究框架失当""理论探讨不足"和"跨语言视角欠缺"等诸多问题和不足。因此,汉语语义演变研究当务之急是研究语义演变的模式、机制、动因和类型学蕴含。立足汉语语义演变研究的实际,参照和借鉴国外历史语义学的最新成果,因此当前和未来汉语语义演变研究的重心应是关注和思考"概括汉语语义演变的模式和路径""解释汉语语义演变的机制和动因"和"揭示汉语语义演变的共相和殊相"等问题。

语义类型学是跨语言的语义研究,是语言类型学的一个分支,对研究语义类型至关重要。本书在语义类型学视角下,从程度概念域出发,考察汉语程度语义在不同时期或不同语体文献中的差异,基本研究思路是把程度副词的历时演变与共时上的差异研究结合起来。历时演变研究可以观察程度副词在时间维度上发生的变化,呈现发生的时间节点和发展变化,而共时研究为我们展示程度副词系统在空间上的多样性以及多样性背后的规律,这些信息很难通过共时层面的类型比较获取。基于此,本书是从语言类型视角考察汉语程度副词的历时演变研究。

第三节 汉语程度副词的研究现状

语言学界对汉语程度副词的研究颇多,涉及词法、句法等各个方面。目前程度副词的演变研究,主要利用汉语历史文献,结合现代语言学理论,包括语言类型学、语法化、词汇化和构式化等,考察程度副词的产生时代和发展历程,语义演变的模式和路径,以及演变的动因和机制等问题。总体来看,汉语程度副词的演变研究的成果很多,取得了不少成绩,现简要概述如下。

一、形成的时代和过程

管见所及,无论是古代汉语里使用的程度副词,还是现代汉语阶段新兴的程度副词或程度表达式,大都得到了较多的关注,一些常见的程度副词的形成时代和演变过程更是研究的热点。略举数例如下。

【更】高育花(2001a、2007),王阳阳、马贝加(2007),张家合(2013、2017b)等讨论过"更"的形成发展问题。一般认为,"更"本义是改正、改变。《说文·攴部》:"更,改也。从攴丙声。"如《论语·子张》:"君子之过也,如日月之食焉:过也,人皆见之;更也,人皆仰之。"引申出"更换、变易"义,如《左传·昭公三年》:"景公欲更晏子之宅。"在此基础上进一步引申出表达程度的用法。"更"表程度的用法在上古时期已经出现,但用例还不多。如:

(1)其修士不能以货赂事人,恃其精洁而更不能以枉法为治。(《韩非子·孤愤》)

(2)是以廉吏久,久更富,廉贾归富。(《史记·货殖列传》)

"更"是最重要的汉语副词之一,中古时期有广泛的使用,是中古时期"更"类词中使用最为频繁的成员。如:

(3)有一人教之食术,遂不能饥,数十年乃来还乡里,颜色更少,气力胜故。(《抱朴子内篇》卷十一)

(4)有人向张华说此事,张曰:"王之学华,皆是形骸之外,去之所以更远。"(《世说新语·德行》)

【很】程度副词"很"的来源和演变问题已有不少学者进行研究,如太田辰夫(1958〔2003〕:251)、孙锡信(1992:177)、王静(2003a、2003b)、聂志平(2005)、杨荣祥(2005:292)、卢惠惠(2007:365-374)、郑宏(2008)、高育花(2009)、汤传扬(2017)等。"很"本义当为"不听从,违逆"。《说文·彳部》:"很,不听从也。一曰行难也,一曰盭也。"我们认为程度副词"很"并不是从其本义发展而来,而是"很"先借用为"凶狠"义的"狠",之后再引申虚化出程度副词用法,始见于元代,但用例不多。如:

(5)那几个首户闲官老秀才,他每都很利害,老夫监押的去游街。(《元刊杂剧三十种·散家财天赐老生儿》第一折)

"很"在元明时期常写作"哏"。如:

(6)那里就便投马市里去哏近。(《原本老乞大》3a)

(7)这桥梁,桥柱比在前哏牢壮。(《原本老乞大》11b)

《元典章》中"很"多写作"哏",如"事物哏多"(《元典章·朝纲》),"煎盐的灶户哏生受有"(《元典章·户部》)。^① 明代程度副词"很"仍很少见,且多作"狠"字,如"一根棍打,狠似个活金刚"(《西游记》第八十一回),"看先生狠主张用钱,一定也有蹊跷"(《型世言》第二十七回)。"很"的广泛使用应该是清代以后了,如《红楼梦》《歧路灯》中就十分常见。如:

(8)谁知道他待香菱很好,我倒喜欢。(《红楼梦》第一百三回)

(9)心里有些想你,我说他在京中很知用功,娘很喜欢。(《歧路灯》第一百二回)

【好不】袁宾(1984),曹小云(1996),孟庆章(1996),孙东平、杨忠辉(2011),高娟(2013),叶建军(2020)等考察过"好不"的形成发展问题,还有更多的研究是讨论其用法问题,兹不赘述。

"好不"作为程度副词,一般认为源自副词"好"和否定词"不"的组合,最初的口语中是否定式"好不"的反语说法,这种反语说法用多了,其中"不"的意义就逐渐虚化,失去否定作用,依附于"好"字,"好不"就凝固成一个相当于副词的语言单位。近代汉语中程度副词"好不"使用频繁。如:

(10)他家有一门子做皇亲的乔五太太,听见和咱门做亲,好不喜欢,到十五日也要来走走。(《金瓶梅》第四十一回)

(11)所以胡员外欣然而去,到得门首,多少官身私身一出一入,好不热闹。(《平妖传》第十八回)

除上述诸词外,下列程度副词的历时演变过程也有较多的研究。如:

百般/万般/千般(张谊生 2018),暴(周娟 2006、何可 2007、齐春红等 2007、雷冬平等 2011),倍(黄增寿 2005b),倍加(黄增寿 2005b、罗主宾 2016),不过(陈丽 2017),不胜(韩新华 2012),差(高育花 2007),大段(唐贤清 2002、杨荣祥 2005:90),大故(唐贤清 2003a),到顶/极顶(张谊生 2013),非常(徐俊霞 2003、陈兰芬 2004、武振玉 2004b),"更加"类副词(马碧 2004、张家合 2013),过/过于(张家合 2010a),好(武振玉 2004c、李晋霞 2005、刘金勤 2013),极(傅书灵 2005、杨荣祥 2005),极其(张谊生 2007、常志伟 2014),加倍(罗主

---

① 此二例引自太田辰夫(1958[2003]:251)。

宾 2016)、紧(汤传扬 2015、2017)、巨(朱冠明 2005)、酷(陈兰芬 2004)、老(卢惠惠 2009)、老大(李计伟 2005、付玉 2006)、偏(黄增寿 2005b)、颇(刘淇 1954、洪成玉 1997、香坂顺一 1992、高育花 2001b、2007、太田辰夫 1958[2003]、孟蓬生 2015、戴世君 2017)、煞(唐贤清 2004、杨荣祥 2005)、伤(吴琦幸 1982、刘凯鸣 1985、阚绪良 1998、2003、陈兰芬 2004、汪维辉 2007)、"稍微"类副词(张谊生等 2007、潘晓军 2008)、甚(李杰群 1986、祝鸿杰 1987、杨荣祥 2004、2005)、甚大(黄增寿 2005a、2005b)、十分(唐韵 1992、武振玉 2004d、杨荣祥 2005)、太过(刘晓梅 2010)、异常(吴振玉 2004a、2004b、田家隆 2015)、有些/有点(王静 2010、张家合 2017a)、越/越发(张家合 2010b)等。

二、演变的路径或模式

语义演变路径也可称为演变模式。任何语言中词语的意义都不是一成不变的。随着时间的推移,不少汉语词语的词义发生了很大的变化。吴福祥(2017)认为语义演变的规律性主要是指演变具有"非任意、有理据、模式化的路径"。"非任意"(non-random)是指演变的发生及其路径要受到制约,特别是演变方向要受到限制;"有理据"(motivated)是指演变过程在条件、环境、机制和动因等方面具有可解释性;"模式化"(patterned)是说演变的路径具有跨语言(或跨时期)的可持续性和复现性,也就是说反复见于不同语言或同一语言的不同时期。并且指出语义演变的规律性是个梯度概念,有程度强弱的不同。最强的规律性是"无例外的演变定律",最弱的规律性是"跨语言或跨时期反复出现的演变模式或路径"。20 世纪 70 年代以来,国内外历史语义学的研究,特别是与语法化相关的语义演变研究,已揭示出大量语义演变的单向性模式和路径。下文仅涉及与程度副词有关的研究,概述其语义演变路径。总的来看,大致可分为两种类型,具体如下。

(一)个案式研究

传统模式下的程度副词语义演变研究,考察对象多是单个程度副词进行的个案式研究。这类研究的一般做法是结合历史文献,利用调查统计的方法,考察程度副词的始见书证、形成发展和历时演变。目前已经考察过的汉语程度副词甚多,具体可参看上文的"形成的时代和过程"部分,兹不赘述。除此之外,不少性状指示代词和数量词语的语义演变日益受到学界的关注。

1.性状指示代词的演变研究

【能】张相(1953:347)认为"能"相当于"这样",同时有加强程度的作用。吕叔湘(1985:311)指出"能"的来源可能和"尔"或"若"有关,从魏晋到唐、宋,"能"的作用和"这么""那么"相当,"能"字有较早的例子,但不多,到唐代的诗词和俗文学中才常见。王力(1989:69)指出唐宋时期的状语代词"能",略等于现代汉语的"这么""那么"。冯春田(2000:133—134)指出"能"指示样态、情状,在语法上用作动词、形容词修饰语(状语),相当于表示强调夸张的"这么""那么"。唐宋时代,指示代词"能"尤为多见,"能个""能底"等复合形式,在意义和语法作用上与单用"能"无大差别。刘丹青(2003a:218)把"能"叫做"方式—程度指示词",指示方式和程度。郑伟(2013)认为指示词"能"在晚明以来的吴语里经历了"程度指示词>框式结构后置词>指示词后缀>副词后缀"的语法化过程。作为指示词时,"能"可以独用,不过只能指示程度,而不指示方式。

【偌(惹/若)】吕叔湘(1985:314)认为最早的例子出现在晚唐五代时期,写作"惹"或"若"(应是人者切,与"惹"同音),后边还带个"子"尾,元代才开始写作"偌"。"偌"是古汉语"若"的遗留,只用来指示积极方向的性状。冯春田(2000:135)认为"这种语源上的解释没有疑义",但吴福祥(1996:46)发现了唐代的例句,冯春田(2000:135—137)又指出如果唐代的例句能够成立,则指代词"偌"产生于唐代,而且"偌"用作指示词,有浓厚的强调夸张色彩,就相当于"这么""那么"。王永超(2009)认为"偌"后可以加助词"来",所指仍为积极方向的性状。明代"偌"前又可以加上"这""那"两个可以明确标示指示方向的代词。"偌"修饰形容词"多"用作指示词时,都相当于同类用法的"这么""那么",强调、夸张的意味浓厚。

【恁】吕叔湘(1985:286)认为"恁"兼有"这么""那么"之用,是二者的早期形式。冯春田(2000:140—143)指出在早期近代汉语中,用来指称样态、情状、程度或方式的指示词有唐代的"异没""熠没",五代的"伊摩""与摩""任摩",宋代的"恁麼"等,它们是同一词语的异写形式。"恁么(麼)"在宋代使用较为广泛,但宋代以后,替代"恁麼"且常见的是单用"恁"或"恁"带"地""底(的)"等组成的复合形式。郑淑花(2012)考察了"恁"的演变过程:隋唐以后,"恁"出现代词用法,相当于"这(么、样)""那(么、样)""如此",使用频率较低。宋代以降,"恁"指示代词用法剧增,主要是单用,不过联用现象更加频繁,如"恁般""恁样"等。演变的内因是汉语词义系统的内部调整,外因是唐宋政治经济文化逐步开放化后雅俗文化的融合。

【恁么(麽)】冯春田(2000:140－141)认为"恁么(麽)"实际上就是唐代"异没""熠没"和五代时"伊摩""与摩""任摩"的变化形式,宋代大量出现。具体而言,是唐代的"异(熠)没"在五代又写作"伊摩",音变为"与摩"和"任摩";宋代沿着"任摩"的语音方向发展,写作"恁麽"。吴福祥(2015:49)认为从性质上看,"恁么""恁""恁地"也都是中性指代词,兼有后来的"这么""那么"的用法。

【许】冯春田(2000:110－114)认为"许"作为指示代词大概在晋、宋之间,到唐五代,还有"如许""尔许"。用作指示代词时,偏重于数量或程度高的指示,往往组成"许多""许大"等形式。陈丽雪(2009)探讨了16世纪闽南语指示词"许"的语法化现象,认为其经历了"空间＞时间＞程度＞篇章与情感功能"的演变过程。冯赫(2014)论述了性状指示词"许"的历时面貌,"许"的产生机制是魏晋以来的指示词"尔许""如许"及其所在的结构形式,认为"尔""如"失落的动因是汉语韵律构词规则的制约。

【这么(们/每)】吕叔湘(1985:283)指出"这么"和"那么"的出现是后期的事,最早在《元曲选》的宾白里见到,但例子很少。元明时期较常见的是"这们"和"那们"。文贞惠(1995)提出指代词"这么/那么"可以置于其他词语之前组成"这么/那么＋A"格式。这类格式所表示的意义大致有三种:指代程度;指代方式、方法;指代数量。并且对指代程度的"这么/那么"格式的结构特点及其语义表达类型作了较具体的分析。冯春田(2000)认为指示样态的"这们(每)""那们(每)"是"这么(麽)""那么(麽)"的另一书写形式。不论指示还是称代,"这们"往往用于程度较重的方面。张俊阁(2007)认为"这们""那们"中的"们"应该是"么(麽)"的音变形式,是语言接触的结果,主要使用于北方方言区,而且不同次方言区之间也有很大差异。

【那么(们/每)】太田辰夫(1958[2003]:283)把"那么"看作指示副词。指示代词"那么"是最早的用法,也是使用频率最多的用法,可以修饰数量词、名词、动词、形容词等或者单独用作谓词。田华(2009)认为"那么"经历了"指示动作方式>指示性状程度"的演变过程,虚化的机制和动因是类推和语用原则,指出"那么"所发挥的主要功能就是凸显它所指示的性状的程度。

【这等】林丽(2020)讨论了"这等"的语法化过程,认为"这等"最初的用法是"这+等"的指量短语,尚未凝固成词。重新分析和句法位置是衍生出程度义的机制和动因。冯春田(2000)指出"这等"指称样态大概起于元代,晚于"们""般(样)"与"这"组成"这们""这般(样)"。施建平(2013)从历时和共时的角度探讨了"这等"的发展脉络,并从句法功能、组合能力及适用句式等多方面进行了描写。

【那等】冯春田(2000:131)指出"那等"大约始见于宋代,但远不如"这等"常见,元明两代已有指示动作行为样态的例子,相当于指示兼强调的"那么"或"多么"。王永超(2009)指出"那等"指称样态元代才出现,与"这等"的情况类似,但远不如"这等"常见,指示样态、情状等。

【这般】冯春田(2000:106)认为"这般"比"这样"的出现要早,约始于晚唐五代。"般"原本是个量词,进入复合词后变为词素,量词的语法特点随之消失,因此"这般"后可以跟助词"的"。主要用于指示样态,宋代以后,既可用于指示也可用于称代。

【那般】冯春田(2000:130)认为"那般"始见于元代,用作指示时,指示样态;用作称代时,指"那事",又指情状。"那般"还能组成"那般时""那般着"的形式,都表示情状。

【这样】张桂梅(2006)认为"这样"经历了"这+样>这样+形容词+名词"的词汇化过程,用于指示时可以指示程度、方式和性状。张俊阁(2007)对《金瓶梅词话》《醒世姻缘传》和《聊斋俚曲集》等明清山东方言文献调查发现,"这样"的使用已经相当频繁,总量上同"这等"不相上下,已经明显多于元明时期使用最多的样态指示词"这般"。语言形式的竞争、地域的差异也许是造成这种局面的原因。王永超(2009)指出"这样"始见于宋代,但是用例罕见,且以用于指示为主。元明时期汉语文献"这样"的例证少见。

【那样】林丽(2020)讨论了"那样"的语法化过程,认为其经历了"那+样

>那样＋名词＞那样＋动词/形容词"的演变过程,语法化机制是重新分析,用法逐渐由实在意义的词组向指示代词转变,最后虚化出强调事物或人的性质、状态、动作、行为程度的用法。

【恁的(底/地)】吕叔湘(1985:282)提出"恁的(地)"是用作谓语的优先形式。万琴(2013)认为:"恁地"在宋代就有大量用例,多作状语指示程度或状态。元代,"恁的"出现在 AP 与 VP 前,指示程度或状态,明清承袭此用法。认为"恁底"是由指示代词"恁"和词尾"底"构成,主要见于元明时期,充当句子的状语,清代已不见用例。张谊生(2017b:49)认为,从性质上看,"恁的(地)"属于中性指代词,与"恁"一样,兼有后期的"这么""那么"的用法。

【恁般(搬)】向熹《简明汉语史(下册)》(2010:635)指出"恁般"指示性质或状态,相当于"这样""这般",主要作状语和定语。指出"恁的般"和"恁般"同,有"如此""这样"义。俞光中等(1999:292)认为"恁般"是"恁"与"般"合成的,与"怎么"无关系,"恁的般"等同"恁般"。

【恁样】冯春田(2000:145－146)认为复合形式的"恁样(儿)"见于明代,用来表示样态,修饰形容词与动词,指示状态或程度。

【宁馨/如馨/尔馨】吕叔湘(1985:311)指出"宁"和"能"两个字声母和韵尾相同(n-ŋ),大概在来源上和"尔",更可能是跟"若"有关。六朝时有宁馨、如馨、尔馨(形)等语。柳士镇(2019:203)指出"宁馨、如馨、尔馨"是由指示代词"宁、如、尔"附有形容词后缀"馨"构成,可表示近指和远指,意思是"这样/那样"或"这般/那般"。

2.数量词语的演变研究

【一百个】周敏莉(2010)对"一百个"的程度副词和语气副词的用法进行了分析,认为这两种用法是在表数量极多义的基础上发展而来的,其形成与汉语的数量夸张有关。储泽祥(2011)讨论了强调高程度心理情态的"一百个(不)放心"类格式,认为此类"概约大量＋X"格式的语义形成机制是用数量大映射程度高,映射的关键条件是数量计数功能弱化,带有模糊性,因而只能表程度。

【各种】储泽祥(2014)探讨了网络语言里"各种"的词汇化和语法化过程,认为"各种"从指量短语演变为程度副词,语义、语用上经历了"客观全部＞主观大量＞主观高程度"的变化过程,相比于其他程度副词,"各种"倾向于表示"横向的繁多",这是其副词用法能够产生并得以发展的语义基础。张璐、唐文菊(2018)将"各种 V/VP"作为构式进行考察,指出这一构式具有数量义、程度义和无条件义三种意义,这一构式语法化的诱因是常规结构式的超常组合、共时高频和语用驱动。

【一般】赵彩虹(2016)通过考察构式"不是一般(的/地)＋A/AP"的成因、构式义和话语功能,认为"一般＋A/AP"中表程度义"一般"与形容词性的"一般"有区别,但因为使用的语境有限,因而还不能说"一般"已是副词,只能认为其具有副词化倾向。

【百/千/万般】张谊生(2018)探讨了"百般""千般""万般"由强调类别发展为表示程度的引申轨迹及演化动因与机制,认为程度副词"X 般"相当于"极其""非常",限制的对象基本上为心理动词和性状形容词;演化的语义基础是"X 般"表主观约量,语法化机制为重新分析,认知机制则为隐喻。陈雪莹(2018)考察了"万般"由数量词到程度副词语法化的过程和诱因,指出"万般"作程度副词时,核心义是"十分""极其",语法化诱因是超常组合及语义的夸张性。

【一顿】金茗竹(2016:121－132)探讨了构式"一顿＋w"的构式义、变项构件 w 的特点、构式化的动因和机制,认为"一顿＋w"具有[描摹情态]、[持续时间长]、[超出常量]、[集中时段内大量]等构式义特征,变项 w"多为具有[＋事件性]的动态动词,具有[＋持续]语义特征……"构式化的动因和机制是语用缺位和语境吸收。

【半】学界关于"半"的讨论主要集中在两个方面,一是对"半"的词性的讨论,二是对程度副词"半"的研究。关于"半"的词性,邢福义(1993)认为"半"属于数量词系统,"有时是数词,有时是量词,有时是数量混沌现象"。并认为修饰动词和形容词的"半"仍应视为数词。吕叔湘(1999:61)则将"半"的词性定为数词和副词,认为用于动词、形容词之前的"半"为程度副词,表示"一半程度,不完全"。关于程度副词"半"的研究,陈勇(2011a、2011b:18－23)对副词"半"的虚化轨迹和虚化机制进行了探讨,认为"半"的虚化开始于春秋两汉,成熟于宋元时期,虚化机制为重新分析。危艳丽(2014)认为虚词"半"的模糊语义可分为三类:标记"部分、不完整"的程度量;表示"中间状态、中间程度"义;表示"程度深、接近"义。石文娟(2013:4)比较了"大半"和"多半"在语义、句法和语用方面的差异,认为"大半"可表程度义,表程度义时既可作状语也可作补语,虚化原因主要是语义泛化和句法位置的改变。

【十分】唐韵(1992)考察了近代汉语中"十分"的特殊用法,指出"十分"在近代汉语中可以修饰非心理动词,可以置于句首。武振玉(2004a、2004d)考察了"十分"的语法化过程,认为"十分"来源于状中短语"按十等分划分"的词汇化和语法化,主要修饰形容词和心理动词。张文君(2015)从语法功能、使用范围等角度对"非常"和"十分"进行了辨析,指出"非常"可以作程度补语,而"十分"不能,"非常"的使用范围比"十分"大。陈林(2017)考察了"万分、十二分、十分"的语义特点,认为三者存在"万分>十二分>十分"的程度量差别。

【万分】田家隆(2015)考察了"万分"的语法化过程及其与"非常、异常、无比"状补位的功能差异,认为"万分"来源于状中短语降格,虚化机制为隐喻,发展出程度义的临界环境在元代常用于书面语,其产生受到了程度副词"十分"的影响。

【八成】颜刚(2018、2020)从语义演变的角度讨论了"八成"从数量义到程度义再到情态义的演变过程,认为程度义的"八成"表达了一种高程度,既可以作状语,又可以作补语。隐喻和句法位置的改变是其数量义向程度义演变的机制和动因。

【十、百、千、万】陈侃(2018)考察了计数单位"十、百、千、万"由表示"数量多"虚化为表示"程度高"的情况,认为虚化的语义基础是"多数、大量、满、齐全",既可先虚化为表"总括",再虚化为表示程度高,又可直接由"多"虚化为程度高。

【百分之百】陈颖、陈一(2013)讨论了"百分之百"的语法化过程,认为其经历了"数量>范围>程度"的演变过程,语法化机制为隐喻和重新分析,语用风格的需要也是其重要动因。

【第一】黎锦熙(2000:159)将"第一"看作与"最"相同的表示"极比"的程度副词。许秋莲、聂智(2006)讨论了"第一"程度副词用法产生的原因,认为线性组合、语义基础、语用需要是其用作程度副词的原因。陈青松(2011)、张颖

(2013)都对"第一＋形"和"最＋形"进行了比较,认为"第一＋形"相比后者具有组合受限、称谓性高、认知域大等特点,二者的表达存在较大差异。不过,陈青松认为"第一"仍是序数性质,而张颖则认为"第一"已具有程度标记倾向,不再是纯粹的序数。王霞(2017)考察了序数短语"第一＋X"映射高程度性质/情态的条件、强化手段和语用价值,认为 X 必须是形容词性或动词性成分,理解时需偏离"序列首位"义,强化手段为高程度同现,语用价值为凸显单个体涵量、具体化、精确化和较强的转指能力。

【千 X 万 Y】尹继群、李稳(2002),陶瑷丽(2012)讨论了"千 X 万 Y"格式,指出当形容词进入该格式时,强调程度深,具有副词性。

以上个案研究基本可分为两类:一类是从词汇化、语法化的角度,研究某个数量词语如何在历时过程中演变,一步步地具备程度副词的句法语义特征,甚至进一步向语气/情态副词演变,如"八成""大半"等;另一类是从构式语法的角度,将"一顿＋X"等形式看作独立的构式,探讨它们在现代汉语中的意义和句法功能,并对其新兴用法的产生原因作出解释。

(二)类别式研究

1.传统语言学的研究

传统模式下的程度副词语义演变研究,考察的多是单个成员,一些系统性的归类式的研究显得尤为珍贵。李露蕾(1986)、祝鸿杰(1987)较早地关注到"甚词(辞)"①语义演变模式问题,且较系统讨论一批程度副词的语义演变问题。李文认为,如"痛、酷、杀、死、苦、伤、伤心、可畏、狠(很)、怪"等"在生理上或心理上的某些不快甚至痛苦,或者是能够引起这类原因"的词,后来都引申为"甚词"。到了现代,除了"杀(煞)""死""很(狠)"等仍然能沿用外,上述甚词大多已经"死去",但甚词的这种演变规律依然存在,相同类型的甚词不断产生,如"要死""要命""坏"等。方言中这类甚词尤多,如北京方言的"没治了",沈阳方言的"贼",浙江衢州地区的方言过去使用的甚词是"吓人",现在普遍使用的是"危险",上海方言的"瞎"等。

---

① 祝鸿杰(1987)使用的是"甚辞",李露蕾(1986)使用的是"甚词"。这里从原文,故有"甚词""甚辞"的不同。

祝文认为含有"穷尽"义的名词、动词、形容词往往虚化为甚辞,如"极""穷""殊""绝""肆"和"死""杀(煞、瞰)""斩""赤"等词。汉语中含有"超越常度"的形容词也往往虚化为甚辞,如"深""良""酷""恶""好"等词。汉语中大量甚辞的产生,除了词义引申之外,还可以通过词义渗透、正反同词、同义复用等几种方式形成。

武振玉(2005)认为汉语双音程度副词从来源上可分为三类:同义复合、加词缀、源自短语。同义复合是原本可以独立运用的单音程度副词的同义组合,其结构形式不很紧凑,从汉魏六朝到明清均有不同形式出现。其特点一是涵盖的面广;二是出现的形式多;三是一些形式的使用时间不是很长。加词缀的形式是原本可以独立运用的单音节程度副词加前缀或后缀形成的,前缀只有一个"可",后缀有"其""生""地"等,主要应用于中古和近代汉语之中。源自短语的形式主要为表示程度高和表示程度比较这两类,其特点是出现频率一般不高,语法化的过程比较缓慢,但是多数形式沿用于现代汉语之中,是影响最大的一类。刘开骅(2004)对中古时期的"特加""愈加""益加""愈益""更愈""绝更""益更""最差"和"特尤"9个程度副词的结构和形成机制进行过一些分析。杨荣祥(2005:78—98)从内部结构上将近代汉语副词分为单纯副词和合成副词。从结构形式来看,合成副词有复合式和附加式两类,并对近代汉语中使用的一些程度副词结构类型进行了分析。张家合(2017b:267—269)较为系统地对古代汉语中并列式程度副词的内部构成进行了归纳和总结。

随着功能主义语言学理论和方法的传入,汉语语义演变研究呈现新的局面。近年来一些学者结合语法化、词汇化和构式语法等理论,对程度副词的演变路径进行了不少讨论,成果主要集中在以下几个方面。

2. 性状指示代词向程度语义的演变研究

戴予佳(2007)在描写的基础上,总结了性状指示代词向程度语义的演变路径是:指示事物的性状>突显性状部分的意义>指示事物的性状程度。田华(2009)认为该演变经历了"指示动作方式>指示性状程度"的过程。张伯江、方梅(2014)指出"这、那"表示程度是由于指示域的扩展。林丽(2020)对指示表程度的指示词进行个案分析,指出其演变的机制和动因是重新分析和句法位置。李宇涵(2022)指出代词结构表达高程度义,演变机制是紧邻语境影

响和指示功能弱化，结构固化之后，再通过回溯推理得到高程度义。杨苛鑫
（2022）提出了"指示事物的性状＞指示方式＞指示事物的性状程度"的语义演
变模式，认为"指示程度"是从"指示方式"转喻而来的，用做某事的"方式"，来
转喻用这种方式做某事能达到的"程度"，继而扩大到指代某一性质或状态的
"程度"。

3.特定语义向程度语义的演变研究

汉语中一些特定意义的词语或结构在使用过程中会获得程度义，而且这
类演变往往是成批发生的。也就是说，这些意义接近的词语或结构常常会平
行地发生相同、相近的语义演变，最后成为程度副词。①

张谊生（2013）讨论了"到顶""极顶"的功能、配合与成因问题，认为"到顶"
的副词化在原句位与词汇化同步完成，"极顶"则先名词化进而充当状语而副
词化，或充当宾语因述语脱落而补语化再成为副词。张文最后指出，不管是古
代、近代还是现当代，凡是由［＋达到］语义特征的述语与［＋顶点］语义特征的
宾语组成的述宾短语，只要经常在［＋程度］VP后面充当谓语，就有可能逐渐
虚化为程度补语。而结构、语义、韵律及使用频率都是双音节述宾短语副词化
的基本要求。

张谊生（2018）指出，可以充当定语、谓语的"X般"还是形容词，只能充当
状语的"X般"才是副词；副词"万般"可以位于"AP"之后表程度，充当主语时
是名词或代词。"X般"经常在一起共现、配合。副词"X般"的限定对象具有
能动性、可控性时主要凸显方式；限定对象具有性状义、量度义时，转向强调
程度义。数量短语"X般"固化为形容词后，在紧邻语境的吸收下，通过高频类
推、相互竞争、重新分析，分别衍生出情状副词与程度副词。就"X般"语法化
认知机制来看，从表类别发展成表方式是相邻概念之间逐渐过渡的演化，进化
的机制是转喻；从表类别分析为表程度是不同认知域之间认知投射的顿变，转
化的机制是隐喻。

_____

①　这种演化类似于洪波（2000）提出的平行引申。洪文认为："汉语的各类虚词都有
不少功能相同的同义词，这些同义词往往是由同义或不同义的词汇单位平行虚化而产生
的。"

汉语的各类虚词都有不少功能相同的同义词,这些同义词往往是由同义或不同义的此类单位平行虚化而产生的。所谓平行虚化,是指不同此类单位由于分布在相同的句法环境中受到相同的因素的影响,从而出现方向相同的虚化。

三、英语强化词的演变研究

20 世纪以来,强化词一直是英语历史语言学界普遍关注的热点之一,且出现了不少颇具价值的成果。

Bolinger(1972)*Degree Words* 是英语强化词研究的一部经典性著作,书中讨论了强化词形成的三种类型:一是意义转变:从识别词(identifier)到强化词;二是句法转变:从真值识别词(truth identifier)到强化词;三是从名词性词(nominal)到状语(adverbials)的转变。

Méndez-Naya(2003)指出,已有的大多数英语文献,是将强化词看成是一个类别进行研究,而很少关注到各个成员的具体情况。这是英汉强化词(程度副词)研究上的显著差异之一,汉语程度副词的研究多集中在个别程度副词的来源和历史上,而整体性的关照却不多。英语强化词的来源和历时演变的考察主要有 Stöffel(1901),Mustanoja(1960),Bolinger(1972),Peters(1994),Méndez-Naya(2003、2004、2006、2007、2008a、2008b),Wittouck(2010)等,但很少关注各个成员的具体情况。目前所见,关注的强化词成员主要有 swiþe,very,pretty,fairy,this,that 等少数词语。下文将参考已有的研究,并结合 *Oxford English Dictionary*(OED),对英语强化词的演变历程做简要概述。

swithe 在历史上有不同形式,如 swiðe,sweðen 和 swiþe 等。Mustanoja(1960:325)认为 swithe(swithely),来自古英语 swiþ"strong",义为"强烈的",使用过程中语义范围扩大,用来表达对程度的强化,意为"最"或"非常"。swithe 是古英语和早期中古英语时期使用最频繁的强化词,而 swithely 使用不多。1250 年以后,swithe 逐渐让位于 full,well 和 right(与形容词和副词相连接),以及 much 和 greatly(与动词连接)。14 世纪下半叶 swithe 偶见,1450年之后 swithe 就不见其用作强化词的用法了。此外,Méndez-Naya(2003)利用赫尔辛基历时英语语料库考察了 swiþe 在古英语和中古英语中的使用情况,其结论与 Mustanoja(1960)大致相同,认为强化词 swiþe 来自形容词 swiþ "强烈的、强壮的"(strong, powerful),通过添加副词构词后缀-e 形成的。swiþe 与其他表强度的其他副词的形成过程是一致的。在古英语阶段 swiþe 与 ful 是最常用的强化词,且一直沿用到中古英语时期的 1250 年。之后 swiþe 的使用数量急剧下降,最后于 16 世纪消失(根据 MED 的记录,swiþe 最后的使用可追溯到 1525 年)。

　　very 在历史上有不同形式,如 verray,verrai,verraie,varray,werray,werrai,warrai,warray,veray 等。very 失去其最初的词汇意义之后作为一个典型的强化词,现在被用作功能词(Bolinger 1972:18)。在去词汇化(delexicalisation)的过程完成以后,very 逐渐转变成一个"只表程度修饰功能,不受搭配限制和不依赖句法环境取消歧义的单义词"(Peters 1994:270)。very 来自古法语形容词 verrai,从 13 世纪开始用作英语形容词,verray 虽然在 14 世纪还是形容词性的,但已开始朝副词方向发展。15 世纪时 very 用作强化词的用例仍然不多,但到了 16 世纪前半期以后 very 用作强化词就已经很常见,后半期以后就超过 full, right 和 much 等其他的形容词和动词的强化词(Mustanoja1960:326)。此外,还有不少研究,如 Stöffel(1901:28)认为,现代英语用于形容词和副词之前的 very,16 世纪之前还没有表程度的功能。very 表程度的用法最早见于 1506 年 Stephen Hawes 的 *Passetyme of Pleasure*,在 1528 年 Sir Thomas More 的作品 *A Dialogue concernynge Heresyes*(1528)中已经广泛使用。Biber 等(1999:565—567)以及 Ito 和 Tagliamonte(2003:266)认为,直到 20 世纪 70 年代,very 一直是当代英语中最典型的强化词。very 的搭配对象,学者有不同的意见,如 Murphy(2010:120—121)认为,very 看似具有否定的语义韵,即 very 与消极形容词(negative adjectives)搭配比积极义(positive quality)更为常见。有趣的是,她发现 20 多岁的年轻人在消极语境中常使用 very,而年长者在积极语境中也使用 very。与之不同的是,Biber 等(2000:565—566)主张,very 在谈话中常与 good,nice 等积极义形容词搭配。

　　Partington(1993:181)认为一些常见的强化词如 very 和 utterly 都经历了从情态(modal)到强化词的变化。这种变化是去词汇化过程的一部分,强化词在这一过程中失去独立的词汇意义而获取程度义。在起始阶段,或称之为"情态使用"。一些现在具有强度表达功能的词项最初具有情态意义,这些意义是通过说话者评论事件的真实性或对所说内容真诚性的保证而获得。在这个阶段,这些词项尚未获得增加强度的功能,如最常见的强化词 very,最初包含真实地(truly)、真诚地(genuinely)意义。随着使用频率的增多,且出现在更为宽泛的语境之中,very 逐渐传递出强调功能,这样就进入了去词汇化的阶段。这是一个自然的过程,由于"所有的表达强度的词项历时易于摆脱其概念意义"(Lorenz 2002:147)。Partington(1993:183)认为去词汇化使词或词组的独立词汇意义减少,导致它们用来实现其特定的功能,而没有其他的意义。除 very 之外,Partington 还以 terribly 和 highly 两组词为例,对强化词的去词汇化过程进行了说明。

pretty 最初的意思是狡猾的或奸诈的,后来它朝着"聪明的""有技能的"更积极的意义发展(Rissanen2008:345;Fries1904:201)。pretty 此后发展为"令人愉快的""标致的"意义(Fries1940:201)。Rissanen 注意到 pretty 最初表达"漂亮的""好看的",后来发展为"尺寸很大的、相当大的、巨大的"(2008:345)。尽管在来源的认识上存在着一些不同,但都认为 pretty 后来逐渐转变为具有表程度的功能。Stöffel(1901:152)认为,pretty 一般与积极义的形容词组合,很少与表示不利的或消极义的观点组合。不过,Quirk 等(1985:446)却认为程度词 pretty 可以同时与有利和不利的词语组合,如 pretty clean/dirty。此外,Paradis(1997:86)也发现,pretty 不仅可以与积极义形容词组合,也可与 bad, expensive,slow,tough and hard 等消极义形容词组合。Paradis 和 Quirk 等都认为 pretty 出现的时间是 20 世纪初,而 Stöffel 则认为 pretty 的使用差不多在 19 世纪之前就已存在。

Nevalainen 和 Rissanen(2002)利用电子语料库研究了英语强化词 pretty 和 fairly 的语法化问题。虽然此二词作为程度减弱语时基本同义,但它们却经历了完全不同的副词化过程。fairly 作为程度减弱语是最近才出现的用法,而 pretty 作为强化词出现的时间要早很多,它在 16 世纪 70 年代到 17 世纪 40 年代已有用例,17 世纪后半叶之后用例急剧增加。pretty 表达程度是以中古英语和现代英语早期模式副词化的。它作为强化词的意思与作为形容词的意义密切相关,其相应的形容词意思为"相当大的""相当多的""不寻常的",这些意义都用来表现被修饰形容词的数量特征。

指示词 this 和 that,亦演变出程度用法。Javier(2019)指出,this/that 是由于语法化而获得了状语地位,从而成为强化词。它的演变路径是对地点进行标记,再逐渐变成副词,然后成为方式指示词或程度指示词。路径如下:

a. this DEM + PROXLOC 'this far place, as far as this' > this ADV 'this far'

b. that DEM + DISTLOC 'that far place, as far as that' > that ADV 'that far'

That/this 的语法化是根据形态句法和语义特征来观察到的。从形态句法的角度来看,这些演示词经历了一个去类别化的过程(Hopper 1993:22),其特征是它们不能变形,因为它们的状语状态不允许使用复数形式(即 these/those)和凝聚(condensation)(Lehmann1995:137-143),由于语法结构的限制,它们在强化功能中只能作为副词/形容词的前修饰词出现。从语义的角度来看,这些词常位于谓语前,导致其关系指示性的意义减弱,演变出程度语义。

Kuteva 和 Heine(2011)在《语法化的世界词库》里援引了 500 多种人类语言的材料,展示了 400 多条语法演变的路径,有两条与强化词(程度副词)的演变直接相关。第一条演变路径是:BAD(bad,terrible)>INTENSIFIER "坏"(坏,可怕)>程度词

英语的 bad>badly;That hurts badly / I need it badly(那件事对我伤害很大 / 我非常需要它)。德语 furchtbar:"可怕">程度词。如:

德语

(a)Das　　ist　　　furchtbar.

　　那　　系动词　　可怕

　　那很可怕。

(b)Der　　Pudding　schmeckt　furchtbar　gut.

　　定冠词　　布丁　　尝　　　非常　　　好吃

　　那个布丁吃起来非常棒。

巴卡语(Baka)síti:"邪恶""敌意""坏""恶毒的">"非常",强化词,副

词。如：

巴卡语（Baka）（Brisson & Boursier 1979:431f.）

(a)ʔe   ko   siti.

第三人称： 单数 很 坏

那很坏。

(b)bo kè   ɓà   mɛɛ̀ bèlà sítí   na   mɛ́ɛ̀

人 指示词:体标记 做 工作 不定式 做

那个人工作很认真。

西罗伊语（Siroi）ŋayo:"坏"，副词＞"很""极其"，程度词。如：

西罗伊语（Siroi;Wells 1979:19）

kuen   ŋayo   masken   ŋayo

长 坏 远 坏

极长 极远

这一语法化过程折射出另一更普遍过程:常有负面评价色彩的副词可以演变为程度词。比较英语 awfully,fearfully,frightfully,terribly,这些词在变化过程中一般会失去其原有的负面语用含义和情感色彩。

附注:

上古汉语"甚":"厉害,严重",形容词＞程度副词"很,非常"

上古汉语"酷":"残暴",形容词＞"酷":"程度深,过分",形容词＞中古汉语"酷":"很"副词。

汉语方言中也有类似的情况。如：

万荣话(中原官话)的"伤"和"死"有程度副词用法,如:"今个菜里盐伤少啦"("今天菜里盐太少了"),"死冬儿沉"("特别沉")(吴建生 1999)。永新话(赣方言)"恶"有程度副词用法,如:"恶困难"("很困难"),"恶懂事"("很懂事"),"恶得人爱"("很讨人喜欢")(段福德 2008)。

香港粤语的"鬼"有程度副词用法。如：

香港粤语(张洪年 2007)

(a)呢个细佬哥好鬼死玩斗。(这个小孩很皮。)

(b)呢间屋鬼嗾多煤屑。(这间屋子里煤屑多得要命。)①

第二条演变路径是:TRUE(true,real) > INTENSIFIER 正确(正确,真实) > 程度词

法语 vrai:"正确" > 英语(借用)very(Plank 1979:333)。匈牙利语(Hungarian)igaz"正确",igaz-án"非常"(匿名审稿人)。巴卡语(Bakako):"正确地""真实地""彻底地",副词 >"很",程度词。如:

巴卡语(Baka;Christa Kilian-Hatz,私人交流)

(a)ʔé　　　　ko　　　lè-　　ɓáka!

　第三人称:单数　正确地　孩子　巴卡人

　他是一个真正的巴卡人!

(b)wósɛ̀　ʔé　　　　　ko　　jókò

　女人　第三人称:单数　非常　漂亮

　她非常漂亮!

　mo　　　　　mɛ̀ɛ̀lɛ　　bèlà　　ko　　sítí.

　第二人称:单数 做:过去时　工作　　非常　辛苦

　你工作非常辛苦。

需要进一步研究这一过程的确切内涵以及亲缘和地域分布特征。

附注:

上古汉语"情":"实情" > 加强成分(语气副词)。

唐五代汉语"真":"真实" > "甚,实在"。

现代汉语"真":"真实" > "确实",表强调语气的语气副词。[Bernd Heine & Tania Kuteva(2012:416—417).]

四、演变的动因与机制

语义演变的机制和动因,学界的看法并未统一。国外方面,如 Lakoff 和

---

① Bernd Heine,Tania Kuteva(2012:62—63).

Johnson(1980)将语义演变的动因归结为转喻和隐喻。Meillet(1958)认为语义演变的机制主要是重新分析和类推。Bybee 等(1994)主张语义演变的基本机制有五种,即隐喻、推理、泛化、和谐和语境吸收;Traugott(1999),Traugott 和 Dasher(2002)认为语义演变的机制主要有三种,即类推、重新分析和主观化。

国外学者较早地注意程度副词(强化词)演变的动因和机制问题。学者在考察英语强化词的过程中常谈论这些词语形成的原因和机制问题。如 Paradis(1997)探讨了形容词等级的复杂性,并将形容词分成了三类:等级型、极端型和极限型。Paradis(2000:233—258)研究了 10 个由形容词词汇语法化为强化词的过程和机制。这 10 个词大致出现时间分别是 utter 1430 年,horrible 1460 年,extreme 1460 年,absolute 1574 年,terrible 1600 年,perfect 1611 年,complete 1645 年,total 1647 年,dreadful 1700 年,awful 1809 年。作者认为这 10 个形容词经过长期演变而变成了强化词,这个过程中词汇的命题意义变弱,语用意义增强(即 Traugott 所说的主观性增强),最后变成了程度属性的抽象概念词。描述性形容词或程度性形容词的词素共同语义属性是"语义等级性"。描述性形容词语义具有有限性,它们是有限型的,或者是极限型的,当修饰名词的时候,这些形容词的内容域就会凸显,识解的等级性就会弱化。程度性形容词的特点是概念化,识解的模式差不多是将内容排除在外的。Benzinger(1971:8)认为,人类夸张的本性造就了强化表达。在强烈情感或情绪的影响下,人们会使用有足够强度的词来表达自己的感情,即,经常会选择一个比字面意义描述更强烈的词。听者觉察到言者只是试图强调,也知道这些强有力的词应该理解为强化而不再是字面意义了。"几乎所有的形容词都可能通过增加后缀-ly 的方式形成副词。"(Nevalainen 2008:291)新的强化副词在语素-ly 的帮助下,很容易就能进入这一开放词类,如 terrible＞terribly,horrible＞ horribly(Lorenz 1999:81)。

Partington(1993:183)指出,去词汇化是强化词发展的一个重要特征,并描述这个过程是"一个词或词组独立的词汇意义减少,因此它能够在它出现的短语中完成新的特定功能,除此之外别无他义"。

Tagliamonte 和 Roberts(2005:285)对强化词的语义演变有过精辟的论述,认为强化词的形成经历了去词汇化(delexicalisation)的过程。在这个过程中,词语演变为强度标记词时,其最初意义逐渐丧失。去词汇化是采用一步一步的方式发生的,而不是突然发生的。一个词语最初偶尔用于形容词或副词性质的刻画上,此后经常用于强调或强度,而且搭配的范围也越来越广泛。去词汇化的程度越高,该词的使用频率逐渐增加,且逐渐丧失词汇限制。具体如下:

Lexical Word

↓

Used for Occasional Emphasis

↓

Used More Frequently

↓

Used with Wider and Wider Range of Words

[Concomitantly original lexical meaning lost]

(Tagliamonte and Roberts 2005:285)

Peters(1994:269)认为,与其他类别的强化词一样,充当修饰语的其他类别的副词通过量级(scale)的变化发展而来的增强词(boosters)有五种类型,分别是:(a)局部/维度副词(local or dimensional adverbs),如 highly,extremely;(b)数量副词(quantitative adverbs),如 much,vastly;(c)限定性副词(quatitative adverbs),如 terribly,violently;(d)强调副词(emphasisers),如 really;(e)禁忌语/詈词(taboo/swear words),如 damned。

国内方面,如沈家煊(2004)主张语义演变的主要动因是交谈双方遵循一定的语用原则,语用推理和推导义的固化是语义演变的最主要机制。王寅、严辰松(2005)认为语法化动因包括语言接触、创新用法、误解和误用及语用因素,语法化的机制是类推和重新分析。吴福祥(2014)、陈忠敏(2021)等认为语言接触是语义演变的动因之一。张谊生(2016)提出语法化的动因主要包括语篇交际的语用因素、人类认知的心理因素、语言接触的社会因素、语言互动的内部因素等四个方面,而语法化的机制则主要涉及相邻句位、泛化与虚化、隐喻与转喻、类推与反推、和谐转化、语境吸收、分界改变、重新分析、竞争更新、叠加强化等十个方面。陈忠敏(2021)认为语义演变的机制主要有三种,即比喻机制、转喻机制和语言接触机制。

洪波(2000)认为:"汉语的各类虚词都有不少功能相同的同义词,这些同义词往往是由同义或不同义的词汇单位平行虚化而产生的。"洪波(2010:305)指出:"汉语实词虚化的机制有两种:一是认知因素,一是句法语义因素。在这两种机制中,句法语义因素是主要机制,汉语大多数的实词虚化都是受句法结构和句法语义的影响而发生的。"平行虚化是汉语程度副词的形成中的一种常见现象,洪文为本书的研究提供了重要的理论支撑和依据。张谊生(2000a)对现代汉语副词形成问题和语法化机制等进行深入的探讨,考察其形成发展过程是古代汉语程度副词研究中所占比重最大的一部分。张谊生(2007)对程度副词"极其"词汇化和副词化的讨论尤其深入。张文不仅对探讨现代汉语副词的形成机制和发展动因具有较强的指导意义,而且对古代汉语程度副词的形成过程和语法化、词汇化机制和动因也具有重要的参考价值。学界对汉语程度副词的始见时代、使用时期及形成机制和动因,进行了诸多考证。

词汇语法化的动因与机制问题,学界讨论甚多。专题讨论汉语程度副词演变的动因和机制的研究虽不甚多,但仍有一些讨论值得注意。

李露蕾(1986)认为,甚词经常创新的原因是人们觉得老的甚词逐渐显得"软弱无力",不足以表示程度之大,要求用新的、强有力的词汇来取代,而这类能够刺激身心的概念正符合要求。将它们与其他类型的甚词来加以比较,就会感觉到这一点;历代(特别是近现代)这类甚词的不断出现也证明了这一点。当然,其中的具体词汇也会不断"死亡",但甚词的创新朝这个方向发展却似乎成了一种主要的趋势。而且,英语中也存在着这种趋势。

沈家煊(2004)指出:"关于(语言)演变的动因,经常提到的有两个:一是语言的习得,一是交谈双方的互动策略。""关于演变的机制,Meillet(1958)认为主要是重新分析(reanalysis)和类推(analogy)。""'重新分析'是从一个概念过渡到另一相关的概念,是概念的'转喻'(metonymy)。""'类推'是从一个概念投射到另一相似的概念,是概念的'隐喻'(metaphor)。"

性状指示代词作状语修饰谓语时,整体呈现出高程度的语义,从指示到程度的演变,这种演变往往伴随着指示功能的减弱甚至消失。多数学者认为这是一种虚化,如陈玉洁(2010),张伯江、方梅(2014)等。这种语法化现象背后的机制和动因,专门的讨论并不多。Diessel(1999)从类型学角度将指示词的用法分为基本用法与扩展用法两大类,基本用法在隐喻机制的调节下映射到其他认知域,指示词因而产生了新用法,被称为扩展用法。戴予佳(2007)从认知模式的角度来进行分析,人们的主观因素可以使显著度较低的性状属性成为被突显的对象,有程度加深的效果。张伯江、方梅(2014)指出"这、那"表示程度是由于指示域的扩展。林丽(2020)对表程度的指示词进行个案分析,指出其演变的机制和动因是重新分析和句法位置。杨苛鑫(2022)认为"指示程度"是从"指示方式"转喻而来的,用做某事的"方式",来转喻用这种方式做某事能达到的"程度",继而扩大到指代某一性质或状态的"程度"。李宇涵(2022)指出代词结构表达高程度义,演变机制是紧邻语境影响和指示功能弱化,结构固化之后,再通过回溯推理得到高程度义。

五、研究成果评述

重视语言事实的发掘,是汉语历史语法学研究的优良传统。不过,目前的汉语研究已经不能仅停留在语言事实的描写阶段,必须对语言现象的产生、发展、演变等情况进行理论解释。目前,汉语程度副词的研究主要使用统计、描写等方法,侧重于对语言事实的描写,集中在对程度副词使用频率的统计和出现时代的确定上。事实描写成果较多,主要集中在专书研究、断代研究、个案研究和专题研究等几个方面。理论解释较为欠缺,忽视了隐藏于语言事实背后的机制和规律。这种倾向需要改变,而且这些问题同样存在于汉语程度副词的研究之中。换言之,学术界很少对程度副词的演变模式和生成机制进行专门性的研究,更没有学者对这些现象背后的原因和机制进行系统的解释性研究。

事实上,汉语史中程度副词的演变模式和生成机制,与现代汉语、汉语方言和其他民族的语言存在共通之处。也就是说,程度副词的发展演变具有语言类型学的特征和价值。语言类型学具有鲜明的跨语言特征,是通过对不同语言之间的对比研究,寻求人类语言的一般共性或某些语言的个性,并对此作出功能性的解释。自20世纪90年代开始,国内的语言对比研究开始引进语言类型学的方法来描写和解释不同语言的差异。许余龙(2010)指出:"语言共性研究是语言对比研究的理论源泉和基本目的之一,而语言类型学研究则为语言对比研究提供了基本的对比分析框架。"沈家煊(2012)认为,语言对比研究"要有类型学的视野,要把对比的语言放到人类语言的大背景上来考察。个别语言的特点和人类语言的共性是'一个铜板的两面',共性寓于个性之中,个性是共性的具体表现。把汉语置于世界语言变异的范围内来考察,在普遍适用的语言变异模式上找出体现汉语特点的变异参项,这应该是我们的一个研究方向。把汉语研究好,这是我们中国语言学家义不容辞的责任,然而我们也要在语言共性的研究上有所作为,有所创建。没有语言类型的眼光,我们对汉语的认识也不可能十分深刻"。

以往的汉语程度副词演变研究,多立足于汉语历史文献的考察。这些研究往往停留在汉语本体层面,不能将历史汉语置于人类语言的类型学视野下进行考察,未能将汉语史的研究与现代汉语、汉语方言及其他人类语言的研究有效衔接。因此,在语言类型学视野下的研究,既能探究程度副词在历时演变进程中的诸多共性,也能考察其差异和个性,这是目前研究中需进一步加强的地方。

第四节　研究思路和相关问题

一、研究目标

本书是立足于汉语历史文献和现代汉语方言资料的考察,对汉语程度副词系统的历时特征与演变规律进行全面总结,系统归纳汉语程度副词生成演变的路径和模式,对促发其衍生、发展的动因和机制进行探究与揭示。下文将以词语程度语义的获取过程为切入点,在前人研究的基础上,借鉴语言类型学(跨时代、跨语言、跨方言)和语法化、词汇化理论,力图解决以下几个主要问题。

1.归纳获取程度语义的词语或结构式的形式和类型,统计分析程度副词语的句法功能和组合特征,考察程度副词表达形式的特点。

2.结合语料的调查分析,进行典型个案剖析,研究汉语程度语义产生的模式、发展演变的历程。

3.从语言类型学角度,多角度、多维度探讨汉语程度语义表达演变的动因、机制以及类型学的价值意义。

二、语料来源

本书使用的语料包括三个方面:一是大型语文工具书,如《现代汉语词典》《现代汉语方言大词典》《汉语方言大词典》《汉语方言地图集·语法卷》《汉语方言词汇》等;二是选取典型的古代、现代汉语普通话及方言语料进行统计分析,补充现有语料库和工具书之不足,确保研究的准确性和可信度;三是语料库,包括标记语料库和生语料库。本书使用的语料库主要有:

北京大学 CCL 语料库(http://ccl.pku.edu.cn:8080/ccl_corpus/):包括现代汉语语料库和古代汉语语料库,总字数约 8 亿字。

中国国家语委语料库(http://www.aihanyu.org/cncorpus/index.aspx):包括现代汉语语料库和古代汉语语料库,总字数约 2 亿字,同时还提供带有词类标记和词频信息的在线语料库字词索引表的检索。

北京语言大学 BCC 语料库(http://bcc.blcu.edu.cn/):总字数约 150 亿字,包括报刊、文学、微博、科技、综合和古汉语等多领域语料,是可以全面反映当今社会语言生活的大规模语料库。

中国台湾"中研院"标记语料库(https://lingcorpus.iis.sinica.edu.tw/ancient/)。该语料库收集的语料库包含上古汉语(先秦至西汉)、中古汉语(东汉魏晋南北朝)、近代汉语(唐五代以后)的重要语料。

三、研究方法

形式与意义相结合:从"程度"语义入手,探寻汉语中表达程度语义的语法表达形式,分析过程中力求做到形式与意义相结合。

描写与解释相结合:尽可能全面地收集程度语义表达形式的类型,并对其句法和组合功能进行详细的描写与分析。对这种程度表达形式产生的动因和机制,从语义角度、语用角度和认知角度给予理论上的解释。

共时与历时相结合:对程度语义表达形式的概述主要采取共时研究的方法,而对其发展过程以及个案分析则主要采取共时与历时相结合的研究方法。

第二章　汉语程度副词的生成方式

第一节　语法化

一、语法化概说

语法化学说与语言类型学之间具有一种天然的密切关系。语言类型学有两种：共时类型学（synchronic typology）和历时类型学（diachronic typology）。共时类型学关注的是人类语言共时模式的变异类型及其制约；历时类型学关注的则是人类语言演变的变异类型及其制约，而人类语言演变的变异类型及其制约也正是语法化研究的目标。因此，在语法化研究中，语言类型学的眼光非常重要。

语法化（grammaticalization）的概念来自国外，与汉语学界早期的"实词虚化"大致相当。最早采用"语法化"术语的学者应该是法国语言学家梅耶（Meillet），他的《语法形式的演化》（1912）一文主要是从词汇形式到语法形式的变化来讨论语法化，将语法化定义为"一个本来独立的词演变为一个具有语法功能的成分"的过程。一般认为，梅耶揭开了现代语法化研究的序幕。

事实上，中国古人很早就注意到实词虚化的现象，如元代周伯琦在《六书证讹》中就指出："今之虚字皆古之实字。"清代的论述更多，如袁仁林的《虚字说》指出："'使'字……乃未然假设之辞，意在充拓凭虚模拟。谁使谁令，是乃空中兜转，一若自为使令耳。"清马瑞辰《毛诗传笺通释》卷二十七认为："'其诗孔硕，其风肆好。'《传》：'肆，长也。'瑞辰按：《说文》：'肆，极陈也。'经传有专取'陈'义者，《诗》'或肆之筵'是也；有专取'极'义者，'其风肆好'与'其诗孔硕'

相对成文。'其风'犹言'其诗','肆好'即极好,犹言'孔硕',古人自有复语耳。"刘淇《助字辨略·自序》中说:"构文之道,不过虚字实字两端,实字其体骨而虚字其性情也。"马建忠在《马氏文通》中将汉语的词分为虚、实两类,指出:"凡字有事理可解者,曰实字。无解而惟以助实字之情态者,曰虚字。"(1983:19)实词分为名字、代字、静字、动字和状字共五类,虚词分为介字、连字、助字和叹字共四类。汉语学界系统地对实词虚化问题进行研究,可以追溯到 20 世纪 80 年代,如解惠全(1987)的《论实词的虚化》,段德森(1988)的《论实词虚化》等。

刘坚(1989)则直接将实词虚化和语法化联系起来,认为:"通常是某一个实词的词汇意义首先发生变化,变化到一定程度,又引起这个词的功能发生变化,变化到只在语句中起某种语法作用而失去了它原来的词汇意义。这个过程,可以称之为'实词虚化',或者'语法化',也就是说,由词汇单位变化为语法单位。"又,(1993)指出:"在汉语史研究中,我们常常可以看到'词汇语法化'现象,即一个词汇单位失去词汇意义,变成纯粹的虚词。用汉语语言学的术语来说,这个过程可以叫做'实词虚化'。"沈家煊(1994)也有类似的论述:"'语法化(grammmaticalization)'通常指语言中意义实在的词转化为无实在意义、表语法功能的成分这样一种过程或现象,中国传统的语言学称之为'实词虚化'。"刘坚、曹广顺、吴福祥(1995)从句法位置的改变、词义变化、语境影响以及重新分析等方面对诱发汉语词汇语法化的若干因素进行归纳,认为汉语的虚词一般是由实词转变而来,即"通常是某个实词或因句法位置、组合功能的变化而造成词义演变,或因词义的变化而引起句法位置、组合功能的改变,最终使之失去原来的词汇意义,在语句中只具有某种语法意义,变成了虚词。这个过程可以称之为'语法化'"。

严格来讲,语法化与实词虚化并不是完全相同的概念。早期的语法化研究多是从实词虚化开始的,几乎与实词虚化是不加区分的,后来语法化的研究范围有所扩大,也就是说,几乎所有的语法成分和语法范畴的产生演变都纳入语法化的研究。近年来,语法化或实词虚化成为汉语学界最为热门的研究课题之一,众多学者在这一领域进行持续、深入的研究,涌现了大批高质量的研究成果。

二、语法化示例

单音节的汉语程度副词,主要是通过语法化方式生成。这些词语最初多是处在状语或补语的位置上,经过高频使用,原来的词汇意义发生变化,逐渐转化为程度副词。从其来源上看,单音节程度副词主要是由名词、动词和形容词等几类实词虚化而来。

（一）名词

名词是单音节程度副词产生的重要来源之一,汉语中的不少程度副词最初就是名词,如"顶""特""精"等。

1. 顶

本为名词,义为人头的最上端。《说文·页部》:"顶,颠也。"《易经·大过》:"过涉灭顶。凶,无咎。"唐韩愈《论佛骨表》:"焚顶烧指,百十为群。"由此引申为物体的最上端或高处。《淮南子·修务训》:"今不称九天之顶,则言黄泉之底,是两末之端议,何可以公论乎!"南朝梁沈约《宿东园》诗:"树顶鸣风飙,草根积霜露。"上述句子中的"顶"都是用于名词之后,构成"NP＋顶"结构。同时,这种意义的"顶"还用于名词性成分之前,构成"顶＋NP"结构,如《搜神记》卷十四:"高辛氏,有老妇人,居于王宫,得耳疾,历时,医为挑治,出顶虫,大如茧。妇人去,后置以瓠篱,覆之以盘,俄尔顶虫乃化为犬。"唐雍陶《咏双白鹭》:"双鹭应怜水满池,风飘不动顶丝垂。"当"顶"用于谓词性成分之前,其意义进一步虚化,演变为程度副词。如:

（1）星图甚多,只是难得似。圆图说得顶好。天弯,纸却平。（《朱子语类》卷二）

（2）楼上客吃了足色好酒,又要吃足顶好菜哩。（《聊斋俚曲集·增补幸云曲》第七回）

2. 特

《说文·牛部》:"特,朴特,牛父也。"本义为公牛,亦泛指牛,如《诗经·小雅·正月》:"瞻彼阪田,有菀其特。"又指一头牲畜,如《仪礼·士冠礼》:"若杀,则特豚载合升。"由此引申出"单个、单独、孤独"义,如《礼记·内则》:"君已食,彻矣,使之特馁。"再引申出"杰出者"之义,如《诗经·秦风·黄鸟》:"维此奄息,百夫之特。"在此基础上发展出"不同一般、异常"义,如韩愈《答柳柳州食虾蟆》诗:"虾蟆虽水居,水特变形貌。"由此进一步引申为程度副词。如:

(3)趋利之情,不肖特厚。(《尹文子·大道上》)

(4)而禁持军严整,得贼财物,无所私入,由是赏赐特重。(《三国志·魏书·乐进传》)

3. 精

"精",本为名词,指优质、纯净的米。《说文·米部》:"精,择也。从米青声。"如《论语·乡党》:"食不厌精。"刘宝楠正义:"精者,善米也。"《庄子·人间世》:"鼓策播精,足以食十人。"王先谦集解引司马彪曰:"简米曰精。"由此引申为"纯净,精粹,精华"义,仍作名词,如《易经·干》:"大哉干乎!刚健中正,纯粹精也。"孔颖达疏:"六爻俱阳,是纯粹也,纯粹不杂是精灵,故云纯粹精也。"高亨注:"色不杂曰纯,米不杂曰粹,米至细曰精。此用以形容天德,是其引申义。"唐崔涂《过长江贾岛主簿旧厅》诗:"雕琢文章字字精,我经此处倍伤情。"进一步引申为形容词,义为精密的、严密的等,如《公羊传·庄公十年》:"精者曰伐。"何休注:"精,犹精密也。"在此基础上,虚化为程度副词。如:

(5)孙安国往殷中军许共论,往反精苦,客主无间。(《世说新语·文学》)

(6)钟士季精有才理,先不识嵇康,钟要于时贤俊者之士,俱往寻康。(《世说新语·简傲》)

(二)动词

动词是单音节程度副词最重要的来源,汉语中很多动词虚化为程度副词,如"至""过""加""穷""弥""煞"等。

1. 至

《说文·至部》:"至,鸟飞从高下至地也。从一,一犹地也。象形。"段注:"凡云来至者,皆于此义引伸假借。"《玉篇》:"至,极也,达也,到也。"李圃(1989:67)认为:"至,甲骨文至从矢,下面指示符号一,指地。""至字以箭由空中到达地面表达到义。"谷衍奎(2022:199)指出:"《说文》字形解说不确。本义当为远箭射到眼前地上。"综合来看,"至"字的最初意义或为"到达",到达某地一般隐含着一个终点。最初"至"的对象为具体处所,如《诗经·秦风·渭阳》:"我送舅氏,曰至渭阳",此后扩大到时间,如《史记·扁鹊仓公列传》:"至春,果病;四月,泄血死。"当"至"的对象由具体处所、时间变为抽象的性状时,"至"就由动词逐步演化为表程度的副词。用作程度副词的"至"在上古时期已很常用。如:

(7)罪至重而罚至轻,庸人不知恶矣。(《荀子·正论》)

(8)此亦天下之至美也,太子能强起尝之乎?(汉枚乘《七发》)

2. 过

"过",本义为经过。《说文·辵部》:"过,度也。从辵呙声。"《论语·宪问》:"子击磬于卫,有荷蒉而过孔氏门者。"引申为渡过,如《尚书·禹贡》:"北过降水,至于大陆。"再引申为超过、超越,如《论语·公冶长》:"子曰:由也好勇过我,无所取材。"在此基础上演化为程度副词,义为"过分"或"非常"。如:

(9)怒不过夺,喜不过予。(《荀子·修身》)

(10)园中茅积下得一白鱼,质状殊常,以作鲊,过美,故以相献。(《晋书·张华传》)

3. 加

"加"本是动词,义为诬枉、夸大。《说文·力部》:"加,语相增加也。"段玉裁改为"语相譄加也"并注云:"'譄'下曰'加也','诬'下曰'加也',此云'语相譄加也'。知'譄''诬''加'三字同义矣。诬人曰'譄',亦曰'加',故'加'从力。"《左传·庄公十年》:"牺牲玉帛,弗敢加也,必以信。"杜预注:"祝辞不敢以小为大,以恶为美。"由此引申出"增加,加大"义。《尔雅·释诂上》:"加,重也。"如《左传·隐公五年》:"公曰:'叔父有憾于寡人,寡人弗敢忘。'葬之加一等。""加"表程度是由其动词用法进一步发展而来。程度副词"加"在西周、春秋时期使用尚不多,战国以后使用渐多。如:

(11)邻国之民不加少,寡人之民不加多,何也?(《孟子·梁惠王上》)

(12)顺风而呼,声不加疾也;际高而望,目不加明也;所因便也。(《吕

氏春秋·顺说》)

4. 穷

"穷",本为动词,"尽,完结"义。《说文·穴部》:"穷,极也。"如《尚书·微子之命》:"作宾于王家,与国咸休,永世无穷。"引申为"达到极点"义,如《荀子·富国》:"纵欲而不穷,则民心奋而不可说也。"在此基础上发展出程度义。如:

(13)故天子者天下之穷贵也,天下之穷富也。(《墨子·天志上》)

(14)然地亦穷险,唯京师要其道。(《史记·货殖列传》)

5. 弥

"弥",本义是弓满张。《字汇·弓部》:"弥,弓张满也。""弓张满"即将弓弦拉到最紧的程度,后引申为一般的"满、遍"意义,如《周礼·春官·大祝》:"国有大故天灾,弥祀社稷祷祠。"郑玄注:"弥,犹遍也。"由此引申,获得"更加"义,《小尔雅·广训》:"弥,益也。"《广韵·支韵》:"弥,益也。"如:

(15)始见于君,执挚至下,容弥蹙,庶人见于君,不为容,进退走。(《仪礼·士相见礼》)

(16)其索之弥远者,其推之弥疏,其求之弥强者,失之弥强。(《吕氏春秋·论人》)

6. 煞

《正字通》:"煞,俗杀字。""杀,今谓太甚曰煞,程朱语录、容斋随笔皆用之。"章太炎《新方言·释词》:"今辽东谓富有曰有得肆,苏州谓甚好曰好得肆,甚热曰热得肆。肆、杀去入相转。《夏小正》:'狸子肇肆。'传:'肆,杀也。'古以肆为杀,今以杀为肆。宋人言甚好曰杀好,犹肆好也。今亦谓极陈力为杀力,即肆力也。"唐贤清(2004:170-213)对"煞"的形成和发展过程有较深入的研究,可参看。"煞"用作程度副词较早见于唐五代,但用例不多。宋以后"煞"得到迅速发展,成为近代汉语重要的程度副词。如:

(17)世人不孝堪伤叹,于父娘边起轻慢;不念怀耽煞苦辛,岂知乳哺多疲倦。(《敦煌变文校注·父母恩重经讲经文(一)》)

(18)若天之高,则里数又煞远。(《朱子语类》卷二)

(三)形容词

1. 大

"大",本为形容词,与"小"相对。《说文·大部》:"大,天大、地大、人亦大,故大象人形。"《诗经·小雅·吉日》:"发彼小豝,殪此大兕。""大"从形容词虚化为程度副词,表示程度深。上古汉语"大"的发展已相当成熟。如:

(19)邦人大恐,王与尽弁,以启金縢之书,乃得周公所自以为功,代武王之说。(《尚书·金縢》)

(20)今自陛下举兵击匈奴,中国以空虚,边民大困贫。(《史记·酷吏列传》)

2. 甚

关于"甚"在上古汉语时期的词类归属问题,学界有着不同的意见。一种观点是上古汉语里"甚"可用作程度副词,如马建忠(1983:237),吕叔湘(1956:148),杨树达(1979:236),杨伯峻(1983:87),杨伯峻、何乐士(2001:274)等。他们认为上古时期用作状语的"甚"是程度副词,用作谓语的"甚"是形容词;另一种观点是"甚"在上古汉语里仅用作形容词,六朝以后才转化为程度副词,如郭锡良(1985)、李杰群(1986)、杨荣祥(2005:292-293)等。他们认为只有当"甚"仅能充任状语,而不再充当谓语等句法成分之时,才转化为程度副词。不过,我们更倾向于第一种看法,认为"甚"在上古汉语里是一个兼类词,既可作形容词,又可作程度副词。"甚"的这两种用法的关系密切,程度副词是从其形容词意义发展而来,上古时期已有用例。如:

(21)吾闻甲生甚好仁而强,甚宽惠而慈于民。(《国语·晋语一》)

(22)吴起为西河守,甚有声名。(《史记·孙子吴起列传》)

3. 深

"深",古水名。《说文·水部》:"深,水,出桂阳南平,西入营道。"不过"深"在文献中常作为形容词"浅"的反义词出现,表示"距离大"的意义,如《诗经·邶风·谷风》:"就其深矣,方之舟之。"又《荀子·荣辱》:"短绠不可以汲深井之泉。"表示具体的空间物体的量度"距离大"很容易发生隐喻引申,发展出比较抽象的程度高义。《韩非子》《战国策》已见"深"表程度高的用法,均早于《汉语大词典》和《汉语大字典》所举书证。上古汉语"深"用例已有不少。如:

(23)以王之贤圣与国之资厚,愿荆王之贤人,王何不深知之而阴有之。(《韩非子·内储说下》)

(24)今公叔怨齐,无奈何也,必周君而深怨我矣。(《战国策·韩策二》)

4. 好

武振玉(2004c)认为程度副词"好"始见于晚唐五代,但不多见。宋以后用例渐多,元明清是其使用的高峰时期。武文对程度副词"好"的形成和发展描绘较为详尽,但缺乏形成机制的探讨。李晋霞(2005)对程度副词"好"的来源机制有研究,她认为在近代时期,"好+形容词+名词"结构中的"好"与"形容词"的关系由并列结构变为偏正结构之后,"好"变为程度副词。程度副词"好"在唐代还不多见,"好"的虚化过程伴随着说话者主观因素的渗透或者加强,"好"的虚化过程同时也是其词义主观性程度增高的过程。"好"在近代新兴并获得了很大的发展,是最常用的甚类程度副词之一。如:

(25)身靠着屏围,魂梦谁根底? 酒病好难医,今朝醒觉迟。(《永乐大典戏文三种·小孙屠》)

(26)离了寇家,再没这好丰盛的东西了!(《西游记》第九十六回)

吕叔湘(1999:258)指出"好容易"和"好不容易",都表示"很不容易"。"好不"表程度的用法在近代汉语时期已经产生。如:

(27)小夫人自思量:我恁地一个人,许多房奁,却嫁一个白须老儿,好不生烦恼!(《京本通俗小说·志诚张主管》)

(28)如今伴着一个秀才,是四川成都人,好不缠的火热。(元乔吉《两世姻缘》第一折)

第二节　词汇化

一、词汇化概说

近年来,词汇化研究逐渐成为国内外语言学研究的热点,词汇化及相关问题研究得到学界的广泛关注。董秀芳(2002[2011])出版之后,汉语学界对词汇化的研究成果大量涌现。词汇化本是英语 lexicalization 的翻译,主要有两种不同的含义,即有"共时词汇化"和"历时词汇化"之分。

共时词汇化是从共时角度的理解,指语言系统中将概念转化为词的过程,也就是将概念编码为词的过程,这与人们的认知方式有关,因此不同的语言可能有不同的词汇化方式(Talmy 1985,2000);历史的词汇化是从语言历时演变角度的理解,是指某些语言形式的例句逐渐消失,内部结构不断凝固,最后演变为词的过程。蒋绍愚(2015:83)称共时词汇化为"词化",历时词汇化为"词汇化",以示区分。本书讨论的是程度副词的产生、发展和演变问题,因此是历时角度的词汇化。

复音化是古代汉语词汇发展的基本特征,中古以后复音词大量出现。董秀芳(2011:24)认为:"汉语双音词有三个主要历史来源:一是从短语变来的,这是双音词的最主要的来源;二是从由语法成分参与组成的句法结构固化而来;三是由本不在同一句法层次而只是在线性顺序上相邻接的成分变来。双音词的衍生从性质上看,主要是属于词汇化,有一些情况也牵涉到语法化。"

Givón 提出一个著名的观点:"今天的词法曾是昨天的句法。"这种从句法到词法的转化现象在语言中普遍存在着。董秀芳(2011:3)称之为词汇化。所谓词汇化,就是指非词汇性的(non-lexical)成分变为词汇性的(lexical)成分或者词汇性较低的成分变为词汇性较高的成分。词汇化是汉语程度副词产生的最主要途径之一。先秦时期的程度副词多为单音词,其生成途径主要是语法化(实词虚化)。中古以后新兴的程度副词多为复音词(以双音词为主),其主要的生成途径是词汇化。汉语复音程度副词的生成方式既有由短语演化而来的,也有一些成员是通过句法结构或者跨层结构演化而来的。

二、词汇化示例

据董秀芳(2011)研究,汉语双音词的衍生主要有三种方式。双音节的汉语程度副词,基本是通过词汇化的途径产生,其生成方式也有三种。

(一)从短语演变而来的程度副词

董秀芳(2011)区分了"短语"和"结构"这两个术语,短语全部是由词汇性成分组成的句法单位,结构是由语法性成分和词汇性成分共同构成句法单位。本书赞成这种区分。

从来源上看,短语是双音节程度副词最主要的来源。汉语短语有五种基本结构类型,即并列、偏正、动宾、述补和主谓。董秀芳(2011)的研究表明,上述的五种汉语短语均可以演变为词。不过,从文献调查来看,源自短语的汉语程度副词主要有并列、偏正、动宾和述补等四个类型,目前尚未发现源自主谓类型的短语。

1. 并列短语

程度副词在使用过程中,程度义往往会减弱,表现力会下降,即所谓的"程度磨损"。吕叔湘(1956:150)指出:"一切表高度的词语,用久了都就失去锋芒。'很'字久已一点不'很'。'怪'字也早已不'怪','太'字也不再表示'超过极限'。旧的夸张没落了,新的夸张跟着起来,不久又就平淡无奇了。"谈的就是语义磨损的问题。为了弥补程度磨损造成的表现力不足的问题,必须采取其他方式来补救,其中最直接的一种方式就是程度副词通过并列形式来强调程度。调查发现,汉语中通过并列式构成的程度副词极为常见,数量远超过其他几种类型。列举如下:

【更加】

(1)诸有百疾之在目者皆愈,而更加精明倍常也。(《抱朴子内篇·杂应》)

(2)他听安太太这样说,更加欢喜。(《儿女英雄传》第三十二回)

【加倍】

(3)钱痰火见主人出来,念得加倍响些。(《金瓶梅词话》第五十三回)

(4)当下大家上厅来,连那在场的诸位,也都加倍的高兴。(《儿女英

雄传》第十六回)

【倍加】

(5)王闻语已生欢喜之心,倍加恭敬作礼而去。(《阿育王传》,50/128c)

(6)西门观看,不见别事,见一病儿,倍加劣瘦。(《敦煌变文校注·悉达太子修道因缘》)

【愈益】

(7)太祖愈益重之,然以群能持正,亦悦焉。(《三国志·魏书·郭嘉传》)

(8)涵养、持守之久,则临事愈益精明。(《朱子语类》卷十二)

【尤加】

(9)于是笃信之心,尤加恭肃,略以殊玩,为之执奴仆之役,不辞负重涉远,不避经险履危,欲以积劳自效,服苦求哀,庶有异闻。(《抱朴子内篇·勤求》)

(10)广疑张子之言尤加精密。(《朱子语类》卷三十)

并列式中以"更"类程度副词的组合最为常见,上述词语"更加""加倍""倍加""愈益"和"尤加"均为两个"更"类词的组合。两个"最"类词、"太"类词、"甚"类词或"略"类词并置成词,相对少见。如:

【最极】

(11)犹如堕于最极深水,唯大船师,乃能拔出。(《佛本行集经》,3/749b)

(12)咸妥马在中国久,熟于中国情事,归国后着一日记,详载所闻见,内言总理衙门最极讪笑。(清佚名《清代之竹头木屑·总理衙门》)

【太过于】

(13)原不是甚么难治的疮,不过费了这一个月的工夫,屡蒙厚赐,太过于厚。(《醒世姻缘传》第六十七回)

(14)老爷太过于谨慎了,事情若不是真的,赵堂官那个业障可是刀子扎得出血来的人?(清秦子沈《续红楼梦》第十九回)

【忒太】

(15)人都别忒太势利了,况且都作的是什么有脸的好事!(《红楼梦》第十回)

(16)你踏踏的我忒太过,这妮子欺负的我没奈何。(《全元曲·风雨像生货郎旦》第一折)

【老大】

(17)朝廷之上也老大吃惊。(《醒世姻缘传》第九十九回)

(18)安老爷因自己还没得带儿子过去叩谢先生,先生倒过来了,一时心里老大的不安,说道:"这个怎么敢当!"(《儿女英雄传》第三十七回)

【甚大】

(19)受彼王位,甚大快乐。(《佛本行集经》,19/734a)

(20)七日既满,甚大欢喜。(《撰集百缘经》,4/208a)

【些微】

(21)原来姑娘纫的忙了,手指头肚儿上些微使了点儿劲,就把个大针搠两截儿了,自己看了,也不觉大笑。(《儿女英雄传》第二十四回)

(22)这些人穿的衣服,一律都是绫罗绸缎,其中也有一两个些微旧点的,总不及陶子尧的古板。(《官场现形记》第七回)

【略小】

(23)愿以义割恩,略小不忍。(《宋书·徐湛之传》)

(24)这大街上不便,奶奶请到门房,屈待略小坐一会儿,我替奶奶禀去。(《醒世姻缘传》第七十回)

以上分别是"最"类(最极),"太"类(太过于、忒太),"甚"类(老大、甚大)和"略"类(些微、略小)的并列形式。

2. 偏正短语

偏正短语有定中式和状中式两种类型，其中定中式较多。

【这样 那样 怎样】

详见本书第五章。

【这般 那般 怎般】

详见本书第五章。

【这等 那等 怎等】

详见本书第五章。

【万般 千般 百般】

除了指示代词之外，"般"还可以用于数词"百""千""万"之后。"百般""千般""万般"最初均表达种类多样，后演化出表达性质或状态程度的用法。

"万般"用来表达程度早于"百般""千般"。"万般"，本为总括之词，谓各种各样，如唐元稹《岳阳楼》诗："怅望残春万般意，满棂湖水入西江。"与之类似的还有"千般""百般"，均指多种多样。"千般"如唐王维《听百舌鸟》诗："入春解作千般语，拂曙能先百鸟啼。"《敦煌曲子词·菩萨蛮》："枕前发尽千般愿，要休且待青山烂。""百般"如唐韩愈《晚春》诗："草树知春不久归，百般红紫斗芳菲。"宋梅尧臣《和王待制牡丹咏》："浓澹百般开，风露几番改。""万般""千般""百般"，均由总括类别之词引申为表程度高的副词。如：

(25)狄希陈虽与寄姐如鱼得水，似漆投胶，万般恩爱，难以形容，到只为这珍珠一事，放心不下。(《醒世姻缘传》第七十六回)

(26)叶绿荷漫无目的地走在大街上，纵然大街上千般热闹，为什么我的心却感到那么的失落和寂寞？(《烛光剑影》2008-08-01 潇湘书屋)

(27)其实，"陕军"的这几部作品，其相互间的文本意图存有相当明显的差异：《废都》百般无奈却又满心欢喜地制作出一个当代文人"影像"。(《1994 年报刊精选》)①

(28)与其说那一草一木，一桌一窗，一书一画都浸透着孩子们的心血和汗水，自然百般珍惜爱护，不如说它是王思明的精神、品格及理想在孩

子们身上的实现和伸延。(《1994 年报刊精选》)

【大段、大故】

唐贤清(2002、2003、2004:263－284)对"大段""大故"的产生和发展过程有较深入的研究。唐先生认为"大段"和"大故"本为偏正结构的名词词组,宋代以后才大量用作程度副词。"大段"主要用于宋代和明代,而"大故"则主要用于宋代,特别是大量使用于《朱子语类》之中。唐文指出,这些现象的产生除跟朱熹个人的语言风格有关外,还与语言自身发展的原因有关。语言自身的原因有两个:一是"大段"和"大故"的本义与其程度义之间符合词义引申发展的规律;二是与语言发展的平衡性有关,即现代汉语里常见的程度副词在《朱子语类》时代还没有出现,因此"大段""大故"应运而生。"大段""大故"多见于《朱子语类》,其他文献用例较少。如:

(29)颜子常要得无伐善施劳,颜子工夫是大段缜密。(《朱子语类》卷二十九)

(30)想见伏羲做得这个成时,也大故地喜欢。(《朱子语类》卷六十六)

状中式的偏正短语演化为程度副词的较少,常见的主要有"十分"和"万分"。

武振玉(2004a、2004d)认为程度副词"十分"经历了由词组到词、由实到虚的演变过程。大致过程为:"十分"原是指将事物十等分地划分,引申为"对事物做十分制的概括",继续引申出"全部、完全"义,在此基础上进一步虚化出程度高的用法。程度副词"十分"较早见于宋代,元代进一步发展,明代发展更快速,清代继续保持较高的使用频率。如:

(31)这道理在天地间,须是直穷到底,至纤至悉,十分透彻,无有不尽,则于万物为一无所窒碍,胸中泰然,岂有不乐!(《朱子语类》卷三十一)

（32）两日天气十分炎热，如何不走动些！① （《金瓶梅词话》第六回）

"万分"的虚化途径与"十分"很相似，本为偏正词组，义为将事物分万份，如《庄子·知北游》："今于道，秋毫之端万分未得处一焉，而犹知藏其狂言而死，又况夫体道者乎？"②后引申为"绝对，无论如何"义，如《水浒传》第九十七回："宋江到帅府升坐，鲁智深等八人前来参拜道：'哥哥，万分不得相见了！今赖兄长威力，复得聚首；恍如梦中。'"在此基础上引申出程度副词用法，表程度高，犹"非常，极其"，较早见于明代。如：

（33）自揣分义；万分不能自安。（明张居正《四辞恩命疏》）

（34）只得禀知了按院，勒了严限拿人，番役都上了比较，搜捕的万分严紧。（《醒世姻缘传》第五十一回）

3. 述补短语

演化为程度副词的述补短语不多，所见主要是"异常""异样""倍常"等。

"异常"本为述补短语，义为"异于正常、与寻常不一般"，如《后汉书·皇后纪上·光烈阴皇后》："异常之事，非国休福。"在此义基础上引申出程度副词用法，表程度高。"异常"较早见于晚唐五代时期，并一直沿用至今。如：

（35）川中又遇一家，墙壁异常严丽，孤庄独立，四迥无人，不耻八尺之躯，遂即叩门乞食。（《敦煌变文校注·伍子胥变文》）

（36）因系独子，异常珍爱。（《醒世姻缘传》第一回）

"异样"的演化途径与"异常"类似，较早义为"与寻常不同"，如元张寿卿《红梨花》第三折："他妆梳的异样儿新。"《二刻拍案惊奇》卷九："他的姓，姓得有些异样的，不好记，我忘记了。"在此基础上发展出程度副词用法，表程度高，近代汉语时期始见。如：

---

① 香坂顺一（1992：92）将《金瓶梅词话》第二回"王婆道：'若得大官人抬举他时，十分之好。'"例中的"十分之"看作程度副词。似不妥。近代时期，程度副词与所修饰 VP 之间使用助词是比较常见的现象，如《醒世姻缘传》第八回："我每日照镜，自己的模样也不十分的标致，做不得公子王孙的娇妻艳妾。"

② 《汉语大词典》所列"万分"第一个义项为"万分之一，谓极少"。我们认为"万分"最初是偏正短语，后来"万分之一"常省略为"万分"，表"万分之一"义。

（37）可煞作怪，那小和尚看见胡无翳，把手往前扑两扑，张着口大笑，把胡无翳异样的慌了，端详着可不就合梁片云那有二样。（《醒世姻缘传》第二十二回）

（38）那百花羞见爷问他，便去房里拿出一只玉笛，一攒牙笙，雕刻的异样精美。（《聊斋俚曲集·增补幸云曲》第二十五回）

"倍常"表程度是从其"大不同于一般"义而来，如唐冯贽《云仙杂记》卷五："李初直遇与人相知，则曰：'棠棣之好，何以过此。'喜庆倍常。"后演化为程度副词，如：

（39）夫妻二人欢喜倍常。（《初刻拍案惊奇》卷十三）

（40）两个老儿倍常欢喜，这日打扮得衣饰鲜明，一同过来。（《儿女英雄传》第二十九回）

4. 动宾短语

演化为程度副词的动宾短语很少见，常见的是"非常"[①]。

"非"，本义是违背、不合。《说文·非部》："非，违也。从飞下翄，取其相背。"《诗经·小雅·斯干》："无非无仪。"孔颖达疏："为行谨慎，无所非法。"《说文·巾部》："常，下帬也。从巾尚声。"徐铉注："下直而垂，象巾，故从巾"，此义后写作"裳"。《玉篇》注"常"曰"恒也"。如《易经·坤卦》："坤，至柔而动也刚，至静而德方，后得主而有常，含万物而化光"，《庄子·齐物论》："言未始有常。"郭象注："彼此言之，故是非无定。"

"非常"连用，最初义为"违背常规，不合惯例，不适时宜"，如《左传·庄公二十五年》："秋，大水，鼓用牲于社、于门，亦非常也。"杜预注："失常礼。"古代汉语中，"非常"常用的意义是"超过一般、不同寻常"，如《史记·司马相如列传》："盖世必有非常之人，然后有非常之事；有非常之事，然后有非常之功。非常者，固常之所异也。"此义很容易引申出程度副词用法，近代汉语使用很多。如：

---

① 董秀芳（2011：250）认为程度副词"非常"是"句法结构到双音词"的词汇化，即是由否定词"非"和中心词"常"黏合而成。

(41)大王闻之,非常惊愕。(《敦煌变文校注·太子成道经》)

(42)他家本姓夏,非常的富贵。(《红楼梦》第七十九回)

(二)从句法结构演变而来的程度副词

董秀芳(2011)的句法结构是指由语法性成分和词汇性成分组成的句法结构,这类结构在历史发展中逐渐演变为词。这个演变过程"往往是由于原来的语法性成分的功能在发展过程中逐渐弱化甚至丧失,或者从一种必有成分变为一种可选成分,这样它与实词性成分的组合能力也就萎缩了,原有的一些高频率的组合就可能成为这种句法结构的遗迹而固化为词"(2011:34)。句法结构演变词的过程,"不同于词汇性短语的特点在于其中的语法性成分的结合范围很广,可以与很多词汇性成分相搭配,能产性比较高。在汉语史上,一些句法结构由于其中的语法性成分功能的衰退而发生了词汇化"(2011:208)。

【自】更自、深自、殊自、盛自、雅自、痛自、益自、愈自

(43)有心事儿常常梦,思想多情,醒后的凄凉更自儿不同。(《白雪遗音·马头调·有心事儿》)

(44)经数顿,庞悔悟,深自咎责,遣旧父老及长史乙那楼追浑,令还。(《宋书·鲜卑列传》)

(45)王本自有一往隽气,殊自轻之。(《世说新语·文学》)

(46)是时大发徒众,南巡校猎,盛自矜大,故致旱灾。(《宋书·五行志二》)

(47)有一士族,读书不过二三百卷,天才钝拙,而家世殷厚,雅自矜持,多以酒犊珍玩,交诸名士,甘其饵者,递共吹嘘。(《颜氏家训·名实》)

(48)或欺负之者,延寿痛自刻责:"岂其负之,何以至此?"(《汉书·韩延寿传》)

(49)恩益自谦损,与人语常呼官位,而自称为鄙人。(《宋书·蒯恩传》)

(50)今人多于操时不见其存,过而操之,愈自执捉,故有纷扰之患。(又,卷一百一十九)

【复】倍复、更复、益复、弥复

（51）王时即语以水洗口，口倍复香。（《阿育王传》,50/128c）

（52）既识知已，更复欢喜。（《佛本行集经》,3/665c）

（53）太子曰："敬名虽同，深浅既异，而文无差别，弥复增疑。"（《南齐书·文惠太子传》）

（54）迮取汁为饴饧，名之曰"糖"，益复珍也。（《齐民要术·甘蔗》）

【是】最是、极是、甚是、深是、煞是、越是、更是

（55）盖人君以一身为至极之标准，最是不易。（《朱子语类》卷七十九）

（56）圣人于此，极是留意。（《朱子语类》卷三十六）

（57）只是一日两回做饭，心中甚是过意不去。（《聊斋俚曲集·蓬莱宴》第四回）

（58）以此知今日取民太重，深是不便。（《朱子语类》卷一百三十三）

（59）安老爷一听，他这番话倒煞是有理，便问："依九哥你怎么样呢?"（《儿女英雄传》第三十一回）

（60）宋江接来看时，封皮逆封着，又没平安二字。宋江心内越是疑惑。（《水浒传》卷二十）

（61）若更剔去得，岂不更是明亮!（《朱子语类》卷七十三）

【为】最为、至为、极为、甚为、深为、尤为、颇为、大为、略为

（62）且以此见得康节先天后天之说，最为有功。（《朱子语类》卷六十七）

（63）格物工夫，至为浩大。（《朱子语类》卷一百一十六）

（64）家业富盛，性又华侈，衣被服饰，极为奢丽。（《南齐书·褚炫传》）

（65）一切众女，皆称妙哉，甚为奇特，世之希有。（《修行本起经》,3/466a）

（66）既反，王、谢相谓曰："渊源不起，当如苍生何?"深为忧叹。（《世

说新语·识鉴》)

(67)至兄弟尤为叨窃,临海频烦二郡,谦亦越进清阶,吾高枕家巷,遂至中书郎,此足以阖棺矣。(《宋书·王微传》)

(68)自并省三院,而州郡六曹之职颇为淆乱,司法、司理、司户三者尚仍旧。(《朱子语类》卷一百二十八)

(69)若是阴人,大为不利。(《金瓶梅词话》第六十一回)

(70)这里安老爷见他一家这等个至诚向热,心下十分不安,觉得有褚、陆这等两个人跟去,也像略为放心。(《儿女英雄传》第四十回)

【否定词】非分、非不、非甚

(71)须达怉悗反侧,非分仿偟,烦怨回车,又出城南按行。(《敦煌变文校注·降魔变文》)

(72)臣缘□□,昔言已主(注)得五年归生路,臣与李干风为知与(己),□□将书来苦嘱,非不勤殷。(《敦煌变文校注·唐太宗入冥记》)

(73)太子闻语,非甚惊惶。(《敦煌变文校注·降魔变文》)

【生】好生、甚生

(74)张千,这厮好生无礼!(《新校元刊杂剧三十种·岳孔目借铁拐李还魂》第一折)

(75)我适离处,别却道场,甚生富贵端严,可畏光花炽盛。(《敦煌变文校注·维摩诘经讲经文》(四))

【发】愈发、越发、益发

(76)他叔嫂二人愈发胡涂,不省人事,睡在床上,浑身火炭一般,口内无般不说。(《红楼梦》第二十五回)

(77)这西门庆仔细端详那妇人,比初见时越发标致。(《金瓶梅词话》第四回)

(78)那老头儿听了,益发不耐烦起来,说:"姑奶奶,你这又来了!你二叔不知道他,难道你也不知道他吗? 你看他那性子脾气,你二叔人生面不熟的,就拦得住他了?"(《儿女英雄传》第十六回)

（三）从跨层结构演变而来的程度副词

董秀芳（2011：265）指出："跨层结构是指不在同一个句法层次上而只是在表层形式的线性语序上相邻的两个成分的组合。有一些跨层结构在历史发展过程中变成了词，由这一渠道产生的词多是虚词，其内部形式非常模糊。跨层结构的词汇化是一种比较特殊的变化，即从非语言单位变为语言单位的变化，而我们以上所讲到的两类词汇化则是从一种语言单位（词汇性短语或句法结构）变成另外一种语言单位（词）。跨层结构的词汇化一定是发生在某个特定的高频使用的句法构式（construction）中的，发生词汇化的跨层结构往往是所在构式的关键性组成成分，能够在一定程度上激活整个构式。"

1. 有些　有点

"有些""有点"均为近代汉语时期产生的程度副词，二者意义接近，句法功能相似。"有些""有点"经历了跨层结构的词汇化演变为程度副词。起初的"有些""有点"都只是在线性序列上紧邻的跨层结构，动词"有"与量词"些""点"并无直接的句法关系。如：

（79）还有些些惆怅事，春来山路见蘼芜。（白居易《湖上醉中代诸妓寄严郎中》）

（80）棱而宛中，有点墨迹。（韩愈《高君仙砚铭》）

上述结构中，"些""点"与其后的体词性成分（NP）关系更为密切，它们一起充当动词"有"的宾语。也就是说，这种结构应分析为"有＋[些/点＋NP]"。当"有些""有点"用于谓词性成分之前时，它们逐渐词汇化为词，在句中的地位就发生了变化，即由充当句子的谓语变为状语，表示程度。如：

（81）若有些子咤异，便不是极精极密，便不是中庸。（《朱子语类》卷六十二）

（82）也搭着他实在有点儿怕人家。（《儿女英雄传》第二十三回）

2. 不胜

"不胜"是一个中古新兴并沿用至现代汉语的甚类词。最初的"不胜"是作为一个跨层结构出现，"不"为否定副词，"胜"为动词，二者并没有意义上的必然联系，只是在线性序列上相邻出现。"不胜"的这种用法在上古汉语里已经

出现,此期的"胜"还是"能够承受、胜任"义,"不胜"为"不能承受,禁受不起"义。如:

（83）武丁孙子,武王靡不胜。(《诗经·商颂·玄鸟》)

"胜"引申为"尽"义,"不胜"为"(做)不尽,(做)不完"义。如:

（84）赋敛无厌,使民如将不胜,万民忿怨。(《晏子春秋·外篇上三》)

"胜"又可表示"胜利、战胜"义,"不胜"为"不能胜过、不能战胜"义,如:

（85）战而不胜,则国亡兵弱,身死名息,拔拂今日之死不及,安暇待万世之利?(《韩非子·说五》)

"胜"表"超过"义,"不胜"为"不能超过"义。如:

（86）虞夏之文,不胜其质;殷周之质,不胜其文。(《礼记·表记》)

上述诸例中"胜"作为动词,在句中作谓语,受"不"的修饰。这些句子中"胜"一般带体词性宾语,此时"不＋胜＋NP"应分析为"不＋(胜＋NP)","不胜"尚未凝固成一个词。中古以后"不胜"的这种用法继续使用。值得注意的是,中古以后"不胜"可以置于心理动词之前表达程度意义,并一直延续下来。如:

（87）今因隙穴之际,得陈宿昔之志,非神启之,岂能致此!不胜翘企,万里托命。(《三国志·吴书·周鲂传》)

（88）嘉征显见,生于陕东之国,斯盖四海同心之瑞,不胜喜踊,谨画图以上。(《宋书·五行志》)

（89）凡在小僧,不胜感荷。(《入唐求法巡礼行记》卷二)

（90）月娘闻得了,也不胜喜欢,又差琴童去请刘婆子的来。(《金瓶梅词话》第五十三回)

第三节　构式化

一、构式化概说

"构式"(construction)是指形式和意义的配对,构式的形式或意义的某些方面不能从构式成分或其他先前已有的构式中得到完全预测(Goldberg 1995:4)。任何语言层级的形式—语义匹配,包括语素、词、复合词、习惯用语、各种句式等各种表达式,都可称为构式。因此,刘大为(2010a)指出:"语言的事实应该是既存在不可推导的构式,也存在可推导的构式,每种语言中的简单句构式无疑都是可推导的,不可推导性不是构式的唯一性。"

构式化是指形式$_新$—意义$_新$(组合)符号的产生。它在一定数量说话者的语言网络中形成新的类型节点,这些节点有新的句法或形态并有新的语义。它的产生伴随着不同程度的图式性、能产性和组合性的变化(Traugott 和 Trousdale 2013)。

语法化和词汇化都是研究语言演变的理论,二者既有联系又有区别。一般认为,语法化讨论的是语法成分和语法范畴产生的问题,词汇化讨论的是词的产生过程。因此,语言中的一些习语、短语和句式的研究,自然就无法纳入语法化或词汇化的框架进行。因此,Traugott 和 Trousdale(2013)将语法化、词汇化纳入构式语法视角下进行整合,分别将它们纳入两种类型的构式化,一是语法构式化(grammatical constructionalization),即具有语法(或程序)功能的新的形式语义匹配的渐变过程;一是词汇构式化(lexical constructionalization),即具有实在意义而且属于主要词类范畴(名动形)的新的形式语义匹配的发展过程。这样一来,无论是语法化还是词汇化,都是构式化的一个组成部分。

李艳芝(2015:35)认为,构式化是在词汇化和语法化的基础上发展起来的理论,结合了词汇化和语法化的研究理念,研究语言各层级构式单位在历时演变过程中的发展情况。三者共同之处是,都从语言历时演化的角度对语言进行研究;不同之处是,构式化是在构式语法的基础上探讨构式的语法构式化过程、词汇构式化过程以及语篇构式化过程等。其中关键是,构式化承认各级语言单位都是形义配对体的构式单位,且深入探讨了语言更加深层次的微观变化,如形义配对体某一方面的细微变化对构式变化整体的宏观影响等,而语法化、词汇化是仅对语言现象(词汇与语法)分别进行的零散研究。也就是说,一些无法纳入语法化或者词汇化研究框架的语言单位,均可置入构式化的研究框架。

二、构式化示例

构式是目前学术界研究的热点问题之一,不少构式已受到学界的关注。表达程度的构式很多,但从形式上对其进行分类却不是一件很容易的事情,下文将选择比较常见的具有代表性的三种类型进行示例。

(一)"X+ VP$_{谓语}$"构式

该构式中"X"是变量,常量"VP"在整个构式中充当谓语,内容是固定的,基本保持不变。"X+VP$_{谓语}$"构式的使用很广泛,下文仅以"X 到 Y"为例进行说明。

"X 到 Y"构式,包括"X 到变形""X 到飞起""X 到没朋友""X 到模糊"和"X 到炸裂"等不同形式。上述各个构式之中,"X"是变量,"Y"是常量,保持不变。各举 2 例如下:

(1)a.好像发了工资就不穷了一样,明明每天都这样,每个瞬间都穷爆了,崩溃到变形。不说了,我先去擦擦眼泪。(CCL 微信)

b.地铁里的"让座"尴尬,我们拒绝胖到变形!(CCL 微信)

(2)a.虽然每天忙到飞起但是工作还算认真负责,也从中受益颇多。(CCL 微信)

b.如果没有心仪的目标也不要紧,在跨年夜"邂逅"心爱的 TA,简直浪漫到飞起!(CCL 微信)

(3)a.现在想想,也许那些混到没朋友的人,才是真的很厉害。因为他们看透了朋友的本质,也能够忍受孤独的刺痛感。(网络)

b.再摆一个"古惑仔"的造型,简直帅到没朋友。(CCL 微信)

(4)a.在艺术创作的道路上,几乎每个艺术家都在寻找着属于自己的艺术样式,探寻着属于自己的表现语言,抽象与具象之间,从模糊到清晰而又从清晰回到模糊,我经常思考我为何而画?(CCL 微信)

b. 重庆的地铁六号线,挤到模糊。(BCC 语料库)

(5)a. 这两位颜值倒是没太大差,可袁立是什么人物,王丽坤是什么人物,前者恨不得高调到炸裂,后者恨不得是个低调到无形,要不是参加个节目素颜出场估计王丽坤到现在还是个小透明呢。(CCL 微信)

b. 特别推荐好吃到炸裂的芝士包,吃起来感觉也不是那么干,用料很十足,切好的每一块都夹着芝士的。(CCL 微信)

此外,"X 成啥了""X 死人了"和"X 死我了"等也都是此类构式。如:

(6)a. 四婶说:"你平日架子端着,县长一来就轻狂成啥了?"(贾平凹《秦腔》)

b. 不信瞧瞧大锤、朱大、耳朵、王绿蛇这四个大喷,整天都唔瑟成啥了!(CCL 微信)

(7)a. 而许多孩子却说,父母一天到晚唠唠叨叨,烦死人了,规定这不许,那不准,真讨厌。(CCL 微信)

b. 豹子老师看到笨狼的所作所为都快气死了:"你一点儿也不聪明,笨死了,你还破坏了森林里的树,你太不乖了。真是气死人了,这节课是上不下去了。"(CCL 微信)

(8)a. 但她还没来得及开口,就见妈妈已迎上前来:"哎呀! 你一整天跑去哪里了啊? 急死我了! 快进家把手洗一洗,吃晚饭了。"(CCL 微信)

b. 夏承祖一屁股坐在地上,喘着粗气说:"我的妈呀,累死我了。"(CCL 微信)

(二)"X＋VP补语"构式

"X＋VP补语"构式与前一构式的形式大致相同。不同的是,"VP"在构式中充任补语。该构式也很常见,如"X 得可以""X 得不要不要的""X 得不行""X 得什么似的"和"X 得够呛"等。简要举例如下。

(9)a. 我近来真懒得可以,懒得笔都拿不起,拿起来费劲,放下去却很"豪燥"的。(俞平伯《雪晚归船》)

b. 走到书房门口，自己忽然止住了脚步，记得有一次在门外说笑话，里面不是七哥，是那位姓卫的在里面，我真臊得可以。（张恨水《金粉世家》）

(10) a. 桌前摆着一个加湿器的小编，也是被这则新闻吓得不要不要的。据央视，韩国检方成立特别调查组，让尘封已久的"加湿器杀菌剂致人死伤"事件重获关注。（CCL 微信）

b. 通天峡外岳家寨高崖峻岭、碧水淙淙，平顺通天峡，去过的人都说，美得不要不要的。（CCL 微信）

(11) a. 后来实在饿得不行，我才钻出来，好容易才找到了一套便衣，又遇到我们兵团司令部的上士，我就要他和我一路回沈阳。（《人民日报》1948-12-09）

b. 这种情况在生产实习中就更加明显，一般高中学生初次下矿，心里就慌得不行，更甭提实际操作了。（《人民日报》1958-08-29）

(12) a. 清秋道："我心里急得什么似的，你还是这样不在乎。"（张恨水《金粉世家》）

b. 当老大娘知道我们是上北京去的远征队，高兴得什么似的，连连说："你们上北京看毛主席，那太好啦，太好啦！你们要替大娘多喊几声毛主席万岁！"（《人民日报》1966-12-12）

(13) a. 队长一天东跑西跑，忙得够呛，还出了不少问题。（《人民日报》1958-08-06）

b. 很快，一名女子走下车，她的举动可把民警雷得够呛。（CCL 微信）

(三)"VP＋X"构式

常量"VP"在前，变量"X"在后。该构式也有不少，如"不知道有多 X""那叫一个 X""别提多 X""还能再 X 点"等。简要举例如下。

(14) a. 别看我现在干活很麻利，刚开始的时候，不知道有多狼狈。（CCL 微信）

b. 不买至少我很安全，买了交不到房，还要挨打，宝宝心里不知道有多苦！（CCL 微信）

(15)a. 为了演好许童童,她打一开机就常常大声读《人民日报》,一字一句那叫一个认真。(《人民日报》1993-01-16)

b. 头一个晚上那叫一个静,静得人睡不着,就有点想念伴随了一年的呼噜声,那声让人心宽少想事少烦恼。(《人民日报》2007-02-17)

(16)a. 第三天,听说公社叫我去开会,心里别提多痛快了。要是过去还得磨磨蹭蹭,今个一撂饭碗就走了。(《人民日报》1963-08-15)

b. 今天的天气真热啊,进门看到这样的水果大餐别提多舒心了,大家吃了个酣畅淋漓,顿时人也精神了很多。(CCL 微信)

(17)a. 腾讯你的植入广告还能再无耻点咩!!!! 这么明显的植入广告,麻烦跟周鸿祎学学好咩亲?(CCL 微博)

b. 要不是我五音不全,我都去参加了[哈哈]另外,东哥,您还能再帅点吗,受不鸟了。(CCL 微博)

除以上类型外,还有不少表达程度的构式,如"X 得不要不要的""X 着呢""X 都 X 了"等,不再赘述。

第三章 汉语程度副词的语义演化路径

语义演化路径,指的是程度副词语义演变中具有规律性的过程。语法化和词汇化、构式化与语义演变关系密切,以下的研究将围绕程度副词形成演化过程中"来源"(source)项和"目标"(target)项的关系展开,尽力展示程度副词语义演化的整体链条。程度副词从"来源"到"目标"的演化,有的可能存在着一些中间环节,本章将在展示完整演化历程的基础上,以"最小路径原则"归纳和总结程度副词的语义演化路径,[①]揭示汉语程度副词语义演化的规律。

本书使用检索语料库的方法,并广泛吸收学界的研究成果,但由于汉语历史文献众多且性质复杂,又限于本人学养和能力不足,因此下文只是尽力使用较早的例证呈现汉语程度副词的演化路径。具体而言,就是将程度副词演化的各个环节,以义项形式逐条列出,先列出最早出现的义项,然后是演化中的义项,[②]最后是表程度的义项。此外,汉语程度副词数量众多,历时变化频繁,语义演化路径复杂多样,因此下文所列的语义演化路径,仅是列举式的讨论,而非穷尽性的归纳。

一、"穷尽">程度

(一)极

1.名词,房屋的中栋、正梁

《说文·木部》:"极,栋也。从木亟声。"徐锴《说文解字系传》:"极,屋脊之栋也。"《易经·系辞上》:"六爻之动,三极之道也。"高亨注:"屋上最高之梁称

极。"又如：

(1)孔子之楚,舍于蚁丘之浆。其邻有夫妻臣妾登极者。(《庄子·则阳》陆德明释文:"司马云:极,屋栋也。")

(2)后流星下燕万载宫极,东去。(《汉书·天文志》颜师古注引李奇曰:"极,屋梁也。")

2.名词,顶点,最高地位

"由于词义的泛化,'极'的适用范围逐渐扩大,由'屋极'引申为事物的'顶点、顶端、尽头',如'登峰造极'。再扩展到相对抽象的'最高境界'、'最大程度'等。"(张谊生 2007)《易经·系辞上》:"六爻之动,三极之道也。"高亨注:"屋上最高之梁称极,引申为至高之义……天地人乃宇宙万类之至高者。"又如:

(3)天者,高之极也;地者,下之极也;日月者,明之极也。(《史记·礼书》)

(4)不知便可登峰造极不?(《世说新语·文学》)

3.动词,达到顶点或最高限度

如:

(5)天地车轮,终则复始,极则复反,莫不咸当。(《吕氏春秋·大乐》)

(6)物极则衰,吾未知所税驾也。(《史记·李斯传》)

4.动词,穷尽、竭尽

如:

(7)极其数,遂定天下之象。(《周易·系辞上》)

(8)冥昭瞢暗,谁能极之?(《楚辞·天问》洪兴祖补注:"此言幽冥之理,瞢暗难知,谁能穷极其本原乎?")

5.副词,犹非常、最

如:

(9)且夫知不知论极妙之言,而自适一时之利者,是非怨井之蛙与?(《庄子·秋水》)

（10）李广军极简易，然虏卒犯之，无以禁也。（《史记·李广将军列传》）

学界对这一路径的讨论甚多，如李露蕾（1986），杨荣祥（2005），傅书灵（2005），赵军（2006），张谊生（2007），王寅、黄蓓（2008），王代娣（2012），文旭、司卫国（2021），谷衍奎（2022）等。各家的意见也比较一致，认为"极"本为名词，后经由"穷尽"义演化为程度副词，这一演化在先秦时期已经完成。

（二）穷

1. 动词，尽、完结

《说文·穴部》："穷，极也。从穴躬声。"如：

（11）作宾于王家，与国咸休，永世无穷。（《尚书·微子之命》孔传："为时王宾客与时皆美，长世无竟。"）

（12）飞卫之矢先穷，纪昌遗一矢，既发，飞卫以棘刺之矢扞之，而无差焉。（《列子·汤问》张湛注："穷，尽也。"）

2. 副词，犹非常①

如：

（13）故天子者天下之穷贵也，天下之穷富也。（《墨子·天志上》）

（14）然地亦穷险，唯京师要其道。（《史记·货殖列传》）

"穷"表程度的用法，历史文献中不常见，学界对其讨论不多，主要有李露蕾（1986）、张家合（2017：26—27）等。此外，"穷"也常常用作"达到极点"或"终端、终极"义，这与"极"的用法类似，分别举如下：

（15）纵欲而不穷，则民心奋而不可说也。（《荀子·富国》杨倞注："穷，极也。"）

（16）乃始恣睢，奋其威诈，滔天虐民，穷凶极恶。（《汉书·王莽传》）

（三）肆

《说文·长部》："肆，极陈也。从长隶声。"段注："极陈者，穷极而列之也。"

---

① 现代汉语方言中"穷"仍可用作"非常"义的副词，如李露蕾（1986）指出，"今杭州方言犹称极多曰'穷多'，极好为'嬶'"。

"隶"后写作"肆"。据《说文》及段注,"肆"的本义当为"尽力陈列",如《诗经·大雅·行苇》:"戚戚兄弟,莫远具尔,或肆之筵,或授之几。"毛传:"肆,陈也。"后引申为"极"义。《小尔雅·广言》:"肆,极也。""肆"义同"极"。上古时期程度副词"肆"并不多见,凡2例:

(17)吉甫作诵,其诗孔硕;其风肆好,以赠申伯。(《诗经·大雅·崧高》)

(18)若夫山林匮竭,林麓散亡,薮泽肆既,民力凋尽,田畴荒芜,资用乏匮,君子将险哀之不暇,而何易乐之有焉?① (《国语·周语下》)

(四)綦

"綦",《汉语大字典》:"同'綥'。帛苍艾色。《说文·纟部》:'綥,帛苍艾色也。或从其。《尚书·顾命》:'四人綦弁,执戈上刃。'孔颖达疏引郑玄曰:'青黑曰綦。《诗经·郑风·出其东门》:'缟衣綦巾,聊乐我员。'毛传:'綦巾,苍艾女服也。'""綦"的本义当为青黑色,其程度副词用法当与其本义无关,或为"极"的假借字。《说文通训定声》:"綦,假借为极。"《汉语大词典》:"极;很。《荀子·王霸》:'夫人之情,目欲綦色,耳欲綦声,口欲綦味,鼻欲綦臭,心欲綦佚。此五綦者,人情之所必不免也。'杨倞注:'綦,极也。'清叶廷管《吹网录·三河县辽碑》:'盖耶律氏立国,人才文翰,本逊完颜,而又书禁綦严。'况周颐《蕙风词话》卷一:'国朝彭羡门孙遹《延露词》,吐属香艳,多涉闺襜。与夫人伉俪綦笃,生平无姬侍。"②"綦"表程度数量不多,使用范围不广。如:

(19)知者易为之兴力,而功名綦大。(《荀子·王霸》)

(20)刑罚綦省,而威行如流,政令致明,而化易如神。(《荀子·君子篇》)

---

① 此例引自《汉语大词典》。

② 《汉语大词典》中《荀子》所举"綦"的例证,中国台湾"中研院"的标记语料库并未将其标注为程度副词。虽《汉语大词典》《汉语大字典》均认为"綦"义为"很、甚",但分析"二典"所引的《荀子》例,"綦"似不能看作程度副词,而应看作是动词,当为"穷尽"义动词。

二、"超越">程度

(一)过

1.动词,经过

《说文·辵部》:"过,度也。从辵呙声。"如:

  (21)子击磬于卫,有荷蒉而过孔氏门者。(《论语·宪问》)

  (22)二十四年,秦师将袭郑,过周北门。(《国语·周语中》)

2.动词,渡过

如:

  (23)北过降水,至于大陆。(《尚书·禹贡》)

  (24)过淄水,有老人涉淄而寒,出不能行,坐于沙中。(《战国策·齐策六》)

3.动词,超过、超越

如:

  (25)子曰:"由也好勇过我,无所取材。"(《论语·公冶长》)

  (26)臣闻之,琴瑟尚宫,钟尚羽,石尚角,匏竹利制,大不逾宫,细不过羽。(《国语·周语下》)

4.副词,太甚、过分

如:

  (27)怒不过夺,喜不过予。(《荀子·修身》)

  (28)园中茅积下得一白鱼,质状殊常,以作鲊,过美,故以相献。(《晋书·张华传》)

(二)越

1.动词,度过、跨过

《说文·走部》:"越,度也。从走戉声。"如:

  (29)阻穷西征,岩何越焉?(《楚辞·天问》王逸注:"越,度也。")

（30）秦地已并巴、蜀、汉中，越宛有郢，置南郡矣。（《史记·秦始皇本纪》）

2.动词，超过、胜过

如：

（31）笃行信道，自强不息，油然若将可越而不可及者，君子也。（《孔子家语·五仪解》）

（32）超商越周，与唐比踪。（三国魏曹植《责躬诗》）

3.副词，愈加、更加

如：

（33）为学纤毫丝忽，不可不察。若小者分明，大者越分明。（《朱子语类》卷六十四）

（34）西门庆听了，心中越怒，险些不曾把李老妈妈打起来。（《金瓶梅词话》第二十回）

（三）愈

"愈"，《说文》未收，其本义有争议：

（一）"愈"是"愉"的异体字，本义是喜悦。《说文·心部》："愉，薄乐也。从心俞声。《论语》曰：'私觌，愉愉如也。'"段注："薄也，当作'薄乐也'。"王念孙《读书杂志余编(下)》："'愈'即'愉'字。"《尔雅》："愉，乐也。"

（二）"愈"指病情好转。《汉语大字典》认为："'愈'，本指病情好转。《玉篇·心部》：'愈，差也。'《孟子·公孙丑下》：'今病小愈，趋造于朝，我不识能至否乎？'"段注："愈，病瘳也。《释诂》及《小雅·角弓》《毛传》皆曰：愈、病也。愈、病也。浑言之谓瘳而尚病也。许则析言之谓虽病而瘳也。凡训胜、训贤之愈皆引伸于愈。愈即愈字也。"

（三）程度副词"愈"的本字其实是"逾"，与"愉快"义的"愈/愉"没有关系，如马楠（2017）。马文指出，"超过、胜过"义的动词"愈"当是"逾"或"踰"的假借，桂馥《说文解字义证》在"逾，迻进也"条有详细说明。引述如下：

（逾）经典作"踰"字，《易·谦卦》"卑而不可踰"，《王制》"朋友不相踰"，《曲礼》"礼不踰节",《孟子》"礼:朝廷不历位而相与言,不踰阶而相揖也"。又借"愈"字,《论语》"孰愈",《孟子》"丹之治水也,愈于禹",赵注"自谓过禹也"。(桂馥:《说文解字义证》,中华书局 1987 年版,第 152 页上)

"愈"用作"胜过、超越"义动词,上古汉语很常见,中古以后继续使用。如:

(35)子谓子贡曰:"女与回也孰愈?"(《论语·公冶长》何晏集解引孔安国曰:"愈,犹胜也。")

(36)然冠冕君子,南方为优;闾里小人,北方为愈。(颜之推《颜氏家训·音辞》)

"愈"用作程度副词,上古汉语已很常见。① 如:

(37)齐、燕平之月,壬寅,公孙段卒,国人愈惧。(《左传·昭公七年》)

(38)客有道曰:"孔子曰:'周公其盛乎! 身贵而愈恭,家富而愈俭,胜敌而愈戒。'"(《荀子·儒效篇》)

---

① 上古汉语里"逾"表程度时,亦写作"俞""瘉"和"愉"等。

"俞"本为应答之词,犹是、对。如《尚书·尧典》:"帝曰:'俞,予闻,如何?'"《汉书·扬雄传下》:"扬子曰:'俞。若夫闳言崇议,幽微之涂,盖难与览者同也。'"颜师古注:"俞,然也。""俞"表程度当是其假借"愈"的用法,如《国语·越语下》:"使者往而复来,辞愈卑,礼愈尊。"韦昭注:"俞,益也。""俞"表程度,《荀子》中多见,如《荀子·议兵篇》:"是故得地而权弥重,兼人而兵俞强;是以德兼人者也。"《荀子·儒效篇》:"鄙夫反是:比周而誉俞少,鄙争而名俞辱,烦劳以求安利,其身俞危。"

"瘉",同"愈",本义当为病愈。《说文·疒部》:"瘉,病瘳也。"徐锴系传:"今作愈字。"《玉篇·疒部》:"瘉,小轻也。"《集韵·噳韵》:"瘉,通作愈。"《汉书·高帝纪》:"汉王疾瘉。"颜师古注:"瘉与愈同。愈,差也。"如《汉书·高帝纪上》:"汉王疾瘉,西入关,至栎阳。"颜师古注:"瘉与愈同。愈,差也。""瘉"同"愈",表"更加"义,如《荀子·尧问》:"孙叔敖曰:'吾三相楚而心瘉卑,每益禄而施瘉博,位滋尊而礼瘉恭,是以不得罪于楚之士民也。'"段玉裁注:"凡训胜、训贤之'愈'皆引申于'瘉'。'瘉'即'愈'字也。"

"愉",本义为快乐,喜悦。《尔雅·释诂上》:"愉,乐也。"邢昺疏:"愉者,安闲之乐也。"《说文·心部》:"愉,薄也。《论语》曰:'私觌,愉愉如也。'"段玉裁注:"此薄也当作薄乐也,转写夺乐字,谓浅薄之乐也。"《庄子·在宥》:"桀之治天下也,使天下瘁瘁焉人苦其性,是不愉也。""愉"表程度,当为"愈"的借字,如《马王堆汉墓帛书(壹)·老子甲本卷后古佚书明君》:"故利俞大而天下之欲之也愉甚。"此例中"俞""愉"互文,可知其意义用法一致。《淮南子》中有用"谀"表程度的用法,如《淮南子》卷十六:"我谀乱谤乃愈起。"此句中的"谀"当是借"愈"字之用。

（四）逾

1. 动词，越过、经过

《说文·辵部》：“逾，迻进也。从辵俞声。”如：

（39）在后之侗，敬迓天威，嗣守文武大训，无敢昏逾。（《周书·顾命》段玉裁注：“迻进，有所超越而进也。”《玉篇·辵部》：“逾，越也。”）

（40）浮于江、沱、潜、汉，逾于洛，至于南河。（《尚书·禹贡》孔传：“逾，越也。”）

2. 动词，超过、胜过

如：

（41）使黯任职居官，无以踰人。① （《史记·汲郑列传》）

（42）巧者能中之，不巧者虽不能中，放依以从事，犹逾己。（《墨子·法仪》孙诒让间诂引毕阮元：“犹胜于己。”）

3. 副词，愈加、更加

清刘淇《助字辨略》卷一：“逾，弥也，愈也。”如：

（43）不能为君者，伤形费神，愁心劳意，然国逾危。（《墨子·所染》孙诒让《墨子间诂》：“逾，《治要》并作愈。”）

（44）夫释大道而任小数，无以异于使蟹捕鼠，蟾蜍捕蚤，不足以禁奸塞邪，乱乃逾滋。（《淮南子·原道》高诱注：“逾滋，益甚也。”）

（五）甚

1. 形容词，异常安乐

《说文·甘部》：“甚，尤安乐也。”段玉裁注：“人情所尤安乐者，必在所溺爱也。”引申为贪爱淫乐。如：

（45）是以圣人去甚，去奢，去泰。（《老子》第二十九章。河上公注：“甚谓贪淫声色。”）

徐灏注：“甚，古今字。女部。‘乐也。’通作耽、湛。《卫风·氓篇》：‘无与

---

① “逾”亦作“踰”。《说文解字义证》《汉语大词典》等均有论述。

士耽。'《小雅·常隶篇》:'和乐且湛。'皆甚字之本义。从甘匹,会意,昵其匹耦也;甘亦声。"

2.形容词,过分、厉害

如:

(46)彼谮人者,亦已大甚。(《诗经·小雅·巷伯》)

(47)死不哭亦足矣,又鼓盆而歌,不亦甚乎。(《庄子·至乐》)

3.动词,胜过、超过

如:

(48)防民之口,甚于防川。(《国语·周语上》)

(49)专趋人之急,甚己之私。(《史记·游侠列传》)

4.副词,非常、很

《广雅·释言》:"甚,勮也。"段玉裁《说文解字注·甘部》:"甚,尤甘也,引申凡殊尤皆曰甚。"如:

(50)吾闻甲生甚好仁而强,甚宽惠而慈于民。(《国语·晋语一》)

(51)吴起为西河守,甚有声名。(《史记·孙子吴起列传》)

(六)超

1.动词,跃上、跃登

《说文·走部》:"超,跳也。从走召声。"徐灏注笺:"超,自训跳跃耳。"唐玄应《一切经音义》卷四:"超,跳上车也。"如:

(52)左右皆免胄而下拜,超乘者三百乘。(《国语·周语中》)

(53)熊虎升而拿攫,猿狖超而高援。(汉张衡《西京赋》)

2.动词,越过、跳过

《释名·释姿容》:"超,卓也,举脚有所卓越也。"《六书故·人九》:"超,跳跃高阻也。"如:

(54)挟太山以超北海。语人曰:"我不能。"是诚不能也。(《孟子·梁惠王上》)

（55）庆忌孟贲，蹈谷超峦。（三国魏曹植《孟冬篇》）

3.动词，超过、胜过

《玉篇·走部》："超，出前也。"如：

（56）既畜王资而承敌国之衅，超五帝，侔三王者，必此法也。（《韩非子·五蠹》）

（57）显忠贞之节，立超世之功。（《后汉书·冯衍传》）

4.副词，非常、特别①

如：

（58）脉冲短，我们可以看到分子和原子在物理和化学变化中超快的过程。（《人民日报》2017-01-17）

（59）这是我最得意的一个购物方法，如果你遭遇超喜欢但又不打折的东西，这招儿绝对管用！（《深圳都市报》2005-11-17）

（七）绝

1.动词，断绝、不连属

《说文·纟部》："绝，断丝也。从纟，从刀，从卪。"段玉裁注："绝，断丝也。断之则为二，是曰绝。"《广雅·释诂一》："绝，断也。"如：

（60）其折骨绝筋，终身不可以相及也。（《荀子·修身》）

（61）在陈绝粮，从者病，莫能兴。（《论语·卫灵公》）

2.动词，横渡、超过

段玉裁注："绝，引申之，凡横越之曰绝。如绝河而渡是也。又绝则穷。"如：

（62）假舟楫者，非能水也，而绝江河。（《荀子·劝学》杨倞注："绝，过。"）

---

①　雷冬平、胡丽珍（2011）认为，"超"自古就有表示极性程度的副词用法，如《文心雕龙·知音》："夫麟凤与麏雉悬绝，珠玉与砾石超殊，白日垂其照，青眸写其形。"现代汉语中"超"的流行不是新词语的产生，而是古词语用法的高频激活。

(63)汉成帝之为太子,元帝尝急召之。太子出龙楼门,不敢绝驰道,西至直城门,方乃得度。(《水经注•渭水三》)

3.副词,很,非常

如:

(64)狐鬼魂灵,化生梵志家,有绝妙之色。(《六度集经》,3/152a)

(65)太子生日,国中八万四千长者,生子悉男,八万四千厩马生驹,其一特异,毛色绝白,髦鬣贯珠,以是之故,名为骞特。(《修行本起经》,3/465a)

(66)良久,低头视地,窈窈冥冥,上未有所至,而去地已绝远。(《抱朴子内篇》卷二十)

(67)其和曲之时,面向杀地和之,令使绝强。(《齐民要术•造神曲并酒》)

三、"异于一般">程度

(一)非常

1.动宾短语,不合惯例、不适时宜

如:

(68)秋,大水,鼓用牲于社、于门,亦非常也。(《左传•庄公二十五年》杜预注:"失常礼。")

(69)是故明王不举不参之事,不食非常之食。(《韩非子•备内》)

2.动词短语,不同寻常

如:

(70)盖世必有非常之人,然后有非常之事;有非常之事,然后有非常之功。非常者,固常之所异也。(《史记•司马相如列传》)

(71)此人相貌非常,只可激,不可说。(《三国演义》第四十三回)

3.副词,很、十分

如:

(72)其端氏城,是刘从谏近年修筑,非常牢固。(唐李德裕《昭义军事宜状》)

(73)大王闻之,非常惊愕。(《敦煌变文校注·太子成道经》)

(二)异常

1.述补短语,不同于常

如:

(74)异常之事,非国休福。(《后汉书·皇后纪上》)

(75)(钟繇)尝数月不朝会,意性异常。(《搜神记》卷十六)

2.副词,非常、十分

如:

(76)川中又遇一家,墙壁异常严丽,孤庄独立,四迥无人,不耻八尺之躯,遂即叩门乞食。(《敦煌变文校注·伍子胥变文》)

(77)其母病笃,忧毁异常。(《北史·魏南安王桢传》)

(78)御史佯失告状,惊惧异常。(元刘埙《隐居通议·杂录》)

(79)因系独子,异常珍爱。(《醒世姻缘传》第一回)

(三)异样

1.述补短语,与寻常不同

如:

(80)他妆梳的异样儿新,眉分八字真,口吐樱桃,眼转秋波,鬓挽乌云。(元张寿卿《红梨花》第三折)

(81)他的姓,姓得有些异样的,不好记,我忘记了。(《二刻拍案惊奇》卷九)

2.副词,非常、很

如:

(82)可煞作怪,那小和尚看见胡无翳,把手往前扑两扑,张着口大笑,把胡无翳异样的慌了,端详着可不就合梁片云那有二样。(《醒世姻缘传》第二十二回)

（83）那百花羞见爷问他，便去房里拿出一只玉笛，一攒牙笙，雕刻的异样精美。（《聊斋俚曲集·增补幸云曲》第二十五回）

（四）怪

1. 形容词，奇异、奇怪

《说文·心部》："怪，异也。从心圣声。"桂馥注："凡奇异非常皆曰怪。"如：

（84）岱畎丝枲，铅松怪石。（《尚书·禹贡》孔颖达疏："怪石，奇怪之石。"）

（85）又东三百八十里曰猿翼之山。其中多怪兽，水多怪鱼。（《山海经·南山经》郭璞注："凡言怪者，皆谓貌状倔奇不常也。"）

2. 副词，"甚"义

由于"奇异、奇怪"往往是超出一般、异于寻常的，进而又引申出副词用法，表程度高，"甚"义。如：

（86）看见他两个推倒了酒，一径扬声骂玉箫："好个怪浪的淫妇！见了汉子，就邪的不知怎么样儿的了！只当两个把酒推倒了才罢了，都还嘻嘻哈哈，不知笑的是甚么？把火也浔死了，平白落了人恁一头灰！"（《金瓶梅词话》第四十六回）

（87）及至走到亭子上，可不一大群，有十二三个，红的绿的天蓝的月白的紫的，映着日头怪好看。（《醒世姻缘传》第七回）

四、"增益"＞程度

（一）益

1. 动词，水涨

本指水满溢出器皿，引申为水涨，后写作"溢"。《说文·皿部》："益，饶也。从水、皿。皿，益之意也。"段玉裁作"水、皿，益之意也"。李孝定《甲骨文字集释》按语："益用为饶益、增益之义既久，而本义转晦，遂别制溢字……此字当以泛滥为本义。"清王筠《说文释例》卷四："益之水在皿上，则增益之意，即兼有泛滥之意。溢似后来分别文。"如：

（88）荆人欲袭宋，使人先表澭水。澭水暴益，荆人弗知，循表而夜涉，溺死者千余人。（《吕氏春秋·察今》高诱注："益，长。"）

（89）丁巳，大风至自西北激涛水入石头城，淮渚暴益，漂没舟乘。（《陈书·本纪第一》）

2. 动词，增益、增加

如：

（90）（郤氏）有是宠也，而益之以三怨，其谁能忍之！（《国语·周语下》韦昭注："益，犹加也。"）

（91）还君金钗玳瑁簪，不忍见此益愁思。（南朝宋鲍照《拟行路难》诗之九）

3. 副词，更加、愈加

如：

（92）及壬子，驷带卒，国人益惧。（《左传·昭公七年》）

（93）夫豢豕为酒，非以为祸也，而狱讼益繁，则酒之流生祸也。（《礼记·乐记》）

（二）滋

1. 动词，增长、生长

《说文·水部》："滋，益也。从水，兹声。"如：

（94）树德务滋，除恶务本。（《尚书·泰誓下》孔传："立德务滋长，去恶务除本。"）

（95）桓工曰："安国若何？"管子对曰："修旧法，择其善者而业用之；遂滋民，与无财，而敬百姓，则国安矣。"（《国语·齐语》韦昭注："滋，长也。"）

2. 动词，增益、增加

如：

（96）物生而后有象，象而后有滋，滋而后有数。（《左传·僖公十五年》孔颖达疏："既为形象而后滋多，滋多而后始有头数。"）

（97）今国之疵，民之病，有滋而无损焉，乌所谓言之效邪？（宋王安石

071

《上田正言书》之一)

3.副词,更加、愈加

如:

(98)若获诸侯,其虐滋甚,民弗堪也,将何以终?(《左传·昭公元年》)

(99)弗得,滋怒,自投于床,废于炉炭,烂,遂卒。(《左传·定公二年》)

(三)兹

1.动词,草木滋盛。亦作"滋"

《说文·艹部》:"兹,艹木多益。从艸,兹省声。"徐锴系传:"此草木之兹盛也。"此义使用不多,下例转引自《汉语大字典》:

(100)五藏之气,故色见青如草兹者死。(《素问·五藏生成论》注:"兹,滋也,言如草初生之黄色也。")

2.动词,增益、增加

(101)我思肥泉,兹之永叹。(《诗经·邶风·泉水》马瑞辰通释:"兹,即滋也……《说文》:'滋,益也。'字通作'兹'。笺训'兹'为'此',失之。")

(102)自是家产日兹,饭牛四百蹄。(唐皇甫枚《三水小牍·卫庆》)

3.副词,更加、愈加

如:

(103)祸之长也兹萃,其反也缘功,其果也待久。(《庄子·徐无鬼》)

(104)以亏人愈多,其不仁兹甚,罪益厚。(《墨子·非攻上》孙诒让间诂:"兹、滋古今字。")

(四)兄

"兄",用作"滋益、更加"义副词,应当是"况"的被借字。《说文·兄部》:"兄,长也。从口从儿。"段玉裁注:"口之言无尽也,故以儿口为滋长之意。"《集韵·漾韵》:"况,一曰益也。古作兄。"如:

（105）彼疏斯粺，胡不自替，职兄斯引？（《诗经·大雅·召旻》毛传："兄，兹（滋）也。"）

（106）不殄心忧，仓兄填兮。（《诗经·大雅·桑柔》毛传："兄，滋也。"陆德明释文："兄，音况。本亦作况。"孔颖达疏："况训赐也，赐人之物则益滋多，故况为滋也。"）

（107）还至乎商王纣，天不序其德……棘生乎国道。王兄自纵也，赤鸟衔珪，降周之岐山。（《墨子·非攻下》孙诒让间诂："兄，与况同，益也。"）

（108）王兄自纵也。（《墨子·非攻下》王念孙《读书杂志·墨子二》："兄与况同。况，益也。言纣益自放纵也。"）

（五）倍

1.动词，违背、背叛

《说文·人部》："倍，反也。从人音声。"段玉裁注："此倍之本义。""倍"的本义，后来写作"背"。如：

（109）慢弃刑法，倍奸齐盟。（《左传·昭公二十六年》孔颖达疏："倍，即背也，违背奸犯齐同之盟也。"）

（110）上恤孤而民不倍。（《礼记·大学》郑玄注："民不倍，不相倍而弃也。"）

2.动词，照原数等加

《广韵·海韵》："倍，子本等也。"《正字通·人部》："物财人事加等曰倍。"段玉裁注："又引申之为加倍之倍。以反者覆也，覆之则有两面，故二之曰倍。"如：

（111）墨辟疑赦，其罚百锾……剕辟疑赦，其罚惟倍。（《尚书·吕刑》孔传："倍百为二百锾。"）

（112）此皆十倍其国之众，而未能食其地也。《墨子·非攻下》

3.动词，增益

如：

(113)圣人为政一国,一国可倍也。(《墨子·节用上》)

(114)焉用亡郑以倍邻?(《左传·僖公三十年》)

4.副词,更加

如:

(115)元帝嗟叹,以此倍敬重焉。(《汉书·外戚传》)

(116)怀文屡经犯忤,至此上倍不说。(《宋书·沈怀文传》)

五、“微小”＞程度

(一)小

1.形容词,细、微

《说文·小部》:“小,物之微也。从八,丨见而分之。”《玉篇·小部》:“小,细也。”如:

(117)发彼小豝,殪此大兕。(《诗经·小雅·吉日》)

(118)怨不在大,亦不在小。(《尚书·康诰》)

2.副词,略微、稍微

如:

(119)民亦劳止,汔可小康。(《诗经·大雅·民劳》)

(120)其为人也,小有才,未闻君子之大道也,则足以杀其躯而已矣。(《孟子·尽心下》)

(二)略

1.动词,经营土地、划定疆界

《说文·田部》:“略,经略土地也。从田各声。”《广雅·释诂三》:“略,治也。”如:

(121)嵎夷既略,潍、淄其道。(《尚书·禹贡》)

(122)秦时已并天下,略定杨越,置桂林、南海、象郡,以谪徙民,与越杂处十三岁。(《史记·南越列传》)

2.动词,谋略、谋划

《广韵·药韵》:"略,谋略。"《集韵·药韵》:"略,智也。"如:

(123)观士大夫之动略,均猎者之所得获。(《汉书·司马相如传》颜师古注:"略,智略也。")

(124)炀帝以世充有将帅略。(《新唐书·王世充传》)

3.动词,简略、简少

《广韵·药韵》:"略,简略。"如:

(125)养略而动罕,则天不能使之全。(《荀子·天伦》杨倞:"略,减少也。")

(126)丧曷为以闰数,丧数略也。(《公羊传·哀公五年》何休注:"略,犹杀也。")

4.副词,略微、稍微①

如:

(127)而人主之守司,远者天下,近者境内,不可不略知也。(《荀子·君道》)

(128)于是项梁乃教籍兵法,籍大喜,略知其意,又不肯竟学。(《史记·项羽本纪》)

(三)差②

1.形容词,差错、不当

《说文·左部》:"差,贰也,差不相值也。从左从巫。"段玉裁改为"差,贰也,左不相值也"。注云:"贰,各本作贰;左,各本作差。今正,贰者,忒之假借字,《心部》曰:'忒,失当也。'失当即所谓不相值也。……云左不相值也者,左

---

① 《汉语大词典》引北周庾信《周骠骑大将军李夫人墓志铭》:"(夫人)本有风气之疾,频年增动,略多枕卧。"《汉语大字典》引《红楼梦》第七十四回:"外特寄香袋一个,略表我心。"嫌晚。

② 高育花(2007:111)对程度副词"差"的来源有较详细的考察,认为其引申过程为"差(失当、差错)→歪斜、不正→程度高/程度低"。

之而不相当则差矣。今俗语所谓左也。"如：

(129)乱生其差，治尽其详。(《荀子·天论》杨倞注："差，谬也。")

(130)察辞于差，非从惟从。(《尚书·吕刑》孔传："察囚辞，其难在于差错，非从其伪辞，惟从其本情。")

2.形容词，歪斜、不正

《广雅·释诂二》："差，衺也。"如：

(131)衣无隅差之削，冠无觚羸之理。(《淮南子·本经训》高诱注："差，邪也。古者质皆全幅为衣裳，无有邪角，邪角削杀也。"吴承仕旧注校理："注当作'无有邪角。削，杀也。'……各本并误衍'邪角'二字，应删。")

(132)立不跛，坐不差。(《大戴礼记·保傅》)

3.副词，略微、稍微

如：

(133)其一曰重八两，圜之，其文龙，名曰"白选"，直三千；二曰以重差小，方之，其文马，直五百；三曰复小，撱之，其文龟，直三百。(《史记·平准书》)

(134)白金三品……二曰以重差小，方之，其文马，直五百。(《汉书·食货志下》)

(四)颇[1]

1.形容词，头偏

《说文·页部》："颇，头偏也。从页皮声。"引申为不正、不平。《广雅·释诂二》："颇，邪也。"《玉篇·页部》："颇，不平也。"《集韵·果韵》："颇，不正也。"段玉裁注曰："(颇)引申为凡偏之称。"如：

(135)昭子朝而命吏曰："婼将与季氏讼，书辞无颇。"(《左传·昭公十

_____

[1] 一般认为，"颇"表程度，既可表程度高，也可表程度低，但学术界对其产生的时间有较大的分歧。周秉钧(1981：375)，吕雅贤(1992)，杨伯峻、何乐士(2001：275)，葛佳才(2005：144)等认为"颇"表程度高始见于西汉；向熹(2010下：118)、高育花(2001b；2007：175)等认为"颇"表程度高始见于东汉；洪成玉(1997)认为"颇"在唐以后才表程度高。

二年》杜预注:"颇,偏也。")

(136)朕闻天不颇覆,地不偏载。(《史记·匈奴列传》)

2.副词,略微、稍微

如:

(137)自大宛以西至安息,国虽颇异言,然大同俗,相知言。(《史记·大宛列传》)

(138)先帝之时,郡国颇烦于戎事,然亦宽三陲之役。(《盐铁论·击之》)

(五)少

1.形容词,数量小、少量、不多

《说文·小部》:"少,不多也。从小丿声。"如:

(139)觏闵既多,受侮不少。(《诗经·邶风·柏舟》)

(140)少发则不足以更适,多发则民不堪其役。(《盐铁论·备胡》)

2.副词,稍微、略微

如:

(141)若前华后河,右洛左济,主芣、騩而食溱、洧,修典刑以守之,是可以少固。(《国语·郑语》)

(142)以大王之贤,士民之众,车骑之用,兵法之教,可以并诸侯,吞天下,称帝而治,愿大王少留意,臣请奏其效。(《战国策·秦策一》)

(六)稍

1.名词,禾末

此义后作"梢"。《说文·禾部》:"稍,出物有渐也。从禾肖声。"段注:"稍之言小也、少也。凡古言稍稍者皆渐进之谓。周礼。稍食、禄稟也。云稍者、谓禄之小者也。"朱骏声《说文通训定声》:"稍,按此字当训禾末,与秒为谷芒者别。"文献用例不多,下例引自《汉语大字典》。

(143)四郊之赋,以待稍秣。(《周礼·天官·大府》俞越平议:"秣字从禾从末,义即存乎声,谓禾末也。稍秣连文,义盖相近,稍亦禾末也。稍之为禾末,犹秒之为木末,从肖与从小同。")

2.名词,事物的末端、枝叶

如:

(144)枯木无华几度秋,断云犹挂树梢头。自从斗折泥牛角,直至如今水逆流。(《五灯会元·宝华普监禅师》)

(145)烟生七窍,冰浸四稍,谁承望笑里藏刀,眼见的丧荒郊。(元孟汉卿《魔合罗》第二折)

3.形容词,小

《广韵·效韵》:"稍,小也。"如:

(146)凡王之稍事,设荐脯醢。(《周礼·地官·膳夫》郑玄注:"稍事,有小事而饮酒。")

(147)稍寒人欲健,太饱事多慵。(唐裴说《冬日作》诗)

4.副词,略微、稍微

如:

(148)水性就下,行疾则自刮除成空而稍深。(《汉书·沟洫志》)

(149)臣去朝稍远,太阳侵色益甚,唯陛下毋难还臣而易逆天意。(《汉书·京房传》)

(七)微

1.动词,隐匿、隐藏

《说文·彳部》:"微,隐行也。从彳㣲声。《春秋传》曰:'白公其徒微之。'"段玉裁注:"《左传·哀十六年》文。杜曰:'微,匿也。'与《释诂》:'匿,微也。'互训。皆言隐、不言行。"如:

(150)乂用昏不明,俊民用微,家用不宁。(《尚书·洪范》孔传:"治暗贤隐,国家乱。")

(151)白公奔山而缢,其徒微之。(《左传·哀公十六年》杜预注:"微,匿也。"孔颖达疏引郭璞曰:"微,谓逃藏也。")

2.形容词,细、小

《广雅·释诂二》:"微,小也。"如:

(152)叶公子高,微小短瘠。(《荀子·非相》杨倞注:"微,细也。")

(153)是故志微噍杀之音作,而民思虑。(《礼记·乐记》郑玄注:"志微,意细也。")

3.副词,略微、细小

如:

(154)但以脉自微涩,在寸口,关上小紧,宜针引阳气,令脉和紧去则愈。(《金匮要略方论》第六)

(155)其生水侧下地者,叶细似蕴而微黄,根长而味多苦,气臭者下,亦可服食。(《抱朴子内篇·仙药》)

(八)粗

1.名词,糙米、粗粮

《说文·米部》:"粗,疏也。从米且声。"段玉裁注:"《大雅(召旻)》:'彼疏斯粺'笺云:'疏,麤也,谓粝米也。'麤即粗。"如:

(156)吾食也执粗而不臧。(《庄子·人间世》王先谦集解:"宣(颖)云:'甘守粗粝,不求精善。'")

(157)人之父兄食粗衣恶,而我美妾与马,无乃非相人者乎!(《国语·鲁语上》)

2.形容词,粗疏、粗略、不精细

《广韵·姥韵》:"粗,略也。"《正字通·米部》:"粗,疏也。"如:

(158)故愚者之言,芴然而粗。(《荀子·正名》杨倞注:"粗,疏略也。")

(159)余之行急,其详不可得闻已,请为大夫粗陈其略。(汉司马相如《难蜀父老》)

3.副词,略微、稍微

如:

(160)自斯以来,颇徙中国罪人杂居其间,稍使学书,粗知言语,使驿往来,观见礼化。(《三国志·吴书·薛综传》)

(161)晋咸宁四年,景献皇后崩,晋武帝伯母,宗庙废一时之祀,虽名号尊崇,粗可依准。(《宋书·礼志四》)

六、"询问"＞程度

（一）何等①

1.偏正短语,什么等级,什么样的

如:

(162)或问温室中树皆何等木? 光默然不应。(汉荀悦《汉纪·成帝纪三》)

(163)博闻知,以它事召见,视其面,果有瘢。博辟左右问禁:"是何等创也?"禁自知情得,叩头服状。(《汉书·朱博传》)

2.代词,什么

如:

(164)陛下在,妾又何等可言者。(褚少孙补《史记·三王世家》)

(165)晃厉声曰:"吴狗! 何等为贼?"②(《三国志·吴志·孙皓传》)

3.副词,多么,非常

如:

(166)今幸一胜,何等中兴,而若辈诋之如是!(《金史·宣宗明惠皇

---

① 柳士镇(2019:218)认为:"'何等'的'等'字本有表示'辈类'的实义,《玉篇·竹部》:'等类也,辈也。'""何等",连用既久,这种实义丧失,"等"字只是与"何"字结合起来用作疑问代词,意思是"什么、什么样的,怎么",可以充任主语、宾语、状语、定语,而以定语较为常见。贝罗贝、吴福祥(2000)认为,"(何等)本来是名词性的偏正词组","意犹'何般/何种'"疑问代词"何等","应该是由这类偏正词组词汇化而来",并指出"何等""是这个时期(两汉时期:笔者按)新产生的事物疑问代词。不过例子少见"。太田辰夫(1991:18)认为:"'何等'为'什么'意,汉代可见用例。到了中古盛行起来。"

② 此二例引自柳士镇(2019:218)。

后传》)

(167)此却是何等紧切着实的工夫。(明王守仁《传习录》卷上)

（二）何其

1.短语,怎么那样、为什么那样

如：

(168)何其久也? 必有以也。(《诗经·邶风·旄丘》)

(169)经义诗赋,等是文词,而议者便谓治经之人不可使考诗赋,何其待天下士大夫之薄也?(宋苏轼《乞不分差经义诗赋试官》)

2.副词,多么、何等

如：

(170)二三子何其戚也!(《左传·僖公十五年》)

(171)功成失所往,用舍何其贤!(唐杜甫《义鹘行》)

（三）一何（壹何）

"何",疑问代词,什么。《尚书·皋陶谟》:"禹曰:'何?'皋陶曰:'宽而栗,柔而立……刚而塞,强而义。'"《史记·高祖本纪》:"吾所以有天下者何? 项氏之所以失天下者何?""一",助词,用以加强语气。清王引之《经传释词》卷三:"一,语助也。"《管子·霸形》:"今楚王之善寡人一甚矣!"《后汉书·何进传》:"将军宜一为天下除患,名垂后世。"《新序·杂事二》:"一不意人君如此也!"

"一何"连用,用作副词,表达程度,"多么、何等"义,如：

(172)齐王按戈而却曰:"此一何庆吊相随之速也!"(《战国策·燕策一》)

(173)太祖大悦,谓放曰:"昔班彪依窦融而有河西之功,今一何相似也!"(《三国志·魏志·刘放传》)

"一何"又作"壹何",如：

(174)帝非我不得立,已而捐弃吾女,壹何不自喜而倍本乎!(《史记·外戚世家》)

(175)拔剑割肉,壹何壮也!(《汉书·东方朔传》)

（四）多少

1. 短语，指数量的大小

如：

(176)刚柔也，轻重也，大小也，实虚也，远近也，多少也，谓之计数。（《管子·七法》）

(177)陶公性检厉，勤于事。作荆州时，敕船官悉录锯木屑，不限多少。（《世说新语·政事》）

2. 代词，询问人或事物的数量

如：

(178)武帝尝谓曰："卿门旧尚有堪事者多少？"（《南史·蔡撙传》）

(179)今夫一户之赋，官知其为赋之多少，而不知其为地之几何也。（宋苏轼《策别十五》）

3. 副词，略微、稍微

如：

(180)张掖太守焦胜上言："以留郡本国图校今石文，文字多少不同。"（《搜神记》卷七）

(181)上国无交亲，请谒多少难。（唐费冠卿《久居京师感怀诗》）

4. 副词，多么、非常

如：

(182)上国无交亲，请谒多少难。（唐费冠卿《久居京师感怀诗》）

(183)颜子不是一个衰善底人，看他是多少聪明！（《朱子语类》卷一百三十五）

七、"比较"＞程度

"较"本为动词，比较、较量。杨荣祥（2005：107）对程度副词"较"的来源有

精辟论述,①现引述如下:

"《说文》无此字,有'較',释曰:'车骑上曲铜也。'《广韵》收'較、较'二字,不同义:'較'下注依《说文》,'较'收两读,觉韵下曰:'车厢。又直也,略也。'效韵下曰:'不等。'《集韵》在觉韵和效韵下都把'較'和'较'看作异体字,觉韵下注:'較较,《说文》,车骑上曲铜也。或作较。'效韵下注:'较較,直也,一曰不等。或从爻。'按,从字形来看,'较'的本义与车有关,但程度副词'较'应是来源于'较'的动词义'比较','不等'义也应是由'比较'义引申来的。"

"较","较量、比本领"义,《六书故·工事三》:"较,比较也。"如:

(184)长短相较,高下相倾。(《老子》第二章)

(185)景元与正元相较七八年,以涛行状检之,如本传为审。(《三国志·魏书·王卫二刘傅传》裴松之注)

在此基础上,引申出副词用法,相当于略、稍②等:

(186)老校于君合先退,明年半百又加三。(白居易《除夜寄微之》)

(187)冰雪莺难至,春寒花较迟。(杜甫《人日》)

---

① 杨荣祥(2005:107)。

② 程度副词"较"的语法化路径,李小军(2021:31)有较详细描述:

a.羡及光并少工骑射,其父每日令其出畋,还即较所获禽兽。(《北齐书·斛律金传》)——比较,动词

b.孙氏谓此熊耳,即《山海经》之熊耳者,以去灉举山里数较远耳。(北朝魏·郦道元《水经注》卷十五)——比较/程度

c.臣昔游西土,较见盈虚,兼日者戎烬之后,痍毁难复。(《南齐书》卷四十九)——比较/程度

d.冰雪莺难至,春寒花较迟。(杜甫《人日》,转引自蒋绍愚1900:349)——程度

按:这一语法化路径当是句法因素驱动的。

程度副词"较"的出现时间一般认为是唐代,具体可参看蒋绍愚(1990)、吴福祥(1996:132-313)、杨荣祥(2005:107-108)等。不过具体的过渡过程还有待进一步探讨,有可能是比较句中后一名词性成分省略所致,即"N1+较+N2+AP"中的"N2"省略后成为"N1+较+AP"结构,"较+AP"中"较"进而被重新分析为程度副词。"较""比较"表示的是相对程度,与"更"相近,这与它们源于比较句(含隐性比较句)有关。

(188)能就江楼销暑否？比君茅舍较清凉。① （白居易《江楼夕望招客》)

第四章 汉语程度副词形成的动因与机制

第一节 形成动因

一、语义基础

Traugott(1996)指出一个词汇成分发生语法化的先决条件有三：(a)语义相宜性；(b)结构邻近；(c)高频使用。张谊生(2018)指出："词语本身的源义积淀有时是语法化过程中最为重要的决定性因素。"语义基础是词汇语法化的基本条件，程度语义的形成必然与其源域的语义有密切关系。无论一个程度副词的意义有多虚，我们总能找到其发展演化的轨迹，总能从语义上找到联系。如"甚"本为形容词义为异常安乐，上古时期的常用义是过分、厉害。在此基础上进一步演化为超越义动词，最后发展为程度副词，表示程度高。其实，无论是用作形容词还是动词时，"甚"的语义都蕴含着"(某些方面)超出一般"的意义。也就是说，"超出一般"是"甚"形容词逐步演化为程度副词的语义基础。又如"逾"，本为动词，"越过、经过、超过"义，用在体词性成分之前。当其演变为程度副词以后，只能用于谓词性成分之前。当"逾"用作动词或程度副词时都具有在某方面"超过"的意义，因此"越"能从动词虚化为程度副词，表示程度的增加。其他词语的演化也都大致遵循这一规则。

语义基础是词语演化为程度副词的基础，构式演化出程度语义也遵循这一规则。"数量词＋X"构式，"X"最初是抽象名词，不过当"X"扩展到心理动词和情感形容词之后，"数量词"的计量功能逐渐被描绘功能取代，日益演化出程度义。由数量多演化出程度高具有理据性，马清华(2000:113)在讨论词的概念理据时指出："强级程度义往往与数量多、吓人、死、坏等意义同辞,前者是后者的转义。""百、千、万"除了表示具体数目外,还可表示"多数、大量"义,如"百家争鸣""千篇一律""万古长青"中的数字都是虚指"多"。同时,它们还可以表示程度高,如"千娇百媚""万幸""万恶"等都表示程度,相当于"很/非常"。

再如,近代汉语的指示代词"这/那/恁"与种类量词"样/般/等"组合经过词汇化和语法化过程,它们的指示性减弱,程度义日益凸显,句法上从定语降级为状语,逐渐由指量短语演变成表达程度的副词。即它们都经历了"指示类别>表达程度"的语义演变路径。

二、句法环境

句法环境是程度副词生成的决定性因素。句法位置的改变通常表现为某个实词、短语或构式在句子中的核心句法位置变成经常出现在某个适合于表示某一特定语法关系的句法位置上,从而引起其词义变化,继续发展下去,便成为专门表示语法关系或语法功能的虚词。一般来说,状语和补语的位置比较容易引发语法化,处于这两个位置上的语言单位,如果它们的词义进一步虚化,就有可能转化为单纯表示语法意义的语法单位。程度副词的形成,与其句法位置的改变密切相关。实词或短语随着句法位置改变而演变为程度副词的情况,前文已有较多讨论。下面仅以数量表达式的语义演化为例进行说明。

考察发现,数量表达式中词汇类和框架构式类的程度语义会受到句法环境的影响明显,而框架结构类的程度义则主要是依据嵌入成分的不同而独立形成的,往往受句法环境的影响较小。就词汇类数量表达而言,其一开始的句法功能主要是修饰名词性成分,作定语,但在历时发展过程中,所处的句法环境进一步扩展为修饰谓词性成分,句法功能也因此发生了转变,由作定语重新分析为作状语。如:

(1)何处春深好?春深痛饮家。十分杯里物,五色眼前花。(白居易《和春深二十首》)

(2)然就里面详细处,须要十分透彻,无一不尽。(《朱子语类》卷十九)

例(1)的"十分"本是作定语,修饰"物",表示"全部"义,随着句法功能的扩展,例(2)的"十分"开始作状语,修饰"透彻",表示程度高。正是因为常处于状语的位置上,才进一步向程度副词演化。

性状指示代词常出现在带有程度义的谓词或谓词短语前面,受句法位置的影响,性状指示代词演化出指称程度的功能,与后面的词进行搭配,表示事物的性状或动作方式达到某种程度。性状指示代词在句中作状语时,指示功能发生了一定的弱化,指示域有了一定的扩展,受到语境的影响,凸显程度的功能强于单纯的指示功能,形成"性状指示代词+X"的表程度结构。如:

(3)乾坤能大,算蛟龙,元不是池中物。(文天祥《酹江月》)

(4)或紧或慢,撞了许久。(《西游记》第十六回)

性状指示代词本身并没有程度含义,文贞惠(1995)在研究"这么/那么+A"时也曾说明:"'这么/那么'本身并不表示程度高,它主要的作用仍是指示的替代。"性状指示代词需要出现在特定的句法位置,即具有程度性的词或短语前,受其影响而指示程度,整体才会显示出高程度义。

第二节　形成机制

一、类推

类推是语法演变的另一重要机制。Harris & Campbell(1995)认为,类推是语法模式的表层形式的变化,不会带来深层结构的内在改变,它本身并不涉及句法规则的改变,但可以对已存在的句法规则进行推广和应用,从而扩大新规则的使用范围来改变句法。类推的主要作用是诱发一个重新分析的过程,通过重新分析而产生新的语法规则,使之扩展到整个语言中去。石毓智和李讷(2001:397)指出使用频率越高、范围越广的强势语法格式是类推的原动力。类推是语言发展演变的重要机制,指的是已经存在的结构对现存形式产生的吸引同化。类推通过影响一个句法模式的表层形式引起规则的扩散,因此大多数人将其视为规则或结构的泛化。类推对汉语程度副词的形成至关重要。

"十分"是近现代汉语中极为重要的程度副词,使用很频繁。"万分"在历史语料中的使用频率一直较低,因此我们推测"万分"的语法化过程更多受到"十分"类推的影响。"万分"原本是和"之一"连用表示极少义,后来"之一"脱落,"万分"仍用于谓词后作补语,表示极少。而"十分"自宋代产生程度副词用法,元明时期用例渐多。受"十分"类推的影响,"万分"在元明时期也产生了程度副词用法,表示程度极高义。

吴福祥(2021)指出重新分析是作用于语言结构的"组合"轴上,"类推"则是作用于语言成分的"聚合"轴上。如"那等"是由基本指示代词"那"和表示"等类"的名词"等"组成,表示"那类/那样",随着"那+等"结构的逐渐使用,两个性质不同的词逐渐词汇化,结构内的分界逐渐消失,经过重新分析成一个词。"那等"远不如"这等"常见,"这等"既可以修饰名词,组成定中结构,也可以修饰形容词,构成偏正结构,指示程度。如:

(5)你说这等一个人。(《金瓶梅词话》第一回)

(6)自吃应花子这等唠叨。(《金瓶梅词话》第十三回)

明代以后,"那等"受同时期"这等"的类推作用,从指示义逐渐发展出程度义,说明动词和形容词所表现出的行为、动作、性质和状态的程度。如:

(7)怎生如他那等滋润?(《金瓶梅词话》第三十五回)

(8)那等贤惠,我却做不来。(《红楼梦》第六十九回)

石毓智和李讷(2001)指出在语法化的后期,类推主要表现为新语法形式对不规则现象的规整,甚至还影响了其他范畴,如"多么",吕叔湘(1985:351)认为,"多"成为"多么"是受"这么、那么、怎么"类推的结果。冯赫(2023)指出,"多么"(也可写作"多们")[①]在形容词前可以强调性状程度,因为"多"与性状的表达功能相关联,表感叹的"多"才带上了与性状有关的"么(们)"尾。因此,我们认为性状指示代词大部分是经过重新分析和类推,进而指示程度的。

---

① "多么"是感叹式"多+形"中"多"的后来形式,具体可参看冯赫(2023)。

二、重新分析

重新分析是语义演变的重要机制。Langacker(1977:58)认为重新分析是一个表达结构的变化,表层形式不会立刻改变,常导致成分之间边界的创立、迁移或消失。Hopper & Traugott(1993)认为重新分析导致复合词化,通常为两个或者多个成分融合成一个单位,导致语义、形态和音韵方面的变化,融合也会导致边界发生改变。

"数量词＞程度副词"的演变大都是因为处于状语的位置被重新分析为副词,或所在的结构被重新分析为状中结构,从而向程度副词演变。如"半"由数量词向程度副词演化,主要源于"NP＋半＋VP"结构的重新分析。"半"作为数词,先秦时期已见,主要位于所修饰名词之后,语义指向前面的名词。如:

(9)盖去者半,入者半。(《礼记·射义》)

(10)诸侯之从者,叛者半矣,若敖氏离矣,楚师必败,何故去之!(《国语·楚语》)

当前面的名词被承前省略或移到动词后,"半"与其后相邻动词的边界弱化,由于处于状语的位置,"半"就有可能被重新分析为副词。如:

(11)神化为毒虫螫其士众,毒行身黑,或于水中死者,或百步一里死者。且半入国,凶鬼云集宫中。(《六度集经》,3/31b)

(12)千呼万唤始出来,犹抱琵琶半遮面。(白居易《琵琶行》)

例(11)"半"修饰前面的名词"士众",但由于"士众"承前省略,"半"有往后分析的趋势,与动词"入"的边界逐渐弱化,被重新分析为副词。例(12)"半遮面"可以说成"面半遮",但由于名词"面"后移,"半"在语义上开始优先指向邻近的动词"遮",这也会导致重新分析的发生。

除上述两种情况可导致"(NP＋半)＋VP"被重新分析为"NP＋(半＋VP)"之外,"NP"与"半"之间插入其他成分也会导致"半"被重新分析为程度副词。如:

(13)往年牛死,通率天下十能损二;麦不半收,秋种未下。(《三国

志·魏书·任苏杜郑仓传》)

(14)海中大鱼有时半出,望之如山。(《旧唐书》卷一百九十七)

上述两例中的"半"在语义上本来应指向前面的名词"麦""大鱼",但由于中间插入了副词"不"或"有时","半"与前面名词的指向程度逐渐弱化,从而被重新分析为修饰动词"收"或"出"的程度副词。

性状指示代词也是这样。它们一般是由基本指示代词派生而来,最初还未形成一个整体意义,都有其明确的实在义,随着这个结构大量复现,以及句法位置的固定,内部语法结构就会逐渐发生变化,发生重新分析。如"这样"是由基本指示词"这"和表示种类的名词"样"构成,意为"这个样子",在句中可以作宾语和定语。如:

(15)其徒都是这样。(《朱子语类》卷一百二十四)

(16)姥姥何处来的,晓得这样事?(《二刻拍案惊奇》卷三十二)

随着"这样+名词"的大量使用,句子的表义重心开始转移,重心偏移到"这样"后面的名词,当"这样+形容词+名词"的结构形式逐渐流行,"这样"与语义重心的距离进一步扩大,在使用的过程中,"这+样"组成的派生词的意义变得专门化,内部的分立性减弱,词的内部形式进一步模糊化,因而出现了重新分析,"这样"就从偏正式被重新分析为一个词[1]。如:

(17)这样一个好官。(《包公案》第四十章)

(18)这样的一个如何?(《初刻拍案惊奇》卷一)

"这样"也开始可以称代一些抽象名词,语法化进一步加强,"这样"出现在定中结构和偏正结构中,随着"这样"在偏正结构中高频出现,"这样"的句法位置逐渐固定,"这样"逐渐语法化,在句中作状语,发展出程度义,表示形容词和动词的动作、性质、状态的程度。如:

(19)北兵怎当得这样凶猛。(《水浒传》第九十一回)

(20)谁似奶奶这样圣明!(《红楼梦》第五十一回)

---

① 董秀芳(2011:290)指出派生词倾向于被重新分析为没有内部结构的单纯词。

三、转喻

"转喻"是指同一个认知域内概念之间的"过渡",即从一个概念过渡到另一个与之相关的概念。性状指示代词经过重新分析和类推后,在句中修饰动词或动词短语时,可以指示动作的方式,再引申出指示程度。从"指示方式"转喻到"表达程度"。如"恁么",较早见于宋代的禅宗文献,可以指示动作样式,明代才发展出指示程度的用法,后被新兴的性状指示代词"那么"替代。"那么"最早见于元杂剧,最初也是指示动作样式,明代才出现表程度的用法。如:

(21)我则是那么道,休惹街坊人家笑话。(《元曲选·散家财天赐老生儿》楔子)

(22)卷那们滑的,倒不卷手。[1](《西游记》第七十六回)

可见,"那么"的"指示动作方式"的用法比"指示程度"出现得早,二者之间的关系应该是从"指示动作方式"演化为"表达程度",本书认为这是通过转喻来实现的。蔡丽(2012:51)认为,任何程度的表达本身都带有主观性特征。吕文杰(2013:11)指出程度范畴是一种抽象的、模糊的、连续的、分层级的量,是相对的,带有明显的主观色彩。可见,从认知角度看,"动作方式"比"程度"更客观具体,"程度"更主观和抽象,在认知范围里,"动作方式"更容易被人感知,也就更具体和明显,"程度"相较而言是模糊稳定的状态,不如"动作方式"那么容易被感知到。用做某事的"方式",来转喻用这种方式做某事能达到的"程度"。以一定的方式做某事,对某事做到的状况进行描写、说明和评价,即反映了某事做到的程度,二者是相关的。

现代汉语中,"那么"既可以理解成指示动作的方式,也可以指示程度,条件是后面谓词的性质,如果谓词是典型的动词,指示的就是该动作的具体方式;如果谓词是动词的范畴边缘成员,且该谓词能在语境中变得具体,"那么"就既可以理解成"指示方式",也可以理解为"指示程度"。如[2]:

---

[1]　"那么"在明代亦可写作"那们"。

[2]　此例引自杨苟鑫(2022)。

（23）那么工作了一年……自己方发现，所经历见闻的一切，不仅用绘画不易表现，即文字所能够表现的，也还有个限度。（沈从文《小岩及其他》）

（24）像小孩子对老大哥那么崇敬。（杨绛《怀念石华父》）

例（23）中的"工作"属于典型的动词，"那么"指示的是"工作"的具体方式。例（24）中的"那么崇敬"可以是"非常崇敬"的意思，指示"崇敬"的程度，因为"崇敬"不是典型的动词，但句中的"像小孩子对老大哥"，使"崇敬"的方式更加具体，"那么"就也可以看作指示"崇敬"的方式。

转喻也是人类思维和认知的重要方式之一。转喻的成立，基于两事物之间的相关关系，而相关关系并非充分条件，两个对象之间还需具备显著度的差异，即一个对象与另一个对象相比具有认知上的显著度。如同属于身体部位，可用"手"来转喻"人"——"新手"，却不可用"手"来转喻"脚"，这是因为在某种情况下，人的特征可以集中于"手"上，"手"具有认知上的显著度，但"手"和"脚"相比，虽然具有相关关系，却并不能形成显著度的差异，因此不能进行转喻。

数量结构式表达程度的形成也体现了转喻的认知过程，数量域和程度域虽然是两个不同的具有一定相似性的概念域，但因为它们同属于量范畴这一大的认知域，两者又密不可分，因而也具有相关性，从这点来看，"数量＞程度"的隐喻实际上也可以看成是一种转喻。用数量概念转喻程度概念，数量是具体的、可见的，程度是抽象的、不可见的，具体的比抽象的显著，可见的比不可见的显著，这是一般的认知规律（沈家煊1999b）。如"一百个＋X"构式，"一百个"在认知上更为显著，因此可利用显著度较高的数量来转喻显著度较低的性状。

四、隐喻

"隐喻"指的是不同认知域内概念之间的投射，即"源域"内的一个相对具体的概念投射到"目标域"内的一个相对抽象的概念。储泽祥、邓云华（2002）指出，指示性状程度或方式的指示代词，往往是空间关系的一种隐喻或泛化，即从空间域透射到非空间域。最初，由基本指示代词构成的具有实在意义的结构,不论是近指还是远指,都存在一定的心理距离,属于空间范畴,经过重新分析后,逐渐词汇化,指示事物或人的性状和动作方式,投射到了指称范畴,而修饰动词或形容词可以通过夸张或感叹凸显性状,从而加强程度量,再次投射到了较抽象的程度范畴①。如"那样",是由指示代词"那"和名词"样"构成的"那十样"结构,表示"那个样子"。由于"那十样"大量共现,经过重新分析,"那样"逐渐词汇化,可以修饰名词、动词等。如:

(25)你不陪我,却伴那样人?(《元刊杂剧三十种·江州司马青衫泪》第二折)

(26)三将军又是那样说。(《全元曲·尉迟恭单鞭夺槊》第二折)

随着使用频率的增加,"那样"进一步语法化,从"那十样""那样十名词"到"那样十形容词/动词",从一个具有实在意义的结构,逐渐词汇化和虚化,从指示事物的性状、动作样式,再到指示高程度,其中便经历了隐喻的过程。如:

(27)你那样下死手的板子,难道宝玉就禁得起。(《红楼梦》第三十三回)

(28)都像宝丫头那样心胸儿脾气儿,真是百里挑一的。(《红楼梦》第八十回)

---

① 汉语中还存在从其他范畴转向程度范畴的现象,比如属于数量范畴的"几多""多少"等,在形容词前可以表示性状程度高。据冯赫(2022),"几多"在魏晋南北朝可见,本是询问数量的问数词,宋代以来,"几多"出现了位于形容词前的用法,可分为两类:一类主要询问性状程度,一类是用于表达对性状程度的感叹。如:

(1)乡关此日几多远?春酒与愁相胜浓。(贺铸《答孙休兼简清凉和上人二首》)

(2)伊川云:"要有此理,除是死也。"几多分晓!(《朱子语类》卷一百二十二)

同样,冯赫(2023)也指出,"多么十形"也有两类用法:一是表示询问;二是表达感叹。而感叹式"多少十形"可表示性状程度高。

下　编

第五章 从指示类别到表达程度

程度和指示的关系密切,由指示代词演化为程度副词,是近代汉语里常见的语义演化模式。这种演化模式不仅见于汉语史之中,还存在于现代汉语方言和其他民族的语言之中。也就是说,这是一种具有跨语言共性的演化模式。不过,学界对从指示到程度的演化研究尚不充分。

汉语中的指示代词数量较多,其演化方式比较复杂,下文将以指示代词"这/那/恁"与种类量词"样/般/等"的组合为例进行说明,以此为例管窥从指示到程度的语义演化模式。考察发现,该类组合在近代汉语时期经常组合使用,它们的句法组合功能发生了明显的变化,语义从指示类别转变为表达程度,而且这种演化具有跨语言的类型学特征。

第一节 "这/那/恁＋种类量词"的形成过程

近代汉语里指示代词"这"(近指)、"那"(远指)和"恁"(中指),[①]常与表示种类、类别的量词"样、般、等"组合,构成"这样、那样、恁样""这般、那般、恁般"和"这等、那等、恁等"等,它们在近代汉语时期主要有指示类别和表达程度两种用法,[②]下文分别讨论。

---

① 参看吕叔湘(1985:187/271)。

② "种"用作种类量词出现的时间较早,如《汉书·艺文志》:"序六艺为九种。"唐拾得《诗》之十三:"世上一种人,出性常多事。"不过,"这/那/恁＋种"一直是用于名词性成分之前指示类别,基本不用来表达程度。因此,"这/那/恁＋种"不在本书的讨论范围之内。

一、这/那/恁＋样①

"样",是"橡"的正字,本义为橡树的果实。《说文·木部》:"样,栭实也。"《正字通·木部》:"橡,同样,栎木一种,结实者名栭,其实为橡。《说文》无橡字。"《说文通训定声》:"栭、柔、柞、栎,一木业。其实为样,亦谓之象斗,亦谓之栐。""样"假借为"样子、标准"义,《说文解字注·木部》:"样,今人用样为式样字。"如《隋书·何稠传》:"凡有所为,何稠先令旦、衮立样,当时工人皆称其善,莫能有所损益。"进一步引申为种类量词,表示事物的品类。如《朱子语类》卷三:"《周礼》所谓'天神、地示、人鬼',虽有三样,其实只一般。"《水浒传》第二回:"庄客托出一桶盘,四样菜蔬,一盘牛肉,铺放桌子上。"

最初的"这/那/恁＋样"组合并不是指量结构,而是典型的名词性偏正结构。此时"这/那/恁"与"样"均具有明确的词汇意义,"这/那/恁"均为指示代词,"样"的意义为"样子",是这些结构的中心成分。它们作为一个整体,一般用作动词宾语,如:

(1)且如这样,他是且欲全他母子之恩。(《朱子语类》卷八十三)

(2)师父说:"你看那样! 倒相没屁股的。"(《金瓶梅词话》第十三回)

(3)王朗道:"明早教张六嫂去说,日子便依着他家。妆奁一毫不带。见喜过了,到了第三朝要接回,等待病好,连妆奁送去。是恁样,纵有变故,也不受他们笼络,这却不是两全其美。"(《醒世恒言》第八卷)

"这/那/恁＋样"用于名词性成分之前时,"样"的语义发生变化,从"样子"义演化成具有分类作用的一个量词,义为种类、类别等。也就是说,用在名词性成分之前的"这/那/恁＋样",可以看作是指量短语。如:

(4)若移此心与这样资质去讲究义理,那里得来! (《朱子语类》卷十)

(5)而今所以无异端,缘那样人都便入佛老去了。(《朱子语类》卷二十九)

---

① 考察发现近代汉语还有"这等样""这么样"等表达程度的用例,但使用数量很少,因此本书主要讨论"这/那/恁＋样"。

（6）此二字笔势非凡，有恁样高手在此，何待小生操笔？（《二刻拍案惊奇》卷二）

这种用法的"这/那/恁＋样"，也有少量用于动作性较强的动词性成分之前的用例，如：

（7）大尹道："这样说起来，那计氏在大门上嚷骂，晁源闪在门后不敢做声，珍哥也躲的不见踪影；这也尽怕他了，还有甚么不出气，又自吊死了？"（《醒世姻缘传》第十回）

（8）若是那样投河跳井服毒悬梁的，内中又有分别？（《醒世姻缘传》第三十回）

（9）阿寄的老婆劝道："你一把年纪的人了，诸事只宜退缩算。他们是后生家世界，时时新，局局变，由他去主张罢了！何苦的定要多口，常讨恁样凌辱。"（《醒世恒言》卷三十五）

在上例（1）—例（3）里，"这/那/恁＋样"为偏正短语，指示词"这/那/恁"与中心语"样"之间为修饰限定结构。而当"这/那/恁＋样"修饰名词性成分或动词性成分时，如例（4）—例（9），名词性成分或动词性成分是整个结构的中心，在这种特定语言环境下，"这/那/恁＋样"完成了从偏正短语向指量短语的转变。随着其句法功能的进一步扩展，当"这/那/恁＋样"用于形容词或心理动词等成分之前时，"这/那/恁＋样"向程度副词演化。如：

（10）北兵怎当得这样凶猛，不能拦当。（《水浒传》第九十一回）

（11）杨大郎和经济押着货物车走，一路上扬鞭走马，那样欢喜。（《金瓶梅词话》第九十二回）

（12）刘公与妈妈商量道："孩儿病势恁样沉重，料必做亲不得。不如且回了孙家，等待病痊，再择日罢。"（《醒世恒言》第八卷）

上述例句中，"这/那/恁＋样"已不是对事物或行为的分类，而是用在形容词或心理动词之前，表示性状或心理行为的程度，具有明显的副词化特征。如例（10）中的"这样凶猛"表达的是"北兵"的"凶猛"程度很高，导致"不能拦当"；例（11）中的"那样欢喜"是说"（陈）经济"娶"冯金宝"回家时的"欢喜"程度；例

(12)中的"恁样沉重"说的是"孩儿(刘璞)病势"很严重,无法与"珠姨"成亲。

二、这/那/恁十般

"般",本义为"旋转",应是"盘"的象形字。《说文·舟部》:"般,辟也。象舟之旋,从舟,从殳。殳,所以旋也。"量词"般"当与此义无关。"般"用作种类义量词,《集韵·恒韵》:"般,亦数别之名",较早见于唐代,如唐张鹜《游仙窟》:"昔日双眼,恒嫌夜短;今宵独卧,实怨更长。一种天公,两般时节。"宋苏轼《送僧应纯偈》:"一般口眼,两般肚肠。"《三国志平话》卷上:"见一人托定金凤盘,内放着六般物件。"指示代词"这/那/恁"和种类量词"般"的组合在近代汉语里很常见,指示类别的"这/那/恁十般",多用于名词性成分之前。如:

(13)若必欲等大觉了,方去格物、致知,如何等得这般时节!(《朱子语类》卷十七)

(14)曰:"这许多所答,也是当时那许多人各有那般病痛,故随而救之?"①(《朱子语类》卷二十三)

(15)困腾腾眼倦心迷,却原来害相思恁般滋味。(元孙季昌《粉蝶儿·怨别》)

少量用于动词性成分之前,也是指示类别的用法,如:

(16)我都得知,都得知,你休执迷,休执迷;你若外事得个年少轻狂婿,不似我这般看承敬重你。(《关汉卿戏曲集·温太真玉镜台》第三折)

(17)他酒醒了,起来不觉,只那般去了,路上必定吃别人笑话。(《朴通事谚解》中)

(18)你看它恁般施展?它原是个水里的大虫,专一要兴妖作怪,只因大圣收服了他,一向困住在深潭里面,叫做个老鼋伏枥,志在千里。(《三宝太监西洋记》第四十一回)

"这/那/恁十般"的功能进一步扩展,可用于形容词或心理动词等成分之

---

① 冯春田(2000:130)认为,"那般"在元代才出现。嫌晚。其实,宋代已经出现了"那般"的用例,如《朱子语类》中共有 12 例,如上例(13)。

前,表示程度,如:

(19)那婆婆,古君子没恁地直,那婆婆,烈丈夫也无这般刚。(《元刊杂剧三十种·死生交范张鸡黍》第四折)

(20)国王闻言,即请行者出皇宫,到宝殿,拜谢了道:"长老,你早间来的模样,那般俊伟,这时如何就改了形容?"(《西游记》第七十九回)

(21)李逵心中喜欢道:"原来皇帝恁般明白。"(《水浒传》第九十三回)

与"这/那/恁+样"类似,上例中的"这/那/恁+般"均为程度副词,表达形容词或心理动词的程度,义同"这么"或"那么",如例(19)、例(20)表达"刚""俊伟"的程度,例(21)表达心理动词"明白"的程度。

三、这/那/恁+等

"等",本义是整齐竹简。《说文·竹部》:"等,齐简也。"王筠句读:"整齐其简牍也。"引申为等同。《广雅·释诂四》:"等,齐也。"《说文解字注·竹部》:"齐简者,叠简册齐之,如今人整齐书籍也,引申为凡齐之偁(称)。"又引申为"等级、辈分",如《周礼·夏官·司兵》:"掌五兵五盾,各辨其物与其等,以待军事。"《礼记·曲礼上》:"侍坐于所尊,敬毋余席,见同等不起。"进一步引申为量词,义为等级、类型。近代汉语中"这/那/恁"均可与"等"连用来指示类别,不过"这等""那等"既可用于名词性成分之前,也可用于动词性成分之前,而"恁等"则往往用于动词性成分之前。如:

(22)当有诸神上表,奏知玉皇大帝,说道:"下方有这等的清官,怕屈了民情,宁可己身先丧。"(《三宝太监西洋记》第十一回)

(23)有那等守护贤良老秀才,他说的来狠利害。(元武汉臣《老生儿》第一折)

(24)这两句话,说得有些谱,就是长老也自无量生欢喜,说道:"既这等说,却是疲敝之疲,不是皮革之皮;却是劳倦之倦,不是绸绢之绢。"(《三宝太监西洋记》第五回)

(25)想着先前吃小如奴才压枉造舌,我陪下十二分小心,还吃他奈何得我那等哭哩。(《金瓶梅词话》第二十回)

（26）闻小姐道："小姐恁等识人，难道这样眼钝？前日到此，过蒙见爱的舍人，即妾身是也。"（《二刻拍案惊奇》卷十七）

当"这/那/恁＋等"用于形容词和心理动词之前时，其用法由指示类别演变为表达程度①，如：

（27）阮小七道："他们若似老兄这等慷慨，爱我弟兄们便好。"（《水浒传》第十五回）

（28）那套唱都听的熟了，怎生如他那等滋润？（《金瓶梅词话》第三十五回）

（29）抽马道："何事恁等慌张？"（《二刻拍案惊奇》卷三十三）

综上可知，近代汉语时期"这/那/恁"与种类量词"样/般/等"的组合均有指示类别和表达程度两种用法。这两种用法的关系紧密，表达程度的用法是从指示类别用法发展而来。

第二节 "这/那/恁＋种类量词"的使用特征

一、鲜明的时代特征

调查显示，表达程度的"这/那/恁"＋种类量词"样/般/等"，主要用于近代汉语时期，它们在近代汉语一些重要文献中的使用情况见下表 5-1。

表 5-1　近代汉语"这/那/恁＋种类量词"的使用情况

	宋元②		明代						清代		
	《大宋宣和遗事》	《元刊杂剧三十种》	《平妖传》	《朴通事谚解》	《老乞大谚解》	《金瓶梅词话》	《水浒传》	《西游记》	《红楼梦》	《儒林外史》	《歧路灯》
这样	0	0	3	0	0	10	2	7	126	23	59
这般	3	8	8	6	8	40	34	74	13	12	3
这等	0	1	4	0	0	70	22	88	14	4	0

① "恁等"表程度的用法较少，近代汉语的很多文献中均无用例。

② 蒋绍愚（2017：24）指出：《大宋宣和遗事》历来认为是宋人所作，但实际上可能成书于元代。

续表

	宋元		明代						清代		
	《大宋宣和遗事》	《元刊杂剧三十种》	《平妖传》	《朴通事谚解》	《老乞大谚解》	《金瓶梅词话》	《水浒传》	《西游记》	《红楼梦》	《儒林外史》	《歧路灯》
那样	0	0	0	0	0	5	0	1	15	0	0
那般	1	0	0	4	0	0	0	12	2	0	0
那等	0	0	0	0	0	11	0	1	7	0	0
恁样	0	0	0	0	0	0	0	0	0	0	5
恁般	0	1	13	0	0	4	15	1	0	1	2

注:表中数据依据中国台湾"中研院"近代汉语语料库。"恁等"用来表达程度不及其他词语常见,上述文献中无用例。

参看表 5-1 并结合调查发现,表程度的"这/那/恁＋种类量词"在使用上具有以下特点。

首先,主要见于近代汉语时期,尤其是明清时期。表程度的"这/那/恁＋种类量词"在宋元时期的使用并不多,不少成员在《大宋宣和遗事》和《元刊杂剧三十种》中无用例,如"这样""那样""那等"和"恁样"。明代以后,"这/那/恁＋种类量词"的使用日益常见,如《金瓶梅词话》《水浒传》和《西游记》中这些词的使用很多。这种趋势一直延续到清代汉语之中,如《红楼梦》《儒林外史》和《歧路灯》中,"这/那/恁＋种类量词"表程度的用法依旧很普遍。

其次,"这＋种类量词"的使用较"那/恁＋种类量词"更为常见。如表 5-1 所示,"这＋种类量词"在近代时期的使用较多,"那＋种类量词"的数量较少,"恁＋种类量词"最为少见。"这＋种类量词"在近代汉语时期使用频繁,"这样""这般"和"这等"三词在明清时期都有大量的用例。相对而言,而"那样""那等""那般""恁样"和"恁般"在近代汉语时期的使用则少得多,无论是宋元时期还是明清时期都是如此。

现代汉语时期,"这/那/恁＋种类量词"(特别是"这样""那样")用作指示类别还有不少用例,但表达程度的用法已不多见(具体原因见下文讨论)。因此,表 5-1 未统计它们在现代汉语的使用情况。

二、显著的对话语体特征

梁银峰(2018:42)认为指示词经常出现于人物对话之中,是因为在会话语体中,由于所谈论的对象就在说话人的眼前或范围,说话人就没有必要再用专有名词或其他社会称谓语来指称这些言谈对象。这个观点很有意义。考察发现,近代汉语时期表程度的"这/那/恁＋种类量词",绝大多数见于对话性语体之中,具有显著的对话语体特征。结合上表 5-1,"这/那/恁＋种类量词"在近代汉语部分文献对话语体中的使用情况如表 5-2 所示。

表 5-2　近代汉语"这/那/恁＋种类量词"在对话体语料中的使用情况

| | | 宋元 | | 明代 | | | | | | 清代 | | | 合计 | 百分比（％） |
		《大宋宣和遗事》	《元刊杂剧三十种》	《平妖传》	《朴通事谚解》	《老乞大谚解》	《金瓶梅词话》	《水浒传》	《西游记》	《红楼梦》	《儒林外史》	《歧路灯》		
这样	对话	0	0	1	0	0	9	1	5	110	23	53	202	87.83
	总数	0	0	3	0	0	10	2	7	126	23	59	230	
这般	对话	3	8	8	6	8	37	32	70	3	11	3	189	90
	总数	3	8	8	6	8	40	34	74	14	12	3	210	
这等	对话	0	0	4	0	0	68	21	86	8	4	0	192	95.05
	总数	0	1	4	0	0	70	22	88	13	4	0	202	
那样	对话	0	0	0	0	0	3	0	1	12	0	0	16	76.19
	总数	0	0	0	0	0	5	0	1	15	0	0	21	
那般	对话	1	0	0	4	0	0	0	10	0	0	0	15	78.95
	总数	1	0	0	4	0	0	0	12	2	0	0	19	
那等	对话	0	0	0	0	0	10	0	0	3	0	0	13	68.42
	总数	0	0	0	0	0	11	0	1	7	0	0	19	
恁样	对话	0	0	0	0	0	0	0	0	0	0	3	3	60
	总数	0	0	0	0	0	0	0	0	0	0	5	5	
恁般	对话	0	1	13	0	0	3	7	1	0	1	1	38	79.17
	总数	0	1	13	0	0	4	15	1	0	1	2	48	

注:表中最后一栏的"百分比",显示的是文献中"这/那/恁＋种类量词"出现在对话语体的数量与使用总量的比例。

"这/那/恁＋种类量词"用于对话语体中有着很高的比例。据表 5-2 可知,"这等"的比例最高,该词在所调查的文献中共使用 202 例,其中对话语体中有 192 例,对话语体中的使用量占总使用量的 95.05％。其次是"这般",它在对话语体中使用 189 例,占使用总量 210 例的 90％。其他词语,如"这样"

"恁般""那般"等在对话语体中的使用比例也很高,具体数据见上表,这里不再一一说明。

"这/那/恁＋种类量词"表达程度时,说话人根据言谈对象与自身关系的远近,选择不同类型的词语。如:

（30）三藏心惊道:"悟空,这路来得差了。敢莫大仙错指了? 此水这般宽阔,这般汹涌,又不见舟楫,如何可渡?"(《西游记》第九十八回)

（31）国王闻言,即请行者出皇宫,到宝殿,拜谢了道:"长老,你早间来的模样,那般俊伟,这时如何就改了形容?"(《西游记》第七十九回)

在上面的例子中,说话人依据言谈对象和说话人所处位置的远近选择"这"或那。例(30)中,"河水"就在眼前,因此只能使用"这般"来修饰"宽阔""汹涌"。例(31)中说明的是"你早间来的模样",所以选择"那般"来修饰"俊伟"。

值得注意的是,"恁"是中性指示词,其意义既可能理解为"这",也可以理解为"那",需依据其具体的语境来判断。如表程度的"恁般",在不同的语境之中,也可理解为"这般"或者"那般",如:

（32）一日,王庆在草房内闷坐,忽听得远远地有喧哗厮闹的声。王庆便来问庄客:"何处恁般热闹?"庄客道:"李大官不知,这里西去一里有余,乃是定山堡内段家庄。段氏兄弟向本州岛接得个粉头,搭戏台说唱诸般品调。那粉头是西京来新打踅的行院,色艺双绝,赚得人山人海价看。大官人何不到那里睃一睃?"(《水浒传》一百三回)

（33）段三娘正在得意处,反嗔怪段二,便在床上答道:"夜晚间有甚事,恁般大惊小怪!"(《水浒传》第一百四回)

上例(32)是"王庆""闷坐"时,听到不远处有搭台唱戏的声音,由此向"庄客"询问"何处恁般热闹",此处的"恁般"当近指的"这般"。例(33)中"段三娘"问"段二"的是"夜晚间有甚事",距离现在已经有一段时间了,所以此处的"恁般"应理解为"那般"。

第三节　发展演化及其动因与机制

一、"这/那/恁＋种类量词"的词汇化：从短语到词

"这/那/恁＋种类量词"在近代汉语里经历了从短语到词的词汇化和语法化过程。最初，指示代词"这/那/恁"与"种类量词"的组合并不紧密，它们可以作为一个整体修饰其他成分，也可以在它们内部插入数词①，最常见的数词是"一"。如：

（33）只是这一样说话，只经一人口说，便自不同？（《朱子语类》卷第九十五）

（34）有了这一般真精，莫说只是一根铜柱，就是擎天白玉柱，跨海紫金梁，何难之有！（《三宝太监西洋记》第七十八回）

（35）盖周衰时，自有这一等迂阔人？（《朱子语类》卷八十三）

（36）就是别人家园上，他心爱着那一种花儿，宁可终日看玩。（《醒世恒言》第四卷）

（37）六三说"勿用取女"者，大率阴爻又不中不正，合是那一般无主宰底女人。（《朱子语类》卷七十）

（38）任凭要我认那一等罪，无不如命，不消责罚。（《醒世恒言》第二十九卷）

偶尔"几""百""千"等，也可用于"这/那"与"样/般/等"之间，如：

（39）若除此这几种恶物，其余飞禽走兽，鳞介昆虫，无害于人，何故定要把他残害？（《醒世姻缘传》第一回）

（40）一夜中灯明火彩，客送官迎，那百般热闹，自不用说的。（《红楼梦》第十四回）

---

① 指示代词"恁"与种类量词"样/般/等"中间插入数词的情况比较少见，这里主要讨论"这/那＋样/般/等"的使用情况。

（41）称不的平生愿，你纵然有那千般巧计，也则索权结姻缘。（《全元曲·粉蝶儿》）

调查发现，指示代词"这/那"与种类量词"样/般/等"中间只能插入数词"一/几/百/千/万"等。虽然可以插入数词的特征并不能完全证明"这/那＋样/般/等"不是词，但也说明它们内部的结合并不是特别的紧密。当数词"一/几/百/千/万"置于"这/那"与"样/般/等"中间时，强调事物或行为是"一种""几种""一百种""一千种"或者是"一万种"，如上例中"这/那＋样/般/等"表示的仅仅是"这样"或者"那样"。不过，当"这/那/恁＋样/般/等"充当状语，修饰形容词或心理动词等谓词性成分时，则数词不能置于"这/那/恁"与"样/般/等"中间。从组合的紧密程度来看，用于谓词性成分之前的"这/那/恁＋样/般/等"要比名词性或动词性成分之前要强一些，其词汇化的程度明显也更高一些。

二、范畴特征的变化：从指示类别到表达程度

"这/那/恁＋种类量词"的发展变化，必然经历丧失原有范畴特征、获得新的范畴特征的过程。"这/那/恁＋种类量词"从指示类别向表达程度的发展变化，正是其句法地位从定语向状语转化的过程。与之相对应，它们的句法搭配也发生了变化。在这个过程中，"这/那/恁＋种类量词"的句法搭配发生了变化，即被修饰的成分发生了变化，从主要修饰体词性成分，扩展到可以用于形容词或心理动词等谓词性成分之前。也就是说，指示类别的"这/那/恁＋种类量词"，主要语法特征是充当定语用来修饰限定体词性成分（如上文指出，"恁等"一般不用于体词性成分之前，因此这里没有举例），如"这样意思/资质/物事/文字/东西""那样东西/本事/夫妻/古玩/忠臣""恁样规矩/做作/福分/地位/花样""这般灾难/气象/滋味/时节/模样/见识""那般病痛/志气/军械/模样/武器""恁般容貌/行径/光景/装束/本事""这等本事/勾当/道理/衣服/英雄/样子""那等客人/去处/容貌/人家/模样"等。

当然，一些动词性结构也可以受到"这/那/恁＋种类量词"的修饰，由于这些动词性结构本身并没有量幅变化，因此这些组合里的"这/那/恁＋种类量词"仍是指示事件的类别。如下例中的"这等"就是这样：

（42）那妖怪不要无礼！他有甚么书来，你这等枉他，要害他性命！（《西游记》第三十回）

（43）林冲喝声道："好贼！你待那里去？"批胸只一提，丢翻在雪地上，把枪搠在地里，用脚踏住胸脯，身边取出那口刀来，便去陆谦脸上阁着，喝道："泼贼！我自来又和你无甚么冤仇，你如何这等害我！正是'杀人可恕，情理难容。'"（《水浒传》第十回）

上例中的"枉""害"等词不可以接受"甚""很"或其他程度的修饰，因此上例（42）、例（43）中的"这等"仍表示指示。

当"这/那/恁＋种类量词"常用来修饰形容词性成分，少量修饰动词性成分（主要是心理动词短语）之时，它们的语义和功能就有明显的副词化倾向，即语义上表达所饰成分的程度，语法上充当所饰成分的状语。如：

（44）仙童道："你怎这样粗鲁？且住下，让我们通报。"（《西游记》第五十二回）

（45）你这嘴脸相貌，生得这等丑陋，若见了他，恐怕吓了他，反为不美；却不如不去认的还好。（《西游记》第三十回）

（46）这两日不见，你来怎么这般黄瘦？（《朴通事谚解》上）

（47）边公道："板子打不死他，你倒这样心疼他；他赌博尽可气死您老两口儿，他倒不心疼您，这一发是饶恕不得的。"（《歧路灯》第六十五回）

（48）行者道："像他这般惧怕老孙，潜躲不出，如之奈何？"（《西游记》第十五回）

（49）张狼牙说道："眼见的是腾云去了。若只是这等怕起来，总不如南京城里第一安稳，何苦又到这里来。"（《三宝太监西洋记》第六十八回）

上述例（44）—例（49）是以"这＋种类量词"为例进行说明。众所周知，性质形容词或心理动词往往都具有一定的量幅范围，它们一般可受到程度副词的修饰，如上例中的形容词"粗鲁""丑陋""黄瘦"，心理动词"心疼""惧怕""怕"等，分别受到"这样""这等""这般"的修饰。调查文献发现，这些词不仅可以接受高量级程度副词的修饰，如"十分粗鲁/丑陋/黄瘦/心疼/惧怕/怕"，也可以接受低量级程度副词的修饰，如"有些粗鲁/丑陋/黄瘦/心疼/惧怕/怕"。因此,在这些例子中,"这/那/恁＋种类量词"已经不是原有的范畴特征——充当定语,而是具有了新的范畴功能——充当状语,这是副词的典型特征。

三、动因与机制分析

基于上文分析发现,近代汉语时期指示代词"这/那/恁"与种类量词"样/般/等"组合经过词汇化和语法化过程,它们的指示性减弱,程度义日益凸显,句法上从定语降级为状语,由指量短语演变成表达程度的副词。它们都经历了类似的语义演变路径,即:指示类别＞表达程度[1]。

从"这/那/恁＋样/般/等＋NP"演化到"这/那/恁＋样/般/等＋VP"的机制在于功能扩展和重新分析。其中,功能扩展表现为"这/那/恁＋样/般/等＋NP"构式中 NP 位置的成分向 VP 扩展。当用于"VP"之前时,"这/那/恁＋样/般/等"的句法地位下降,就可能被分析为副词性成分。结合上文的例句来看,"这/那/恁＋样/般/等"是在表层形式不变的情况下,底层结构发生重新分析,整个结构的指量功能弱化,句法地位由定语降级为状语,进而完成从指示类别到表达程度的演化。

"这/那/恁＋样/般/等"的语义演变过程中,转喻和隐喻起着重要作用。Croft(1993)利用域凸显来阐释概念转喻,Goossens(1990)指出隐喻和转喻是相互联系融合的,Panther(2006)认为概念隐喻具有象似关系(iconic relation),概念转喻具有指示关系(indexical relation),是一种意义的扩展(参看李福印 2008:147－152)。"这/那/恁＋种类量词"由指示具体的类别到表达抽象的程度,同时具有隐喻和转喻的因素。从事物类别到行为类别是其表

---

① 如上文指出,虽然"这/那/恁＋样/般/等"都由指量结构演化出程度语义,但它们组合之初并不一定都是指量结构。如"这/那/恁＋样"较早的组合是典型的名词性偏正结构,此时"这/那/恁"与"样"均具有明确的词汇意义,"这/那/恁"是指示代词,"样"是其中心成分,义为"这/那/恁＋样子",它们在句中往往作宾语,如:

(1)且如这样,他是且欲全他母子之恩。(《朱子语类》卷八十三)

(2)师父说:"你看那样! 倒相没屁股的。"(《金瓶梅词话》第十三回)

(3)过不多日,薛婆寻了几头来说,领来看了,没一个中夫人的意。薛婆道:"此间女子,只好恁样。除非汴梁帝京五方杂聚去处,才有出色女子。"(《初刻拍案惊奇》卷二十)

只有当其用来修饰 NP 或 VP 之后,"这/那/恁＋样"才演化为指量结构。

义功能的扩展,是相邻概念之间逐渐过渡的演化,是由转喻(metonymy)引起的。从类别语义到程度语义的变化,是不同认知域之间认知投射的顿变,由隐喻(metaphor)引发。

第四节 "这/那/恁+种类量词"的性质

与常用的程度副词相比,"这/那/恁+种类量词"表程度的用法还不够典型。仍保留着一定指示义,没有完全副词化。而且,"这/那/恁+种类量词"的使用频率一直不太高,其使用时间也主要集中在近代汉语(尤其是明清汉语)时期。因此,学界对这类词的归属问题有一些不同意见。

《近代汉语指代词》和《现代汉语八百词》(修订本)中都将用在形容词、动词之前的"这(么)/那(么)"等看作性状指示代词,认为:"这、那是指示代词,这么、那么也是指示代词,它们的作用都是指示,分别在于:这、那指示事物,扩展到指示性状和动作,也就是把它当作事物看;这么、那么指示事物的性状和动作的样式,扩展到具有某种性状的事物。因此,我们可以说:这、那是实体指示代词,这么、那么是性状指示代词(这里的'性状'包括动作的'样式')。"金立鑫(1988)认为"那么"只有代词用法,没有副词和连词的用法。张伯江、方梅(1996:158—159)指出北京话里的代词"这""那"表性状程度是由其指示用法虚化而来的。

也有一些字典、辞书将吕先生等所举的性状指示代词看作表程度的副词。如《现代汉语虚词例释》(1986:339—340)认为,"那么"有两种连词和副词两种用法。"那么"修饰形容词或动词成分,表示程度或方式,是副词。此外,中国台湾"中研院"的"近代汉语标记语料库"亦将这类用法的"这/那/恁+种类量词"看作程度副词。①

其实,汉语史中的很多程度副词,刚开始表程度时,也都会或多或少地保留一定的"原始"语义,特别是像"这/那/恁+种类量词"这类多用于近代汉语

---

① 中国台湾"中研院"的"近代汉语标记语料库",http://lingcorpus.iis.sinica.edu.tw/early/。

时期,使用时间较短,使用频率又不是特别高的词语,导致它们无法充分演化。或许这正是不少学者或字典辞书没有将"这/那/恁＋种类量词"直接归入程度副词的原因。

我们认为,"这/那/恁＋种类量词"最终没有彻底演化为典型的程度副词,其根本原因是这些词语在历时演变过程中,是由于受到了意义相近、功能类似程度词语的竞争所致。调查发现,近代时期高量级的程度副词数量众多且使用频繁,如"甚""颇""很""十分""非常""极其"等。这些词在近代文献中颇为常见,它们在句子中意义明确,功能稳定,都是非常典型的程度副词,其地位十分稳固,其他的程度词,如"这/那/恁＋种类量词"等很难与之抗衡;此外,近代时期还有一些使用并不太多见,但语义特征和句法功能与"这/那/恁＋种类量词"近似的词语,如"这/那/恁＋么/们"以及"如此"等。这些词语的使用虽不及"甚""颇""很""十分"等词常见,但它们在近代汉语时期一直与"这/那/恁＋种类量词"并存,它们的存在和使用,也在一定程度上影响和挤占了"这/那/恁＋种类量词"的使用范围。

第五节　语言类型学的考察[①]

从指示类别到表达程度的语义演变并非汉语史所独有,在汉语方言及其他民族的语言中也存在着类似的演化过程,说明从指示类别到表达程度是一种比较普遍的语义演化模式。

一、跨语言考察

(一)英语

汉语中的程度副词,在英语中一般被称为强化词,英语里的很多强化词,早期都是用作指示义的代词,后逐渐演化为程度词,如 such,this,that,so。

Bühler(1934:102)指出,传统意义上的指示性表达式有三种语义类别:指示地点、指示人物和指示时间。this 和 that 一般用于指示地点,this 指的是相

---

① 本节内容是与研究生蔡晨慧共同完成的,特此说明,并致谢忱!

对接近说话人的物体(近端),that 指的是相对远离说话人的物体(远端)。不过,主要是依据说话者对目标物体距离的认知,这种认知是相对的。如①:

(50)Put the dirty clothes next to this/that box.

上例(50)中,因为不同的说话者对于箱子的距离远近认知不同,因此,指示物体时,既可以用 this,也可以用 that。

this/that 也可以用在形容词前,指示程度。如②:

(51)I know it's not all going to be this easy. When I see somebody walking around inside, I take the next step.

(52)You can't get rid of the world that easy. Unless your world's just one person.

Javier(2019)认为,this/that 是由于语法化而获得了状语地位,从而成为程度副词。它的演变路径是对地点进行标记,再逐渐变成副词,然后成为方式指示词或程度指示词,路径如下:

(53)a. this DEM＋PROXLOC 'this far place, as far as this'＞this ADV 'this far'

b. that DEM＋DISTLOC 'that far place, as far as that'＞that ADV 'that far'

That/this 的语法可以根据形态句法和语义特征来观察得到。从形态句法的角度来看,这些演示词经历了一个去类别化的过程(Hopper 1991:22),其特征是它们不能变形,因为它们的状语状态不允许使用复数形式(即 these/those)和凝聚(condensation)(Lehmann1995:137－143),由于语法结构的限制,因此它们在强化功能中只能作为副词/形容词的前修饰词出现。从语义的角度来看,这些词常位于谓语前,导致其关系指示性的意义减弱(Heine & Reh 1984:15;Hopper & Traugott 2003:96－97)。

---

① 此例引自 Javier Calle-Martín(2019)。
② 此二例引自 Javier Calle-Martín(2019)。

such 在传统英语中的词类范围被划分为三类:限定词、代词和副词。胡华(2011)指出,such 与指示词 this/these 和 that/those(demonstrative)相似,都指语篇中的某个实体,语言学通常称为指别义(identifying)。但与指示词不同的是 such 只是表达语篇中实体的部分身份(partial identity),而指示词表达全部身份。换句话说,指示词指向一个对象而 such 并不指向这个对象本身,是指向与这个对象同类的某一类对象。如①:

(54)We don't use those books any more.

(55)We don't use such books any more.

例(54)中的 those 就是指与别人相同的书,而例(55)中的 such 只指同类的书。

such 在句中还可以表达程度,当形容词出现时,such 的程度性意义就更加明显。如:②

(56)It makes such a difference having you.

(57)It makes such a big difference having you.

上例中的 such 就相当于程度副词 quite 和 rather,其功能是强化后面的形容词或者级差名词(gradable-noun),跟 very 的意思相近。

so 也是一个程度词,在《牛津英语同义词学习词典》中,so 与 very, quite, extremely, highly 等高强度程度副词同义,③和现代汉语中的"很"相对应。④

Stöffel(1901:67)认为,swā(so 的早期形式之一,笔者注)是一个指代性副词(demonstrative adverb),义为以这种方式或达到某种程度。Mustanoja(1960:324)进一步指出,表达程度用法的 so 可以追溯到古英语时期,但古英

---

① 此二例引自胡华(2011)。

② 根据 Oxford English Dictionary(OED)可知,such 较早用作指示代词,用来指示事物的性质和数量,中古英语时期已很常见。其强化词用法见于现代英语阶段,如 1776 D. Herd Scottish Songs I. 103 The Hogan Dutch they feared such, They bred a horrid stink then.

③ 参看孟庆升等(2014:1417—1418)。

④ 参看袁芳(2011)。

语时期还很罕见。中古英语时期 so 的使用很多，可与形容词、副词和动词等搭配。

Mustanoja(1960:324)指出 so 表达程度的用法可追溯到古英语时期，在中古英语时期，这种用法的 so 可以与形容词、副词、动词连用。so 在早期英语中，可以写作 swa，这是一个指代性副词，意为以这种方式或达到某种程度[①]。如果隐含方式或程度，那么副词 swa 之后需要一个连接词 swa 或 pat 作为它的关联词(Stöffel 1901:67)。

经过古英语和中古英语阶段的沉淀，so 在现代英语里使用极其广泛，使用频率很高，徐峰（2008）以中国学习者英语语料库（The Chinese Learner English Corpus［CLEC］）和英国本族语者语料库（Freiburg-LOB Corpus of British English［FLOB］）为基础，调查增强程度词在两个语料库中的频率分布，结果显示 so，very，too 在 CLEC 和 FLOB 语料库中都是频率排序最高的三个词。

so 后面经常接形容词或另一副词，再接动词，表达程度。如[②]：

（58）We were so looking forward to meeting your family. 我们非常盼望见到您的家人。

（59）The garden seemed small for so large a house. 这座花园对于这么大的一座房子来说，似乎小了。

例(58)中的 so 搭配副词 looking forward to，共同修饰动词 meet，增强了程度，例(59)中的 so 后跟形容词 large，意为"这么大"，增强程度。

（二）日语

日语的指示代词是三分结构，即在"近指、远指"中还有个"中指"，形成"こ/そ/あ"的三分结构，这与现代汉语中的二分指示代词"这/那"不同。不过，在实际使用中，二者一般都是依附接续词出现。在表示程度时，"こ/そ/あ"会加上后缀"んなに"，形成"こ（そ/あ）んなに"的形式（胡莉蓉 2007，潘红娅、李海娟 2009，曾琴 2018）。

---

① 参看张家合(2022:231)。
② 此例引自袁芳(2011)。

金水敏等(1989)指出,"こ(そ・あ)んなに"在句中可以修饰形容词或动词,表示所指事物的程度很高①。曾琴(2018)利用对译语料库,对小说中出现的"こ(そ/あ)んなに"和"这么/那么"的使用及对应关系进行考察,认为表示程度的指示代词"こんなに"一般对应于汉语中的"这么",而"そ/あ(んなに)"对应汉语中的"那么"。

在各自的使用及对译情况中,当用指示词来表示程度时,"这么/那么"在文中出现的总数远远多于"こ(そ/あ)んなに",并且"这么/那么"出现的频率大致相同;而在"こ(そ/あ)んなに"中,更偏向于使用"そんなに",这与语言文化背景有关,日本社会内外有明显区别,自己范围内的事物用"こ",对方范围内或客观事物一般用"そ"来表示,由于"そ"比"こ"用得多,同理当表示程度时,"そんなに"的使用频率也是最高的。与此相对,汉语没有那么明显的内外区别,说话方和听话方范围内的事物可以互换,因此说话人在表示自己对某一事物的看法时,往往根据自己的立场来灵活选用"这么/那么"。

(三)韩语

韩语的指示代词在语义上与日语相似,在结构上呈现"이/그/저"的三分体系,除"近指、远指"外,韩语也有"中指"的指示代词,即이(这,近指),그(那,中指),저(那,远指)。

宋晓晖(2006)指出,"这/那"与"이/그/저"表示程度,都有两种方式,一是与形容词的结合,另一种是与一部分动词的结合。

1. 指示代词+形容词

"这/那"表示程度的时候往往要加上词尾"么",以"这么/那么+形容词"的形式出现。与之相似,"이/그/저"要在后面加上词尾"렇게",以"이렇게/그렇게/저렇게+形容词"的形式,来指示程度。如②:

(60)a. 今天真冷,快冻死我了。

　　b. 这么冷吗?

　　c. 那么冷吗?

---

① 此例引自曾琴(2018)。
② 此例引自宋晓晖(2006)。

(61)a. 오늘 정말 추워요. 얼어 죽겠어요.

　　b. 이렇게 추워요?

　　c. 그렇게 추워요?

例(60)和(61)中 b、c 句中的"这么/那么"和"이렇게/그렇게",指示的是 a 句中的"冷"和"얼어 죽겠다"的程度,均表达程度很高。

2. 指示代词＋动词

指示代词搭配的动词往往是一些表示喜恶、愿望等的心理动词,如汉语的"喜欢""讨厌""想""愿意"以及韩语的"좋아하다""싫어하다""미워하다""사랑하다"等。如[①]:

(62)a. 你这么喜欢她吗?

　　b. 你那么喜欢她吗?

　　c. 넌 애 이렇게 좋아하니?

　　d. 넌 애 그렇게 좋아하니?

　　e. 넌 애 저렇게 좋아하니?

从形式上来看,汉韩两种语言的指示代词在表达程度时有很大的相似性,都存在"指示代词＋形容词"或"指示代词＋动词"这样的表达方式。

(一)越南语

阮克雄(2009)指出,越南语的指示代词一直是统一的,"Này/đây"表近指,指示离说话人近的人或事物,"Kia/đây/đó/ây"表远指,指示离说话人远的人或事物。其中,"Kia"指示离说话人和听话的人都远的人或事物,"đây/đó/ây"用来指离说话人远、离听话人近的人或事物,更远指用"nọ/Kìa"。其中,"Kìa"指示离说话人和听话的人都远和更远的人或事物,但可以看见的人或事物,提出为启发听话的人要注意,"nọ"用来指不具体确定的人或事物,距离更远或过去的人或事物。

与汉语相同,越南语的指示代词也可以指示程度,且有两种方式:一种是与形容词/副词结合;另一种可以是与部分动词结合。

---

① 此例引自宋晓晖(2006)。

1. 指示代词＋形容词/副词

越南语的指示代词指示程度时,都需要加上前缀"thế",表示一种强调。如:

(63)a. Hôm nay nóng quá,sâp đôt cháy tôi rôi. 今天太热,快热死我了。

　　 b. Nóng thế này à? 这么热吗?

　　 c. Nóng thế kia à? 那么热吗?

上例 b、c 句中的"thế này/thế kia"指示的是 a 句中"đôt cháy(热)"的程度,表示"很热"。

在作定语修饰名词时,汉语不带"的",但中间必须有数量词,而在越南语中,语序与汉语相反,同样也不带"của(的)",数词和量词都在名词前面,但指示代词放在名词后面,多表示微小、不足道的贬义意味。如:

(64)a. 小时候才念过这么两年书。

　　 b. Lúc nhỏ,mói học qua hai năm thế này.

　　（时候小,　　才念书过　两　年　这么）

上例中,"thế này"修饰数量词,表示数量之少。

2. 指示代词＋动词

与汉语相同,在越南语中,和指示代词搭配的动词往往是一些表示喜恶、愿望等的心理动词,如:

(65)a. 你这么/那么喜欢碧玉吗?

　　 b. Anh thích Bích ngọc nhur thế này không? 你这么喜欢碧玉吗?

　　 c. Anh thích Bích ngọc nhur thế kia/thế no/thế đây/thế đó/thế ây không? 你那么喜欢碧玉吗?

上例 b、c 中的越南语指示词"thế này""thế kia""thế no""thế đây""thế đó""thế ây"都放在动词"thích(喜欢)"的后面,指示喜欢的程度高。

(二)藏缅语族

张洁(2017)考察了彝缅语支中的 16 种语言,每种语言里的单纯指示代词基本上都可以在后面添加词缀构词,构成程度指示代词,在句中作状语,进而指示程度。有些语言的指示代词是二分的，比如彝语和缅语。在彝语中，指示代词是二分的，"tʂhɿ²¹"和"na⁵⁵"分别表近指和远指，指示性状程度时，需加上后缀"ʂɿ²¹"，构成"tʂhɿ²¹ ʂɿ²¹/na⁵⁵ ʂɿ²¹"，在句中指示程度。缅语的指示代词也是二分的，"di³¹"表近指，"xo³¹"表远指，加上后缀"lauʔ³¹"，在句中可以修饰形容词，指示性状程度。如①：

(66) a. 彝语：na²¹ gɯ²¹ phi³³ ma²¹ tsu⁵⁵, tʂhɿ²¹ ʂɿ²¹ m²¹ thi⁵⁵ ɬha¹³ tsha³³ ma⁵⁵. _{你身体不好，不应诚这么劳累。}

你　身体（否定）好 这么（状助）劳累（助动）（否定）

b. 缅语：di³¹ khə³¹ le³³ di³¹ lauʔ³¹ tɕi³¹ pi³¹ _{这孩子这么大了。}

这　小孩儿　这么　　大 了

上例 a、b 中的"tʂhɿ²¹ ʂɿ²¹""di³¹ lauʔ³¹"分别修饰形容词"thi⁵⁵（劳累）"和"tɕi³¹（大）"，强调其性状程度。

部分语言的指示代词是三分甚至多分的，比如傈僳语和载瓦语。在傈僳语中，单纯指示代词有"the³³""go³³""ko⁵⁵"，分别表近指、远指和更远指，指示性状程度时需加上后缀"le³³"。在载瓦语中，单纯指示代词有"xji⁵¹""xje⁵¹""xu⁵¹""xau⁵¹"等，加上后缀"su³¹/toŋ³¹/mjə̠⁵⁵"，构成性状程度指示代词，指示性状程度。如：

(67) a. 傈僳语：nu³³ the³³ le³³ dʒi³⁵ mɑ⁴⁴ mɑ³¹ dzo³¹ _{你这样缝不对。}

你 这 样 缝（连）不 对

b. 载瓦语：xai⁵¹ mu³¹ xji⁵¹/⁵⁵ su³¹ ku̠ t⁵⁵ a³¹ kɔ⁵¹ _{为什么要这样做？}

为什么 这样 做（实然）

上例 a、b 中的"the³³ le³³""xji⁵¹ su³¹"在句中分别搭配动词"dʒi³⁵（缝）"和"ku̠ t⁵⁵"，指示动作"缝""做"的样式。

张洁(2017)还将藏缅语族中的其他语支，如藏语支、羌语支、景颇语支以及语支未定语言进行比较，认为藏缅语族其他语支语言指示代词的类型与彝缅语指示代词的类型基本一致，构词方式也大致相同。可以修饰形容词或动

---

① 此例引自张洁(2017)。

词,在句中作状语,指示动作样式、性状程度。如①:

(68)a. 景颇语:wo⁵⁵ te⁵¹ tsom³¹ ai³³ ko³¹ n⁵⁵ ŋa³¹ sai³³ 那么漂亮的,没有了。

　　　　　　那么多　漂亮　的　话　不　在　　尾

b. 赵庄白语:nɔ³³ na⁵⁵ ŋa³³ ne²¹ tɕa³³ nu⁵⁵ pɔ³³ tɕhi⁴⁴ a⁴⁴ khɯ⁴⁴ lɯ⁴⁴ ma³⁵ 你那样说他当然生气了。

　　　　　你　那样子讲 话题标记 他　气　类称后缀 起　语气词

上例 a 中,"wo⁵⁵ te⁵¹"修饰形容词"tsom³¹(漂亮)",意为"很漂亮"。在例 b 中,"na⁵⁵ ŋa³³"搭配动词"ne²¹(讲)",指示动作的方式。

二、跨方言考察

前人对方言中指示代词的研究主要是对其进行描写,即一种方言中存在哪些指示词以及它们的指示意义和用法。汉语方言中存在着复杂的指示代词系统②,如小川环树(1981)指出苏州方言中的指示系统存在三分的现象,刘丹青、刘海燕(2005)指出,上海崇明方言中的指示代词系统存在四分甚至五分的现象。不过,也有学者指出,在一些方言的指示系统中只有一分,如戴耀晶(1999、2017)考察了赣语通泰方言。层级问题是指示代词系统中一个非常复杂的问题。储泽祥、邓云华(2002)从类型学角度入手,描写语言/方言中指示系统的层级时,认为指示代词的二分与多分之间存在着这样一个等级序列:处所＞个体＞性状、程度,即在一种语言/方言的指示系统中,处所指示的层级最复杂,个体指示词次之,性状、程度指示系统往往最简单,二分的可能性比较大。

指示代词无论是指示处所、人物、事物,还是指示时间、方式和程度,虽都具有空间性,但也存在强度上的差别。储泽祥、邓云华(2002)从空间性强弱

① 此例引自张洁(2017)。

② 我们认为性状指示代词属于中性指示代词,即那些既可近指又可远指的指示代词,这类指示代词大多是指称性质、状态、方式、样态或程度,比如"恁"系词,包括"异没、熠没、伊摩、与摩、任摩、怎么、恁、恁地、恁底"等(蒋冀骋、吴福祥 1997:397,李文泽 2001:244,梁银峰 2018:129)。

看,存在连续性的级差序列（这里的"＜"指左边的空间性弱于右边的）：性状
程度或方式＜时间＜人或物＜方所,也就是说,在指示性状程度或方式时,只
是借用指示代词的远近来表示程度和性状,空间性最弱,偏向于中性指示
代词①。

在现代汉语方言中,也存在着指示代词指示程度的用法,下文以一些方言
区内的典型方言地为例,探讨这一现象在不同方言中的共性和个性。

（一）赣语

何余华(2014)指出,新余方言(属于赣语宜萍片)的指示代词是由几个特
别的形式组成:①[ko³⁵],②[i³⁵],③[hɛ³⁵],本字分别是"个""伊""许"。其中,
"个""伊"合起来就相当于普通话中的"这","许"就相当于普通话中的"那",就
指示功能而言,"个""伊"表示近指,"许"表示远指。如②:

（69）伊个是我姆妈,个(这)个是我爸爸,许个是我兄弟。

（70）伊里(地图上近挨说话人的地点) 是广州,个里(地图上近处的地点)是上海,许
里(地图上远处的地点)是哈尔滨。

上例中,指示代词的语义所指与说话人之间距离远近不同,"伊"所指的对
象紧挨着说话人,"个"虽也是近指,不过较之"伊"距离更远。可见,在新余方
言中,"伊"与"个"虽都表近指,但具体分工上存在差异,且只有当有必要将距
离远近区分得更为细致时才使用表更近指的"伊","伊"的出现至少是以"个"
的出现为前提的,即使"个"不在句中出现,但是在说话人的意识中也存在"个"
的指示内容;其次,近指和远指也是相对的,如"伊"和"个"同时出现时,"个"
的近指功能弱化而呈泛指的倾向。

"个""伊""许"还能指示性状程度,亦呈近指、更近指、远指三分的格局,前
者近指,后者远指,用于修饰形容词性成分或心理动词,指示性状程度,且用

---

① 陈玉洁(2010:83)认为中性指示代词虽然本身与远近无关,但和其他指示词拥有
共同的指示功能,可以插入远近指系统,临时或固定拥有远指或近指的功能。

② 此例引自何余华(2014)。

"伊"所指的事物多为说话人穿、持或贴身紧挨着,并常伴随有手势等。如①:

(71)该只箱子个重,我一个人搬不动。

(72)该只伢崽长得伊高切哩,比渠爸爸都高蛮多。

(73)小李的个喜欢你,你就考虑一下撒。

上例中的指示词"个""伊"在指示程度时,更近指的"伊"和近指的"个"的界限变得模糊,且较少在同一语境中共现。不过,都能直接修饰形容词"重""高"和心理动词"喜欢",指示其程度之深。

(二)闽语

陈丽雪(2009)以 16 世纪闽南语指示词的语法化现象进行探讨,使用的语料为混合泉州话和潮州话的南戏戏文,从语义学的角度观察《荔镜记》中"只""拙""障""许""向"五个指示词的语法化。这五个指示词按照远近指原则可分近指"只""拙""障"和远指"许""向"。其中"只""许"是两组相对的近远指词,相当于现代闽南语"tsit/hit""tse/he""tsia/hia";"障""向"则为另两组相对的近远指词,应为"只样/许样"(这样/彼样)、"只种/许种"(这种/彼种)的合音;"拙"只是单独一组词,没有相对的远指合音词,可能相当于泉州方言的"tsuai5"(只伙,这些)或"tsuan3""tsuah4"(只款,这么)。

如果将语法化看作若干认知域之间的转移过程,指示代词的不同语法功能正是其不断发生演变的具体体现。当其指示性变弱的时候,其认知域发生了转移,即是从空间转入非空间,指示代词相应地演化为程度词。《荔镜记》中出现的"只""拙""障""许""向"等词,依据它们指称内涵从具体到抽象的差异,可将其分为四个阶段:空间>时间>程度>篇章与情感功能。

黄瑞玲(2017)指出,在揭阳方言(潮汕闽语的分支方言)中,近指代词"照"和远指代词"向"可以指示程度,分别相当于现代汉语普通话中的"这么"与"那么"。"照""向"只能搭配形容词使用,一般用于句中或句末,偶见于句首。如:

(74)汝种个花照雅在。你种的花这么美呢。

---

① 何余华(2014)所举为"个""伊"指示程度的用例,没有"许"的用例。罗荣华教授(江西上高人)惠告,远指的"许"可用来指示程度,故上例(73)或当为"小李的许喜欢你,你就考虑一下撒"。

(75)哇,汝看许座楼向悬在。哇,你看那座楼那么高呢。

Chinfa Lien(2014)探讨了明末清初闽南戏文中"近指/远指＋样式类别词/量词"的结构变化,并获得程度义的过程。指示词包括近指词"只"(tsi²)和远指词"许"(hur²),当"只""许"在句中修饰形容词时,就可以增强程度,语义相当于"这么""那么"。如①:

(76)日都只晏了,不免叫小妹出来拜辞一下。(205.015 金花女)

已经这么晚了,我不妨请她过来和她道别。

(77)行许久了,正到报南山?(435.004 金花女)

我们已经走了那么久了,现在在南山去了吗?

这两个词分别可以和"样"(iunn⁷)构成"只样""许样"。在这个过程中,"只样""许样"的语义、语法甚至语用学的用法都发生了变化,可以修饰形容词,表达程度。如②:

(78)敢只样无理?(638.016 金花女)你竟敢这么不讲理吗?

(79)因阿嫂许样沛赖。(388.009 金花女)他的嫂子太鲁莽了。

"只样""许样"在使用过程中,语音还会发生变化,形成合音词"向"(hiunn³)和"障"(tsiunn³)。合音词"向""障"仍能继续和其他样式类词语"般"(puann¹)、"生"(sinn¹)、"年"(ni⁵)合并,形成新的结构"向般""向生""向年""障般""障生""障年",在句中修饰名词、形容词和动词,指示人物的性状、动作及其程度。如③:

(80)障般凄凉景象,甲人俩不伤心叹气。(129.009 金花女)

如此凄凉的景象!我们怎么能不在绝望中感到悲伤和叹息呢?

(81)向般人可见忘恩负义无人情。(新锦曲摘队)

很明显,这种人是忘恩负义和无情的。

---

① 此例引自 Chinfa Lien(2014)。
② 此例引自 Chinfa Lien(2014)。
③ 此例引自 Chinfa Lien(2014)。

指示词还可以与量词结合，产生了特定的结构形式。近指词"只"（tsi^2）和数量词"伙"（ua^7）构成合音词"拙"（tsuah^4），本表示"这些"，进一步演变后，也可以表达程度，义为"这么"。如①：

（82）小弟卜说都是拙话。（1.043-45 同窗琴书记）_{这些就是我想说的话。}

（83）皮球拙大个，许内就抱出来。（1.099-100 同窗琴书记）_{这么大的皮制球啊！我来拿着它过来。}

（三）湘语

周敏莉、蒋文华（2018）指出，在新邵方言（属于湘语娄邵片邵武小片）中的基本指示词是"箇［ko^{21}］"和"嗯［n^{21}］"，相当于普通话中的"这"和"那"，可以指示并强调程度。当"箇""嗯"处在表示度量衡义的正向义单音节性质形容词（如"长、宽、远、久"）前时，"箇""嗯"可重读并延长，表示说话人主观上觉得程度很高（如下例84），但当"箇＋A""嗯＋A"后面加上一个来源于小称标记的助词"唧"，则表示主观小量，即"箇＋A＋唧""嗯＋A＋唧"隐含着说话人认为形容词的性质主体"不太A"的主观情感（如下例85）。如②：

（84）嗯——高嘅山，我何爬得上？_{那么高的山，我怎么爬得上？}

（85）嗯高唧嘅山，我一下就爬上去哩。_{那么点儿高的山，我一下就爬上去了。}

若修饰负向义单音节性质形容词，或一些能受程度副词修饰的心理动词、一些表示意愿的能愿动词，一般都用"箇嘅""嗯嘅"来指示并强调高程度。如③：

（86）你妹妹嗯嘅矮唵？_{你妹妹那么矮啊？}

（87）湖南人下箇嘅喜欢吃辣椒嘅吗？_{湖南人都这么喜欢吃辣椒吗？}

此外，"箇嘅""嗯嘅"修饰一般的动作动词及其短语时，意义相当于"以这种/那种方式 VP"或"这样/那样 VP"，也可以表示与该动作行为相关的程度

---

① 此例引自 Chinfa Lien（2014）。

② 此例引自周敏莉、蒋文华（2018）。

③ 此例引自周敏莉、蒋文华（2018）。

高。如①：

(88)嗯只菜我嗯嘅炒都冇熟。那个菜我那么炒都没熟。

(89)我箇嘅讲其，其还是不听。我这么说他，他还是不听。

新邵湘语中还有不定量词"滴"，语义上相当于普通话的"些、一点儿"，主要表示主观小量。"滴"及其重叠式"滴滴"也可以用在正向义单音节性质形容词前，表示程度低。"滴＋A＋唧""滴滴＋A＋唧"前面还可以加上指示并强调程度的"箇""嗯"，进一步凸显说话人主观上的程度低。

一些固定的结构式也可以用来表达程度，如"箇＋一＋AP／VP＋法子＋唧"/"嗯＋一＋AP／VP＋法子＋唧"结构，表示性状程度高，这种高程度一般是出乎意料的，相当于现代汉语中的"这个/那个＋AP／VP 啊"，带有强烈的感叹意味。其中，"法子"在新邵方言中不能独立运用，只存在于这一特定的结构式中，"法"可理解为"办法、情况"，语素"子"是新邵方言中的小称助词，带有凸显功能，具有感叹意味。在这结构中，语义焦点在"AP／VP"上，该结构后面往往还有后续句对焦点进行补充说明。如②：

(80)小宝嗯一哭法子唧，连哄不好哩。小宝那个哭啊，怎么哄都哄不好了。

(91)只天箇一热法子唧，吹风扇都冇得用哩。天这个热啊，吹风扇都没有用了。

上例中的结构式分别搭配动词"哭"和形容词"热"，分别指示动作和性状，而且例(91)中的"吹风扇都冇得用哩"就是对"热"的进一步解释。

(四)中原官话

范晓慧(2014)指出在偏关方言中，若要表达程度加深的意思，可以在形容词性词语、动词性词语等谓词性成分前加指示代词"周"或"恁"，"周"相当于普通话中的"这么"，一般表示近指，"恁"相当于普通话中的"那么"，一般表示远指。"周"和"恁"在句中可以作定语、补语和谓语，主要作状语，修饰形容词和动词，指示高程度义。如③：

---

① 此例引自周敏莉、蒋文华(2018)。
② 此例引自周敏莉、蒋文华(2018)。
③ 此例引自范晓慧(2014)。

（92）你买的肉周肥哩。

（93）耐个人恁高哩。

（94）你就周想耍哩，不能好好念书？

（95）你就恁瞌睡哩，不能给娃娃洗涮哩再睡？

　　"周"和"恁"后边还可以出现别的句法成分（如"些儿""么"），也可以指示程度。而"周"和"恁"后边还可以加"么"，这种用法的范围很小，一般只用于强调突出"周"和"恁"所指的义项，表示程度的加深。如①：

（96）你就买哩周些儿菜？

（97）今年种哩恁些儿西瓜。

（98）你那咋周么个人，叫人家骂哩半天，还死性不改？

（99）你恁么多事哩。

　　例（96）、例（97）中的"周""恁"加"些儿"时，表明程度减少。例（98）、例（99）中"周""恁"加"么"时，表明程度加强。

　　偏关方言中，一些固定结构式可以用来表达程度，如"咋接＋周/恁十形容词＋语气词"。固定结构中的"咋接"并不表疑问，而是表说话人主观感觉事物的性质状态超过一般，强调程度之高，无论对所说事物的性质状态是否满意，都表示出乎意料的意义。如②：

（100）今儿咋接周热哩！

（101）你们偏关人咋接恁爱吃酸粥哩！

　　例（100）中的"周"搭配形容词"热"，这是指示对当前的情况，带有感叹的意味，例（101）中的"恁"一般指示不在眼前的情况，修饰心理动词"爱吃"，指示程度之深。

　　此外，指示代词"这个"和"耐个"也可以在谓语性成分前作状语，表示程度的增加。"这个"通常是说话者谈论的对象在面前，或者谈论的是现在的情况，

---

①　此例引自范晓慧（2014）。

②　此例引自范晓慧（2014）。

而"耐个"通常谈论的对象不在面前,或者谈论的是过去的情况。如①:

（102）今儿外头这个热。

（103）街上有个女人耐个疯骂人呀,佩服哩!

上例中,"这个/耐个＋形容词"结构表示说话人认为所谈论的事物的性状超过一般,带有主观上的感受,指示程度很深。

（五）其他方言

盛益民（2011）指出,绍兴柯桥方言（吴语区太湖片）指示词"介"同样指示程度,可以近指也可以远指。在句中能作定语、补语和状语,主要作状语,搭配形容词或能受程度副词修饰的动词。如②:

（104）渠做个生活介好咯。他干的活儿这么好!

（105）介肯帮忙个人总少咯。这么肯帮忙的人实在少。

"介"在指示程度时,可以通过重叠的手段来加强程度,还能出现在"介＋VP＋法作"的结构中指示程度,在这个结构中的"介"也可以重叠。如③:

（106）介介晓得个人。这么懂事的人。

（107）奈个有介短法作哩。怎么会有这么短呢。

（108）要弄得介介澍法作。要弄得这么脏!

姜迎春（2021）指出,武穴方言的指示代词存在三分现象,但不是传统意义上的三分,而是"嗒[ta²¹³]、勒₁[le²¹³]/兀[wu³⁵]、勒₂[le³¹]"构成的"近—远—更远"的三分格局。其中,"勒₁[le²¹³]/兀[wu³⁵]"同为远指代词,它们在表示人、物和处所时空间距离是没有差别的,主要不同是说话人的心理距离。

在指示性状程度时,指示代词需加上"么"或"样",分别构成"嗒么""嗒样""勒₁么""勒₁样""勒₂么""勒₂样"的形式,且不存在"近—远—更远"——对应的关系,只有"近—远"的对立,其中,"嗒""勒₁"都表示近指,"勒₂"表示远指。在句中主要搭配形容词,作状语,多表示对性状及其程度的评价,评价一般是

---

① 此例引自范晓慧（2014）。

② 此例引自盛益民（2011）。

③ 此例引自盛益民（2011）。

负面的,即使表示正面评价,也是好得令人意外,感到怀疑。如①:

(109)嗒汤嗒么甜,勒苦瓜勒₁么苦,勒酸菜勒₂么酸的,嗒一桌子菜叫人么样吃诶。这汤这么甜,那苦瓜那么苦,那酸菜那么酸,这一桌子菜叫人还怎么吃呢。

(110)渠人么勒₁/₂么好的诶。他人怎么那么好的呢。

例(109)中的"嗒么""勒₁么"在句中分别修饰形容词"甜""苦",义为"很甜""很苦","勒₂么"搭配形容词"酸",表示的程度要比"嗒么""勒₁么"深,以上都是对性状程度的负面评价。例(110)中的"勒₁/₂么"是指示"好"的程度深,但整体并不表达褒义,而是对"好"存在意外和质疑。

此外,汉语方言中还有不少这类现象,比如武汉方言中,"这"兼有指示代词和程度副词的词性,是个兼类词(张诗妍2009)。厦门方言中的近指词"则",也可以指示性状、方式、程度等,相当于普通话的"这么"(张惠英2001:151)。北京话里的"这/那"指示性状程度的用法已十分固定,而且此种用法的"这/那"总是重读,读音为[ʈʂei⁵¹/na⁵¹](张伯江、方梅2014:257)。

小　结

"这/那/恁＋种类量词"是在近代汉语时期较为常见的一种组合形式,其表达程度的用法是由其指示类别的用法发展而来。表程度的"这/那/恁＋种类量词"主要用于近代汉语时期,具有显著的对话语体特征。在其演化过程中,转喻和隐喻机制同时起作用。相较于其他典型的程度副词,表达程度的"这/那/恁＋种类量词"并不是典型的副词成员。通过跨语言的考察发现,从指示类别到表达程度的语义演化模式不仅在汉语史中存在,在汉语方言和英语中都存在类似的演化模式。

实际上在汉语方言和其他民族的语言中指示代词也常用来表达程度的用法。在汉语方言和英语、韩语、日语等语言中,指示代词系统存在着一定的共性,如这三种语言中的指示代词都具有搭配形容词来指示程度的功能;但也有一些差异,如英语中并没有严格的三分结构,一般用 this 和 that 来区别近远

---

① 此例引自姜迎春(2021)。

指,在指示程度时无需变换自身形态,而日语和韩语中有着明显的三分结构,且在指示程度时都需添加后缀。现代汉语方言中也是如此,在赣语、闽语、湘语、中原官话及其他方言中,指示代词系统通常是二分结构,也都存在着指示程度的用法,且基本上需要添加后缀,但也存在指示代词单用进而指示程度的,如偏关方言中的"周"和"恁"。可见,指示代词表示程度并非偶然迹象,而是发生在语言中的一种普遍现象,具有跨时代、跨语言、跨方言的共性。

第六章　从数量结构到表达程度[①]

程度和数量是两种既有联系又有区别的语义范畴。程度可由数量词或数量表达式来表达,如吕叔湘在《中国文法要略》中指出,表示程度不高的表达方式,可以用副词如"还""稍"等字,或用形容词作副词如"少""小"等字,或是用最普通的数量词"有点(有些)",还可以用表示程度很高的副词,然后用"不"来否认来表达。表示程度很高,除用副词和数量词之外,还可以用感叹语气、叠用形容词、用典型的事物比拟、用结果来衬托、用比较和假设来表示极限、以含蓄表极致等多种手段来表达。尽管吕先生等较早注意到可用数量来表示程度,但近年来各类研究程度范畴的著作和论文,对这种表达形式的关注并不太多。现有的研究主要还停留在"个案"式考察层面,大都局限于对现代汉语中某些表程度义数量词的描写,而未将其作为一个类别进行系统研究,更没有对此类表达形式的演变与发展过程进行深入探讨,研究的整体性和系统性明显不足。

第一节　程度的数量表达概说

一、数量表达的类型及历时发展与演变

调查表明,汉语程度语义的数量表达主要有两种类型:词汇类和框架类[②]。

---

①　本章内容是与研究生张艺共同完成的,特此说明,并致谢忱!

②　分类依据:首先根据是不是词将数量表达形式分为词汇类和框架类,其次根据组合形式的不同将框架类进一步划分为框架结构类和框架构式类。

词汇类主要有"X分""X成""X般""半X""其他"等五种,框架类又有框架结构①和框架构式两类②,前者主要有"千X百/万Y""一X不Y""一X二Y"和"半X不/半Y"等4种,后者主要有"一百个＋X""一顿＋X""各种＋X"和"一肚子＋X"等4种。由于上述类型不能完全涵盖所有数量表达形式,因此我们的做法是:依据语料找出最典型的类型,结合语言材料考察它们的语法意义和功能,并通过典型成员来讨论汉语程度语义数量表达形式存在的理据性和规律性。

（一）词汇类

词汇类是指可用于表达程度的数量词,其数量的大小或多少与程度的高低密切相关。

1. "X分"类

最典型的是"十分"和"万分",它们已经由数量词演变为典型的程度副词。除"十分"和"万分"外,还有并未完全虚化为程度副词,但仍可表示程度的"三分""五分""七分""八分"和"十二分"等。

【十分】

"十"与"分"连用出现得很早,《周礼》已见,义为"按十等分划分",是一个状中短语。如:

(1)是故大钟十分其鼓间,以其一为之厚;小钟十分其铣间,以其一为之厚。(《周礼·考工记·凫氏》)

古代汉语中"十分"更常见的意义是表示"十成",如:

(2)若臣者,徒观迹于旧墟,闻之乎故老,十分而未得其一端,故不能遍举也。(班固《西都赋》)

从对事物进行十等分的划分引申为"十成",前者突出"分"的动作,后者已经固化为一个数量词,突出"十等分"的状态,这种用法一直沿用至近代汉语。

---

① 本书所说的框架结构类专指"两字交替显现、两字(个别的为多字)交替隐含而需人们在使用中将隐含的字填补进去以成就一个新的词汇单位的准四字格式"。参看周荐(2001)。

② 这两类的差别将在后文具体说明。

因为"十"也代表着"全部、所有"义，如"十全十美""五光十色"等，因此"十分"在数量义的基础上引申出"全部、所有"义，这一用法较早见于唐代。如：

（3）何处春深好？春深痛饮家。十分杯里物，五色眼前花。（白居易《和春深二十首》）

上例中的"十分"和"五色"对举，表示"全部、所有"义，修饰的是名词性成分。当"十分"用于修饰抽象的动作或性状时，进一步虚化为表示总括的范围副词，这一用法唐代也有用例。如：

（4）又卒章"顷筐塈之"，谓梅十分皆落，梅实既尽，喻去春光远，善亦尽矣，谓季夏也。（《毛诗正义》卷一一之五）

此例"十分"的语义指向前面的"梅"，且与范围副词"皆"连用，表示"全部"义。不过，此期范围副词用法的用例不多，宋代以后多见。如：

（5）白，须是十分全白，方谓之白。（《朱子语类》卷二十八）

范围副词进一步虚化就成为程度副词。"范围＞程度"这一语义演变现象学界已有探讨，如武振玉（2005）讨论了"全"从范围到程度的演变时间及过程，李小军（2018）讨论了强调整体性的总括副词向高程度副词演变的动因和机制，指出："'全'类副词在表范围时凸显整体性，具有较高的确定性，这与程度副词凸显整体存在语义适应性，故而在使用过程中经过重新分析就可能获得程度义。"可见"范围＞程度"的演变并非孤例，而是一种具有规律性的语义演变路径。"十分"在用作范围副词时表示"全部"义，强调整体性，因而可由范围的最广投射到程度的最高，演化为程度副词，表示"很/非常"义。唐代已有表范围和表程度两可分析的用例。如：

（6）白发今如此，红芳莫更催。预愁多日谢，翻怕十分开。（李建勋《惜花》）

此例中的"十分"修饰"开"，似既可以理解为"开"的范围广，也可以解释为"开"的程度高，可见"十分"在唐代便具有向程度副词转变的趋势，但其程度副词用法的真正形成应在宋代，元明以后用例渐多，主要用于修饰动词和形容词，作状语。如：

(7)且如孟子说:"夏后氏五十而贡,殷人七十而助,周人百亩而彻。"某自不敢十分信了。(《朱子语类》卷九十)

(8)今年雨水十分大,水淹过芦沟桥狮子头,把水门都冲坏了。(《朴通事谚解》上)

(9)你众人还不曾看得十分仔细,你众人还不曾看得十分分明。(《三宝太监西洋记》第五十三回)

上述三例中的"十分"分别修饰"信""大""仔细",表示程度高,相当于"很/非常",均可看作程度副词。

【万分】

"万分"连用较早见于《庄子·外篇》,不过基本上是和"之一"连用,表示极少义。如:

(10)几何侥幸而不丧人之国乎? 其存人之国也,无万分之一;而丧人之国也,一不成而万有余丧矣! (《庄子·外篇·在宥》)

此后,"万分"可以单独使用,仍表极少义,如:

(11)扑讨凶逆,以宁社稷,以报万分。(《三国志·蜀志·先主传》)

汉代以后,"万分"经常与否定词连用,置于谓词性成分之后作补语,仍表极少义。如:

(12)此皆永等愚劣,不能襃扬万分,属闻以特进领城门兵,是则车骑将军秉政雍容于内,而至戚贤舅执管于外也。(《汉书·谷永传》)

例(11)、例(12)中表极少义的"万分"应是"万分之一"的省略形式,"之一"可据文意补出,这种用法一直沿用至后代。"万分"所含的语素"万"相比"十"而言表示量之极,当"之一"脱落,且不与否定词连用时,"万分"就可能受到"十分"的类推作用,产生程度副词用法,表示极量程度。这一用法较早见于明代。如:

(13)唐僧路遇歹人,放火烧他,事在万分紧急,特来寻你借"辟火罩儿",救他一救。(《西游记》第十六回)

此例中的"万分"修饰"紧急"作状语。此外,"万分"还可置于形容词之后作补语。如:

(14)审得伍和,狠毒万分,刁奸百出。栽赃陷害杨元,冤沉井底;用钱贿丐子,事败市中。(《包公案》第九十五回)

"万分"作补语的用法不如作状语的用法常见。

【三分】

"三分"连用,义为已分为三,较早见于先秦时期,如:

(15)三分公室,而各有其一。(《左传·襄公十一年》)

这种用法在中古以后继续使用,如:

(16)今天下三分,益州罢弊,此诚危急存亡之秋也。(《三国志·蜀志·诸葛亮传》)

"三分"还可以表示十分之三义,如:

(17)到如今,骨自道且说三分话,不肯全抛一片心。(元本高明《琵琶记·牛小姐盘夫》)

"三分"表程度,是从"十分之三"义发展而来,如:

(18)比如违背工艺操作规程,劳动纪律松弛,偷吃扒拿,以酒三分醉,弄得汤沟酒厂几乎倒闭。(《人民日报》1987-09-19)

【五分】

《汉语大词典》:"(五分)犹言五成,一半。宋曾敏行《独醒杂志》卷六:'芳华楼,前后植梅极多……至开及五分,府坐领监司来燕。'《初刻拍案惊奇》卷三一:'(王元椿)心里想道:"这男女!不会得弓马的……"只有五分防备,把马慢慢的放过来。'"用来表示程度语义,应在近代以后出现,如:

(19)初秋藕新嫩者,沸汤焯过五分熟,去皮,切作条子或片子。(明宋诩《竹屿山房杂部·蜜煎藕法》)

【七分】【八分】【十二分】

133

类似地,"七分""八分""十二分"也可用来表示程度,兹举例如下:

(20)蒸透,出甑入榨,取尽糖水,投釜煎,仍上蒸生泊,约糖水七分熟,权入瓮,则所蒸泊亦堪榨。(清陈元龙《格致镜原》)

(21)治底耳方:用桑螵蛸一个,慢火炙及八分熟,存性,细研,入麝香一字,为末,掺在耳内,每用半字,如神。(宋唐慎微《证类本草》)

(22)那病十二分重,命在须臾,要见你母亲及祖母,与你一面,特央我来通知。(《英烈传》第五十八回)

"三分""五分""七分"和"八分"均表示程度量级尚未达到顶点,是中量级,但"十二分"所表达的程度比"十分"更高。若将例(22)中的"十二分"亦可替换成"十分",但替换后程度有所减弱,语气也不如"十二分"强烈,不能凸显"命在须臾"的紧迫性。清代"十二分"的用例增多,用法也基本成熟,除作定语和状语外,还可以用于谓词后作补语。如:

(23)那洋兵本来已经醉到十二分的了,那里经得起章秋谷的神力,早已踉跄直倒过去,扑的仰面一交。(《九尾龟》第一百五十八回)

2. "X 成"类

"X成"与"X分"相似,可用于修饰性质形容词或心理动词表达程度义。如"八成"在现代汉语中的典型用法是情态副词,表示推测,但我们还可见到"八成新""八成热"一类说法,此类说法中的"八成"并不表主观推测,而是表示程度。颜刚(2020)讨论了"八成"由数量义到程度义再到情态义的语义演变过程,认为当"八成"所修饰的成分由名词性变为谓词性时,"八成"的语法性质就发生了改变,不再表达具体的数量义,而是表达抽象的程度义。除"八成"外,语料中还可见"七成""九成"等也可用来表示程度。

"八成"在先秦时期已出现,《汉语大词典》:"古代官府治理政务的八种成规。"如:

(24)以官府之八成经邦治,一曰听政役以比居,二曰听师田以简稽,三曰听闾里以版图,四曰听称责以傅别,五曰听禄位以礼命,六曰听职予以书契,七曰听卖买以质剂,八曰听出入以要会。(《周礼·天官·小宰》

贾公彦疏："以官府之中有八事,皆是旧法成事品式,依时而行之,将此八者经纪国之治政,故曰经邦治也。")

后引申为数量词,表示"十分之八"。如:

(25)问:"请师雕琢。"师曰:"八成。"曰:"为甚么不十成?"(《五灯会元》卷七)

"八成"表程度的用法出现较晚,始见于清代,可修饰"满""死""饱"等形容词。如:

(26)此山西人一进饭馆子,八成满的座,俱都站起来啦,连黄三太等也都站起身形。(《三侠剑》第五回)

(27)说着话,把九花娘往下一沉,灌了二口水,呛得八成死,这才带到南岸。(《彭公案》第一百一十回)

(28)和尚吃的有八成饱了,和尚又说:"你把包袱给挂在第十七根房橡子上,这回走不了了。"(《济公全传》第一百一十回)

由表数量义的"八成"发展到表程度的"八成",因语料太少,其间似并未出现明显的过渡阶段。

3. "X 般"类

赵彩虹(2016)认为"不是一般(的/地)A/AP"和"一般＋A/AP"中的"一般"已经有了程度副词的性质和意义,但因使用时受到语境、语体等限制,所以还不能说"一般"已经是程度副词,只能说具有副词化倾向。如:

(29)鲁豫:就这你还紧张,唱这么好,你还紧张。那不是一般的好,那是相当的好啊!(《鲁豫有约》2006-06-22)

(30)我们不是一般的满意,而是太满意了。(《人民日报》2000-09-29)

除"一般"外,此类常见的成员还有"百般""千般""万般",这类词最开始都是数量词,相当于"百种""千种""万种",表示类别多义,后又演化出程度副词用法,相当于"很/非常"。

【百般】

《说文·舟部》:"般,辟也。象舟之旋,从舟,从殳。殳,所以旋也。"本义为

"旋转",应是"盘"的本字。唐代"般"出现集合量词用法,表示"种、类"义。如:

(31)一种天公,两般时节。遥闻香气,独伤韩寿之心;近听琴声,似对文君之面。(张鹜《游仙窟》)

此例"两般"与"一种"对举,"般"即"种、类"义。唐五代也出现了"百般"的用例,常与"种"对举,修饰名词性成分。如:

(32)大王见太子愁忧不乐,更添百般细乐,万种音声,令遣宫内,为欢太子。(《敦煌变文校注·八相变》)

此例中的"百般"与"万种"对举,并非确指一百种,而是虚指,表示数量多。当"百般"用于修饰形容词或心理动词时,便由表数量多转指程度高。如:

(33)渐离怀抱,身作童子,常系母心,百般忧虑。(《敦煌变文校注·父母恩重经讲经文》)

此例中的"百般"修饰"忧虑",作状语,而"忧虑"作为心理动词不可用种类来衡量,因而"百般"可转指"忧虑"的程度高,相当于"很/非常忧虑"。

宋代至清代,"百般"表程度义的用例增多。如:

(34)今人解书,且图要作文,又加辨说,百般生疑,故其文虽可读,而经意殊远。(《朱子语录》卷十一)

(35)安人是年老惜子,百般珍爱,改名为三黑。(《七侠五义》第二回)

【千般】

"千般"较早见于唐五代,表示"千种/类",引申为数量多义。如:

(36)千般罗绮能签眼,万种笙歌解割肠。(《敦煌变文校注·维摩诘经讲经文》)

此例"千般"与"万种"对举,表示数量极多。"千般"也可用于修饰形容词,表示程度高。如:

(37)我家有子在临胎,千般痛苦诞婴孩。(《敦煌变文校注·八相变》)

上例"千般"修饰形容词"痛苦",表示"痛苦"的程度高,相当于"很/非常痛苦"。"千般"还可以作谓语。如:

(38)说不尽的风流万种,窈窕千般。(《醒世恒言》卷二十三)

此外,"千般"还可与"百般"连用,连用时都表示程度高。如:

(39)好也风召他生的有芙蓉面,桃花颊,说不尽他百般娇千般艳冶。(《全元曲·逞风流王焕百花亭》)

【万般】

"万般"也见于唐五代,表示"万种"义,突出种类数量多。如:

(40)草青青而吐绿,花照灼而开红,千种池亭,万般果药,香芬芬而扑鼻,鸟噪咭而和鸣。(《敦煌变文校注·降魔变文》)

"万般"还可修饰抽象名词,作定语。如:

(41)成佛似钟惊觉后,万般烦恼一时消。(《敦煌变文校注·妙法莲花经讲经文》)

宋元时期"万般"由数量多引申为程度高,可修饰心理状态类词,作状语。如:

(42)到得如今,万般追悔。空只添憔悴。对好景良辰,皱着眉儿,成甚滋味。(柳永《慢卷袖》)

明清时期"万般"用例增多,可用于形容词之后作补语。如:

(43)盖朔人狡猾万般,其居不容外人,若以异处之士去守,彼必为乱,国不能安,燕凤之策,可保久长。(《两晋秘史》第二百四十九回)

此例"万般"作补语修饰"狡猾",表示"狡猾"的程度高。"万般"还可与"千般"并列连用,都表示程度高。如:

(44)解舞腰肢娇又软,千般袅娜,万般旖旎,似垂柳晚风前。(《西厢记》第一本第一折)

4.“半 X”类

此类最典型的成员是数词“半”。用在形容词和动词前的“半”的词类归属仍存在分歧,如邢福义(1993)认为是数词,吕叔湘(1991:61)认为是副词,前者以意义为标准,后者以句法功能为标准。我们认为“半新”“半开”中的“半”和表数量义的“半”在词义上有明显区别,在功能上作状语,应视为程度副词。“半”较早出现于西周时期,数词,表“二分之一”义。如:

(45)知者观其象辞,则思过半矣。(《周易·系辞下》)

东汉以后“半”可用于修饰形容词,表示性状的程度。如:

(46)行德者,地之阳养神出,辅助其治,故半富也。行仁者,中和仁神出助其治,故小富也。(《太平经》卷三十五)

此例“半富”与“小富”对举,都表程度义。从语料显示的情况来看,“半”表程度时只能用于形容词或动词前作状语,不可作补语。

5.“其他”类

此类成员比较混杂,若按照构成语素无法将它们归入上述类别,故单独列“其他”类,该类主要有“第一”“百分百”“一点”“一些”。① 序数词“第一”常用来表程度,相当于“最”;“百分百”是“百分之百”的省略形式,相当于“很/非常”。

【第一】

“第”最初表“次序、次第”义。如:

(47)子西曰:“楚国第,我死,令尹、司马,非胜而谁?”杜预注:“第,用士之次第。”(《左传·哀公十六年》)

两汉时期“第一”表示次序、等级位列第一。如:

(48)元光中复征贤良,对策第一,拜博士,累迁左内史。(《汉书》卷五十八)

此外,序数词“第一”可与“最”并列连用。如:

---

① “百分百”未见于古代汉语,因此不讨论其发展演变。

（49）贾客主问人言："此城中谁是最第一淫女?"（《阿育王传》，50/118a）

（50）时彼国王适丧夫人出外游行，见彼云盖往至树下，见此童女心生染着，将还宫内，用为第一最大夫人。（《大庄严论经》，4/279c）

上述两例中"第一"的序数义已经淡化，转指极量程度，"最第一""第一最"相当于"极其/非常"。陈侃（2012:44）指出："'第一'处于序列的顶端，往往含有'最重要、主要'的含义，与'量级程度'具有天然的联系，因而很容易引申出程度义。"除其本身所含有的语义基础外，"第一"由序数向程度副词演变也可能受到与"最"并列连用的影响。魏晋六朝时期"第一"表示极量程度的用法继续发展，可直接作状语修饰形容词。如：

（51）鲙鱼，肉里长一尺者第一好；大则皮厚肉硬，不任食，止可作鲊鱼耳。（《齐民要术·八和齑》）

"第一"的程度义用法一直沿用至现代汉语，但用例不多，不及其序数义用法常见。这主要有两方面的原因：一方面，"第一"表示顺序的语义不可替代；另一方面，现代汉语中表示高量级程度的词语数量较多，导致"第一"不可能被大量使用。在这两方面原因的共同作用下，"第一"的使用和进一步虚化受到了限制。

【一点/些】

"点"，本义指黑色的小点，后泛化为与黑色无关的物体，如"泪点""雨点"等，进一步引申为表示少量的量词。"一点"作为数量词始见于唐五代时期，可修饰抽象名词。如：

（52）师与洞山锄茶次，洞山抛却锄头云："我今日困，一点气力也无。"（《祖堂集》卷六）

宋代"一点"可修饰形容词作状语，表示低量级程度。如：

（53）一点凄凉千古意，独倚西风寥廓。（辛弃疾《念奴娇·赋雨岩》）

直至晚清"一点"才可用于动词或形容词后作补语。如：

（54）印工好，纸张好，款式好，便是书里面差一点，看着总觉豁目爽

心。(《孽海花》第二回)

"些"《说文·此部》里解释为"语辞",近代汉语假借为表示"少量"义的词，主要形式有些些、些子、些儿等。"一些"的出现时间比"一点"要晚，南宋时期始见，可修饰形容词作状语，表示程度低。如：

(55)如昨日是夏，今日是秋，为变到那全然天凉，没一些热时，是化否？(《朱子语类》卷七十四)

明代"一些"可用作补语。如：

(56)莫翁又时时来稽查，不敢怠慢一些儿。(《二刻拍案惊奇》卷十九)

"一点"和"一些"表程度的用法也沿用至现代汉语。

(二)框架类

刘大为(2010a)指出："语言的事实应该是既存在不可推导的构式，也存在可推导的构式，每种语言中的简单句构式无疑都是可推导的，不可推导性不是构式的唯一性。"如果把词汇类数量表达形式视为可推导的简单句构式，那么汉语中也存在不可推导的程度义数量表达构式。我们将不可推导的数量表达形式称为框架类，并根据组合形式的不同将其分为框架结构类和框架构式类。框架结构类专指由数词构成的可表示程度义的四字格，如"千 X 百/万 Y"等；框架构式类指的是"数量词＋X"格式，如"一顿＋X"等。框架类的程度义不能直接根据组成成分推导，而必须借助具体的语境来理解，因此，该类演化是构式化的过程。

1. 框架结构

下文将简要介绍"千 X 百/万 Y""一 X 不 Y""一 X 二 Y"和"半 X 不/半 Y"等 4 个框架结构。

1.1 千 X 百/万 Y

"千 X 百 Y""千 X 万 Y"两种结构既可以表示数量多，又可以表示程度高，如"千依百顺""千娇百媚""千差万别""千辛万苦"等。"千 X 百/万 Y"的程度义来自结构中"百、千、万"语素的"多量"义，由多量引申为程度高，相当于"极其"。如：

(1)两个儿都是年少英俊,武功了得,又都千依百顺,向我大献殷勤。
(金庸《神雕侠侣》)

(2)他们宁愿自己千辛万苦,也要把温暖带给千家万户,不愧是人民
群众的"孺子牛"。(《1994年报刊精选》)

例(1)的"千依百顺"可以替换成"极其依顺",例(2)的"千辛万苦"可以替
换成"极其辛苦"。不过,替换之后虽仍可表示高量级程度,但无法突出框架结
构韵律和谐的语用效果。

1.2 一X不Y

"一X不Y"框架结构表程度的短语主要有"一丝不苟""一丝不挂""一文
不名""一尘不染"等。此类框架结构表达的也是高量级程度,"一X"表示少
量、微量,用否定词"不"否定最小量凸显程度高。如：

(3)在审核过程中,坚持以标准为准绳,以客观事实为依据,一丝不苟
地进行评审,对企业存在的问题实事求是作出评价。(《人民日报》1996-
11-07)

(4)如果说史玉柱的妻子是一个势利的小女人,那么她更不会在这个
时候负气出走,因为这个时候已经不是早先那个一文不名、一贫如洗的穷
小子了。(成杰《史玉柱传奇》)

例(3)"一丝不苟"相当于"极其认真",例(4)"一文不名"相当于"极其贫
穷",相比直接用"认真""贫穷"程度更高,而这种高量级程度义正是"一X不
Y"这一框架结构赋予的。

1.3 一X二Y

"一X二Y"框架结构表程度的短语如"一清二楚""一清二白""一干二净"
"一穷二白"等,也表示高量级程度。如：

(5)我很快熟悉了业务,进库和出库的货物搞得一清二楚,库房里收
拾得井井有条。(陈忠实《打字机嗒嗒响——写给康君》)

(6)不错,这件事并不单是唐家的好处,文博士可以得个一清二白的

妻子,还可以得个头等的岳父兼义务的参谋。(老舍《文博士》)

例(5)"一清二楚"相当于"很清楚",例(6)"一清二白"相当于"很清白"。胡伟(2016)认为"一 X 二 Y"类框架结构的语义可以分为加合、增值、借喻和分裂四种情况,我们所讨论的表程度类"一 X 二 Y"框架结构的语义属于增值的情况,"一清二楚""一清二白"相比"清楚""清白"在程度量上有所增加,也就是说"一 X 二 Y"表达的程度是在原 XY 基础上的增值①。类似的增值四字格还有"接二连三""四分五裂""七零八落"等。

1.4 半 X 不/半 Y

"半 X 不 Y""半 X 半 Y"框架结构表示中量级程度②,其程度义来源于副词"半"。"半 X 不 Y"框架结构主要有"半死不活""半新不旧""半生不熟""半长不短"等;"半 X 半 Y"框架结构主要有"半推半就""半新半旧""半生半熟""半信半疑"等。如:

(7)他们的儿子被打得半死不活的,还是给抓走了;老头子去拖儿子,也给打倒了,躺了一天,就死去了。(章泯《东北之家》)

(8)陈老伯半信半疑地打开家门,只见一行人已来到了他家门口。(《人民日报》1993-01-04)

上述两例"半死不活""半信半疑"虽然都表示一种中间状态,但在语义上存在细微的差别。例(7)"半死不活"肯定"死"否定"活",语义倾向于前者;例(8)"半信半疑"虽然"信"与"疑"各占一半程度,但受到汉语语义重心在后的影响,语义偏向于后者。

上述四种框架结构都由数量结构固化而来,均可表达程度,其中"千 X 百/万 Y""一 X 不 Y"和"一 X 二 Y"表达高量级程度,"半 X 不/半 Y"表达中量级程度。框架结构是在长期的发展过程中逐渐凝固而成的,程度义来源于结构中变项与不变项的组合。与直接使用程度副词来表达程度相比,框架结构的

---

① XY 不一定是复合词,如"一穷二白",但就程度量而言,相比原 X 或 Y 有所增加。

② 本书对数量表达形式量级的划分主要参考陈侃(2012:3),在其基础上根据数值的大小划分为低量、中量和高量三个等级。如假设数值为1—10,则低量数值为1—3,中量数值为4—6,高量数值为7—10(高量包括极量和过量)。

存在有其独特的语用价值。

2.框架构式

邓统湘(2016:2)将"框架构式"定义为"既有明显的框架形式,又有整体性的构式义"的存储单位。汉语中部分用来表达程度语义的数量表达形式也是作为一个整体储存在人的头脑中,其意义往往无法通过组成成分推导出来,本书将此类表达形式称为"框架构式"类,主要有"一百个＋X""一顿＋X"和"各种＋X""一肚子＋X"等 4 种。

2.1　一百个＋X

"一百个"作为数量词多用于修饰名词性成分,但当"一百个"修饰心理情态类词语时就形成了一个有机整体,其形式和意义无法从组成成分直接预测,具有不透明性和不可推知性,整个构式表达的是"高程度心理情态"义(储泽祥2011)。"一百个"可替换成"一百二十个""一百八十个""一千个""一万个"。如:

(9)她虽然没有明确表示反对,可心里却是一百个不愿意,只不过难于启齿其原因罢了。(川端康成《生为女人》)

(10)阮士中心中一百二十个愿意赔珠,可是一来无珠可赔,二来这脸上又如何下得来?(金庸《雪山飞狐》)

(11)化肥厂厂长一直陪同各位领导,对勇在领导面前的夸奖之词感到一千个满意。(《1994 年报刊精选》)

(12)八连干部战士因为严格执行政策、纪律,得罪了不少亲友,但地方政府和人民群众却认定:对解放军我们一万个放心。(《人民日报》1994-04-25)

上述例句"一百个""一百二十个""一千个""一万个"都可以用"很/非常"替换。当这些词单独出现时,它们并不能显示程度上的高低强弱,但当它们中的两个或三个共现时则具有程度上的差异,显示出"一百个＜一百二十个＜一千个＜一万个"的级差性。如:

(13)用户说:"有小朱送报纸,我们一千个放心、一万个放心!"(《1994 年报刊精选》)

（14）安琪心里是一千个、一万个不愿意。（岑凯伦《合家欢》）

2.2　一顿＋X

数量词"一顿"既可用在名词前作定语，如"一顿饭"，也可用在动词后作补语，如"打一顿"，作为构式成分的"一顿"表现出描摹情状的程度副词的句法功能和语义特征。金茗竹（2016：125）认为"一顿＋X"具有［描摹情态］、［持续时间长］、［超出常量］、［集中时段内大量］等构式义。如：

（15）尽管他十分卖力，但很快就被老板一顿责骂，将他"炒了鱿鱼"。（张剑《世界100位首富人物发迹史》）

（16）不久，他托纳林布洛为他向搜稳提亲，反遭搜稳一顿奚落："俺不能让女儿嫁给一个没有阉割干净的骟马！"（李文澄《努尔哈赤》）

上述两例中的"一顿"与数量词"一顿"不同：语义上，"一顿责骂""一顿奚落"强调"责骂"或"奚落"的力度大或时间长，相比"责骂一顿""奚落一顿"更凸显高程度情态义；语音上，"一顿"在读本音的基础上还需重读并延长音节，这是语音强化的表现。音变与义变相辅相成，反映了"一顿"向高程度情态标记发展的倾向。

"一顿＋X"构式还可以和"这""好"等加强高程度情态义的副词连用。如：

（17）这些伪军士兵们，叫他这一顿臭骂，骂得跟溜狗儿一样，一个一个都溜走了。（刘流《烈火金钢》）

（18）胡文玉这一回真有点心灰意冷了，回到住处，蒙上被子好一顿痛哭。（雪克《战斗的青春》）

上述两例中的"臭骂""痛哭"本身就具有高程度义，"一顿＋X"为二次记量[①]，在"一顿＋X"构式外又用"这"和"好"来强调，起到增强程度量的效果。

2.3　一肚子＋X

"一肚子"中的数词只能是"一"且不能用其他数词替换，"肚子"为器官量词，"一肚子"表示"满肚子"，具有主观大量义。既可以用于修饰具体名词，也

---

①　"二次记量"参看张谊生（2010：30）。本书借用此说法，并认为"二次记量"不限于"程度副词＋状态形容词"这类语法现象。

可用于修饰抽象名词。如：

（19）因为她的头被秋飞按进一个大水缸里，她一个不慎，足足喝了一肚子水。（湍梓《秋飞雁舞》）

（20）当即宋耀如带着一肚子怒气，匆匆赶往日本。（程广、叶思《宋氏家族全传》）

例（19）"一肚子水"虽然带有夸张色彩，但仍侧重计量，可以理解为"肚子里尽是水"，表示主观大量。例（20）"一肚子怒气"已经由计量义向程度义转变，因为"怒气"是无法计量的，只能理解为"怒"的程度高，相当于"愤怒极了"。"一肚子＋X"整体表示高量级程度义，这一结构具有高频性，在现代汉语中得到广泛使用。

除抽象名词外，心理动词和情感形容词也可进入"一肚子＋X"构式。如：

（21）金琐心事重重，看着尔康，一肚子狐疑，也是一句话不说。（琼瑶《还珠格格续集》）

（22）于是他便埋怨宋子文作事不同他商量，可宋子文当时也是一肚子委屈。（程广、叶思《宋氏家族全传》）

例（21）"狐疑"为心理动词，例（22）"委屈"为情感形容词，在"一肚子＋X"构式中都表示"狐疑""委屈"的程度高，相当于"很狐疑""很委屈"。但相比"很"类程度副词，"一肚子＋X"更具描摹性色彩，更形象生动。

2.4　各种＋X

"各种"是由指示代词"各"与种属量词"种"组成的指量短语，修饰名词性成分时强调数量和类别多种多样。在网络语言中"各种"可以修饰谓词性成分，形成"各种＋X"构式，强调高程度情态义，下面是在北京语言大学 BCC 微博语料库中检索到的用例。如：

（23）下午要考试啊，各种担心，早知道我应该好好学习，天天向上的！（微博）①

----

① 若无特别指明，本书的微博例句均是从 BCC 中检得。

（24）今天是工会活动和小小家活力班组建设成果检查，办公室瞬间各种整洁、各种温馨、各种吃的都出现了。（微博）

例（23）"各种"修饰心理动词"担心"，例（24）"各种"修饰形容词"整洁""温馨"，都表示程度高，相当于程度副词"很/非常"。储泽祥（2014）认为，与"很"类程度副词相比，"各种"由于是从"数量多"隐喻而来的，因此表示程度高时倾向于"横向的繁多"，而"很"类副词倾向于"纵向的高深"，这是"各种"表程度用法能够在网络语言中广泛传播的原因。

"各种＋X"构式还可以与其他"程度副词＋X"共现，用于感叹、夸张的语境，具有强烈的主观色彩。如：

（25）真的特讨厌寝室一个女的，太讨厌了太讨厌了，哗众取宠，各种讨厌。（微博）

（26）那又怎样呢，累！很累！太累了！各种累！（微博）

例（25）"各种"与"特讨厌、太讨厌"共现，例（26）"各种"与"很累、太累"共现，都表示高量级程度义。"各种"表示程度义仅存在于"各种＋X"构式中，且只见于网络语言，因此本书认为"各种"还不能视为典型的程度副词。

二、高量级数量表达的语义演变路径

通过考察词汇类和框架结构类数量表达的历时发展过程，我们发现，具有［＋多数］、［＋大量］、［＋满］、［＋全］语义特征的数量词比不具备这种语义特征的数量词更易于用来转指程度，也更容易向程度副词演变。从认知的角度来看，多数、大量义给人的心理感受更为强烈，因而也更容易向程度范畴转化。本节将以"高量级程度"作为语义基础推溯其语义来源，归纳出数量词由数量向程度演变的语义路径。

（一）经由多量演化而来的高量级程度

1. 数量＞多量＞程度高

由数量多引申为程度高具有理据性，马清华（2000:113）在讨论词的概念理据时指出："强级程度义往往与数量多、吓人、死、坏等意义同辞，前者是后者的转义。"验之于其他语言和方言，如德语 sehr、stark，越南语 lam，江苏金沙话

"交关"既可指"多",也可指"很、非常"(马清华 2000:113),这表明"多量＞程度高"语义演变路径具有跨语言的共性。

具有多数、大量语义特征的数量词可以分为两种情况:一种是本身就表示一定范围内的最大数,如"百、千、万";一种是基于特定民族文化而具有大量义,如"三、九、十二"。

1.1 "百、千、万"由数量多隐喻为程度高

"百、千、万"除了表示具体数目外,还可表示"多数、大量"义,如"百家争鸣""千篇一律""万古长青"中的数字都是虚指"多"。同时,它们还可以表示程度高,如"千娇百媚""万幸""万恶"等都可表示程度,相当于"很/非常"。

《汉语大词典》还收录了程度副词"万千"。"万千"本为数词。如:

(1)今世废而不修,亡以化民,民以故弃行谊而死财利,是以犯法而罪多,一岁之狱以万千数。(《汉书·董仲舒传》)

"万千"还可与"般"连用,表示数量多。如:

(2)西伯侯因牢中,常时占卜……有万千般祥瑞,可以待出免因牢之难。(《武王伐纣平话》卷中)

在"多数、大量"义的基础上,"万千"进一步引申出程度副词用法,相当于"万分/非常"。如:

(3)今幸得父亲配合,终身之事已完,此是死中得生,万千侥幸,他日切不可忘!(《二刻拍案惊奇》卷十一)①

"百、千、万"由具体数目引申为高量级程度义是以"多数、大量"义作为中介的,"多数、大量"义为它们向程度副词演变提供了语义基础。

1.2 "三、九、十二"由数量多隐喻为程度高

在汉民族文化中,"三、九、十二"也可表示"多数、大量"义,其中"三"是最早被赋予多量义的数词之一。《老子·德经》曰:"道生一,一生二,二生三,三

---

① "万千"参看张家合(2017:100)。

生万物。"①清代汪中在《释三九》一文中指出:"生人之措辞,凡一二之所不能尽者,则约之以三,以见其多。三之所不能尽者,则约之九,以见其极多,此言语之虚数也……推之十百千万,固亦如此。"②王国维在《观堂集林·说珏朋》中也认为:"古者三以上之数,亦以三象之。"③这说明"三、九、十二"在汉民族文化中表"多量"义很常见。朱祖延(1978)、章也(1998)认为"三"表"多"义"导源于原始汉语中只有三个数词的时代",与中国古代的"三进位"有关。以下是"三、九、十二"表"多数、大量"义的用例:

(4)鲁仲连辞让者三,终不肯受。(《战国策·赵策三》)

(5)公输盘九设攻城之机变。子墨子九距之。(《墨子·公输》)

(6)金城十二重,云气出表里。(南朝齐王融《望成行》)

"三、九、十二"也都可表程度深。如:

(7)若辈一经用了手脚,随你三贞九烈,玉洁冰清,亦不能跳出圈外。(《镜花缘》第十二回)

(8)自来办大工的人,都守着这一个诀窍。所以这回贾大少爷的保举,竟其十拿九稳。(《官场现形记》第二十四回)

(9)那病十二分重,命在须臾,要见你母亲及祖母,与你一面,特央我来通知。(《英烈传》第五十八回)

例(7)、例(8)"三贞九烈""十拿九稳"中的数字并不表具体的数量,也不表多量,而是表示程度之甚;例(9)"十二分"修饰形容词"重",也表示程度高。"三、九、十二"相比"百、千、万"用于表示程度高的用例较少,且在使用上有较大限制,只能与其他语素组合成词表示程度义④。

2.类别>多量>程度

除直接来源于数量义外,一部分数量表达形式的"多量"义来源于类别义,典型的如"百般、千般、万般",它们原本都用来修饰名词性成分,表示事物的种

---

① 王泽(2012:80)。

② 汪中(2000:3)。

③ 王国维(2001:97)。

④ 陈侃(2012:49)。

类,后引申为各种各样、类别多,进而用于修饰形容词或动词,表示程度高。张谊生(2018)讨论了"X般"演变的动因和机制,指出:"当部分被修饰的'VP/AP'具有[＋程度]、[＋性状]的语义特征时,那么,该'X般'就会开始由类别义转向了强调程度义。"可见类别义也是高量级程度的语义来源之一。

除"X般"之外,"X种"在古代汉语中也可用于表程度。如:

(10)百般娇千种温柔,金缕曲新声低按,碧油车名园共游,绛绡裙罗袜如钩。(元倪瓒《水仙子》)

(11)可正是人值残春蒲郡东,门掩重关萧寺中;花落水流红,闲愁万种,无语怨东风。(《西厢记》第一本楔子)

上述两例中的"千种""万种"都并非表示种类,而是转指"温柔""愁"的程度高。现代汉语中还有一个存在于网络语言中的表程度构式"各种＋X",其程度义也来源于"各种"的类别义。如:

(12)这样的医生就应该重重处罚永生不得从医!!看病都各种不放心啊!(微博)

(13)我今天本来真的非常有闲情逸致,可是偏偏身体上各种不适,略显无奈。(微博)

上述两例中的"各种"修饰心理动词和状态类形容词,表示高量级程度。"各种"在语义上也经历了"种类＞多量＞程度高"的逐渐抽象的过程,相比"很"类程度副词,"各种"表示程度高倾向于凸显"横向的繁多"(储泽祥2014:66—85),并且可以修饰各类动词短语,弥补了"很"类程度副词在这方面的不足。

(二)经由总括演化而来的高量级程度

在数量义向程度义演变的过程中,有一部分数量词本身并不具有[＋多数]、[＋大量]的语义特征,而是具有[＋满]、[＋全]的语义特征,可引申为概括某一范围内的所有事物,在演变的过程中经历了表"总括"的中间阶段,如"十分""百分百"。"十分"由总括副词向程度副词演变的发展历程,上文已有论述,这里仅以"百分百"为例进行说明。

"百分百"在古代汉语中未见用例,在现代汉语中既可表示数量,也可表示范围。如：

(14)只有一位教师的下西渠小学,入学率、巩固率、毕业率、普及率一直是百分之百,毕业生全部升入中学。(《人民日报》1995-01-13)

(15)他表示,在古巴不存在着联营主权,古巴的主权百分之百地属于古巴人民自己。(《人民日报》1996-06-02)

前一例"百分之百"表数量,后一例"百分之百"表总括①。除这两种用法外,"百分百"还可用于表示程度。如：

(16)以她的经验来看,相亲时百分百满意的对象,一准瞧不上自己。(快资讯 2021-08-01)

(17)当身体不是百分之百合适的时候,我绝对不会再冒险去参赛了。(《人民日报》1995-01-11)

上述两例中的"百分百"修饰心理动词和形容词,都表示程度深义,相当于"很/非常"。

表示总括和表示程度都属于副词用法,区别在于语义指向的不同。如"这批产品百分百合格"中"百分百"的语义指向"这批产品",表示"全部"义;而"这件产品百分百合格"中"百分百"的语义指向"合格",表示程度高义。

由表总括演变为表程度高的现象在古代汉语和方言中广泛存在,古代汉语中如"都""浑""备"等既可表总括,又可表程度。表示总括的用如：

(18)故天之法,常使君臣民都同命,同吉凶,同一职,一事失正,即为大凶矣。(《太平经》卷四十八)

(19)将士夜深浑睡着,不知汉将入偷营。(《敦煌变文校注·汉将王陵变》)

表示程度的用如：

(20)儒生不能都晓古今,欲各别说其经;经事义类,乃以不知为贵也?(《论衡·谢短》)

---

① "百分之百"和"百分百"相同,后者是前者的省略形式。

（21）客舍早知浑寂寞，交情岂谓更萧条。（唐戎昱《成都元十八侍御》）

壮语中的"完毕"义动词也经历了由全称量词（总括副词）到程度标记（程度副词）的语法化过程[①]；南宁粤语的助词"晒"既可用作总括副词，又可用作程度副词。如：

（22）洞里边有老虎，村民怕晒老虎。（洞里有老虎，村民们都害怕老虎。）

（23）园里底嘅花总红晒，至畀人参观。（i. 等园里的花都红的时候再让人参观。）（ii. 等园里的花红透了再让人参观。）[②]

董秀芳（2010：316）讨论了"并""都""总"从表示全称量化的副词发展为表示强调的副词的过程，指出："其实表示程度与表示总括在意义上是相关的，表示程度时量化的是程度域；表示总括时量化的是某个实体组成的集合。"李小军（2018）认为："无论是范围还是程度都属于量范畴，总括与高程度存在量度上的相似性和平行性。"正因为范围域与程度域的这种相似性，"总括＞程度高"这一语义演变路径才得以存在。

除汉语史和方言中的证据外，我们还能找到其他语言中的实例，如英语中的"all""totally"等副词也都既可表总括，又可表高量级程度。如：

（24）Are you all awake now?[③]

（25）I totally disagree.

因此，"总括＞程度"是一条具有普遍性的语义演变路径，能够发展出总括用法的数量词通常具有[＋满]、[＋全]的语义特征，如"十、百"等，而"千、万"等数量词的[＋多数]、[＋大量]语义特征更为突出，因此这类词更可能由"多量"引申为程度高。

---

① 黄阳、郭必之（2014：21—32）。

② 此例引自黄阳（2016）。

③ 此例引自 Bolinger, D. 1972. *Degree Words*. The Hague & Paris：Mouton, p. 47。

小 结

从结构上看,数量结构式表达程度大致有"词汇类"和"框架类"两种类型均可表达程度。需要指出的是,程度语义的数量表达形式是一个相对开放的系统,本书并没有穷尽性地列举各个类型之下的所有形式,同时随着信息时代的飞速发展,新兴的数量表达形式还在不断地兴起,因此这里的讨论仅限于其典型成员。在此基础上,我们进一步考察了词汇类和框架结构类的句法和组合功能,词汇类可作状语、补语和定语,修饰名词、动词和形容词性成分,框架结构类内部成员复杂,句法功能差异较大,进入框架结构的"X""Y"的性质决定了其是否表达程度。现将程度语义数量表达的类型整理为表 6-1。

表 6-1　程度范畴的数量表达形式类型

词汇类		X 分:几分、十分、十二分、万分
		X 成:三成、七成、八成、十二成
		X 般:百般、千般、万般
		半 X:半、大半、半点儿
		其他:第一、百分百、一点、一些
框架类	框架结构	千 X 百/万 Y:千依百顺、千伶百俐、千妥万当、千愁万恨
		一 X 不 Y:一丝不苟、一丝不挂、一文不名、一尘不染
		一 X 二 Y:一清二楚、一清二白、一干二净、一穷二白
		半 X 不/半 Y:半新不旧、半生不熟、半信半疑、半真半假
	框架构式	一百个＋X:一百个不愿意、一百二十个愿意、一千个满意、一万个放心
		一顿＋X:一顿责骂、一顿奚落、一顿痛哭
		一肚子＋X:一肚子委屈、一肚子不满、一肚子无奈
		各种＋X:各种担心、各种害怕、各种整洁、各种温馨

从时间上看,词汇类数量表达的程度义用法大都形成于宋元以后。框架结构类数量表达由于嵌入成分性质的不同,各个框架结构的形成时间差异较大。在考察这两类数量表达形式演变过程的基础上,我们注意到具有[＋多数]、[＋大量]、[＋满]、[＋全]语义特征的数量词比较容易转指程度,即更容

易向程度副词演变,其语义演化的路径有两种:"数量/类别＞多量＞程度高"和"数量＞总括＞程度高"。不具备这类语义特征的数量词虽也可用于表程度,但基本上未能演变为程度副词。

第二节　从数量到程度:个案研究

本节将具体讨论"一百个＋X""一顿＋X""一肚子＋X"和"各种＋X"等 4 个表程度语义的数量框架构式。这些构式在汉语中使用较多,具有较强的代表性,下文将系统考察它们的构成成分和构式义、历史来源、语义演变、使用特点和语用特征等,进而探讨此类程度构式的形成规律、发展特点以及动因机制。

一、"一百个＋X"构式

现代汉语口语中经常使用"一百个(不)放心"的表达形式,如:

(1)有你们这样的好儿子,做家长的感到一百个放心。(《人民日报》1979-06-20)

(2)嘉琪平静地说。苗春红是一百个不放心,先带嘉琪去了几次,教嘉琪一路观察、认路,最后才放手。(CCL 微信)

其实,汉语中还有"一百二十个 X""一百八十个 X""一千个 X""一万个 X"等用法。列举如下:

(3)王连甲真是个好管水员,有他看水,我们真是一百二十个放心,要不然,像这样旱了个把月,不知要拖累多少劳动力去抗旱。(《人民日报》1961-07-28)

(4)你骂你儿子打你儿子,我管不着,你管我的兵叫龟儿子,一百八十个不行!(《士兵突围》)

(5)岳父岳母只有这么一个宝贝女儿,大学毕业后从四川跟我来到山东,虽然知道我们是真心相爱,但是岳父岳母心里难免有一千个不情愿,特别是我工作如此悲惨时,谁忍心看着自己的女儿过苦日子呢!(CCL 微

信)

(6)他梦想用"阶级斗争熄灭论"这个软刀子杀我们贫下中农的头,我们一千个不答应!一万个不答应!(《人民日报》1968-12-22)

上述构式的构成方式和形成过程具有很强的一致性,其中"一百个 X"的使用范围最广、频率最高,成为该类构式中最具代表性的成员。学界对"一百个 X"构式已有一些研究,如周敏莉(2010)指出"一百个"强调程度极高和肯定、确信的语气,分别相当于程度副词和语气副词,"一百个"的副词义来源于数量极多义,其形成与汉语的数量夸张有关。储泽祥(2011)认为"一百个(不)放心"类格式强调高程度心理情态,其形成机制是"数量+名"结构的泛化和计量向程度功能的转移,格式具有丰富表达形式、创造语用意义和化抽象为具体的语用价值。

不过,现有的研究基本上囿于现代汉语层面,主要是对"一百个+X"构式在语义、句法和语用功能等方面的考察和描写,并未注意到该格式在历史语料中的产生和形成发展过程,对其形成动因和机制的讨论也不够充分。因此,下文将以最具代表性的"一百个 X"构式为例进行讨论,重点考察"一百个+X"构式(偶尔会涉及变式①)在汉语史中的演变和发展过程,并进一步探讨其形成动因、使用特点等问题。

(一)构式的概况

1.构成成分

1.1 "数量"的构成

"一百个+X"构式中的"数量"是由数词"一百"和量词"个"共同组成,其中量词只能是"个",数词除了"一百"之外,还可以使用"一百二十""一百八十""一千""一万"等具有"大量"义的整数,如上例(1)—(6)所示。

此外,数量词"一千个""一万个"经常并列或对举出现。如:

(7)尽管刚开始有些拘谨,但周星驰不久就表现出搞笑本色,对于这一新身份,他表示"本人一千个一万个愿意"。(新华社 2002-05-19)

---

① 为述说方便,本节将"一百二十个 X""一百八十个 X""一千个 X"和"一万个 X"等称为变式。

（8）这些英明的决议和决定，我一千个一万个拥护。（《人民日报》1968-11-06）

（9）用户说："有小朱送报纸，我们一千个放心、一万个放心！"（《1994年报刊精选》）

（10）说着狠狠地跺脚，高呼："我们是一千个不答应，一万个不答应！"（陈世旭《将军镇》第十二章）

此类数量词语并列使用或对举出现的构式，在表达程度上具有递进关系，后者是对前者的进一步强调。

1.2　变量"X"的构成

从语义上看，进入"一百个＋X"构式的词语可分为肯定与否定两大类。如：

（11）常言道：哑巴吃饺子，心中有数，对七爷的厚道笃诚我心中有数，所以在我偕新夫人下山省亲之前，便将山寨托付于七爷掌管，对此我一百个放心。（《1993 作家文摘》）

（12）他们疑虑重重：今后齿轮能保证及时供应吗？成本不会增加吗？质量会不会发生问题？总之，是一百个不放心。（《人民日报》1978-01-23）

上两例分别为肯定形式和否定形式。除肯定与否定形式之外，还可根据语法性质将"X"分为以下几类：

1.2.1　动词性成分

"X"既可以是单独的动词，又可以是动宾短语。如：

（13）他也说："大娘，我们绝对不是在吵架，您老就一百个放心吧！"（梁晓声《弧上的舞者》第三节）

（14）扮新娘子嘛，总须得哭哭啼啼，就算心里一百个想嫁人，也得一把眼泪一把鼻涕，喊爹叫娘，不肯出门。（金庸《神雕侠侣》第九回）

1.2.2　形容词性成分

"X"可以是单独的形容词，也可以是形容词性述补结构。如：

（15）你对他一百个好，他没准能念你一个好儿，稍有差池，他恨你恨

155

得牙痒痒。(王朔《我是你爸爸》)

（16）面对面的交易人家还要把人民币拿到灯下左照右照，一百个不放心，就凭网上一句话，连人影都没见过，你敢把大把的钱寄给那个连是男是女都不知道的网上人？（《人民日报》2000-01-18）

1.2.3 副词性成分

此类"X"基本限于否定副词"不"，"不"之后的成分无法补出，用例较少。如：

（17）诗人的解释可以撵掉我的或者任何其他的解释吗？不！一千个不！（李健吾《咀华集》）

（18）占有欲是爱情的最高峰吗？有人说不，一千个不。（王了一《夫妇之间》）

"X"为动词或形容词性成分的用例如表 6-2。

表 6-2 "X"为动词或形容词性成分情况①

动词性成分	不答应、不放心、不服气、不乐意、不理解、不满意、不去、不同意、不统一、不信任、不行、不要、不愿意、承认、答应、对不起、反对、放心、感激、看不起、宽容、理解、满意、没意见、恼恨、佩服、瞧不上、是、同意、想不通、想嫁人、小心、信不过、信任、拥护、原谅、愿意、赞成、支持
形容词性成分	不错、不高兴、不好、不可能、不顺眼、诚恳、错不了、高兴、慎重、痛苦、无可奈何

俞玮琦（2012：17）认为："'心理'一词强调内心活动，在语言中更多表现为动词性词语；'情感'则表示一种心理体验或心理反应，这种反应可外化为面部表情、身体动作，在语言中更多表现为形容词性词语。因此，把表达心理或情感的动词叫心理动词，把表达心理或情感的形容词叫情感形容词似更为妥当。"观察上表中的词语，"X"为动词性成分居多，且不管是动词性成分还是形容词性成分，多数都与人的心理或情感状态有关，具有较强的主观性。心理动

---

① 表格根据 CCL 语料库中"X"的实际情况，并参考储泽祥（2011）一文中所列举的词语整理。动词与形容词的区分标准，参看朱德熙（1982：55）。

词和情感形容词动作性较弱,具有可衡量的程度性,表现在句法上就是可以受程度副词修饰,因此能进入"一百个＋X"构式。

2.构式义

"一百个＋X"构式中虽然并不包含专门的程度副词,但它们作为一个整体表达的却是一种"高量级"的程度义。如:

(19)为了做到这一点,沈阳"中兴"每年投资 20 万元作为商品质量检测费和顾客退换货基金,使顾客买货一百个放心。(《1994 年报刊精选》)

(20)这个计划未实行就受到了阻力,他实在是不甘心的,因此,他一万个不同意。(岑凯伦《合家欢》)

上述两例中的"一百个放心""一万个不同意"都表示程度高。我们用相应的高量级程度副词"很/非常"等进行替换,虽然语义上差别并不明显,但"一百个＋X"构式在感情色彩方面带有主观夸张性,因此表现力更好。如:

(21)a.事情交给你办,我很/非常放心。

b.事情交给你办,我一百个放心。

虽然 a、b 两句表达的都是"放心"的程度高,但听话者在主观感觉上会认为 a 句是客观陈述,b 句含有主观夸张,这种主观夸张源于汉语中"一百个"可表示"大量、多量"义,其语义基础对构式的整体义产生了影响。

除表达高量级程度义外,"一百个＋X"还可同时表达说话人肯定、确信的语气,如周敏莉(2010)将表示肯定、确信的语气视为"一百个"的另一种语法功能。本书认为表达语气的用法是在特定语境中附加于该构式之上的,与表程度的用法并非对立,因此,有时候"一百个＋X"构式既可表程度,也可兼表语气,语气来源于特殊的语境。如:

(22)甲:"你爸爸不是好人!"

乙:"你爸爸一百个不是好人!"(老舍《老张的哲学》)

此类兼表程度和语气的用法通常用于对比复句中,如上例中"一百个不是好人"表达的是说话人乙对说话人甲的反驳,为了在语言上更胜一筹,使用"一百个＋X"高程度构式表达自己的强调语气。

现代汉语中"一百个＋X"构式既可以表达积极义,又可以表达消极义,由于变量"X"以表积极义的肯定形式更为常见,因此该构式倾向于表达积极情感义。如:

(23)桥建起来了,村里的老大难问题解决了,群众心里一百个满意。(新华社 2001-06-25)

(24)有当地党的负责同志跟在自己身边,魏强的心里是一百个高兴。(冯志《敌后武工队》)

综上,"一百个＋X"的构式义可以概括为:某个事物或主体的属性特征在说话人心中达到了高量级程度,说话人对此作出主观夸张性评价,具有明显的肯定、确信语气,倾向于表达积极情感义。

3.句法功能

"一百个＋X"构式在句中主要有充当谓语、宾语和状语三种句法功能。

3.1 充当谓语

"一百个＋X"构式最典型的句法功能是充当谓语,通常出现在"S＋一百个＋X"句法环境中,也可以单独充当谓语,这与该构式"对某个事物或主体的属性特征作出主观高程度评价"的构式义相一致。如:

(25)群众满意地说:革委会是新组织、新思想、新作风,按毛泽东思想办事,按群众的正确意见办事,这样的领导班子,我们一百个放心!(《人民日报》1969-01-19)

(26)难怪竹林村的村民对记者说:"俺村这些年变化大,全靠有好支部,跟着他们走,一百个放心。"(《1994 年报刊精选》)

3.2 充当宾语

"一百个＋X"构式可充当表示存在、关系等状态动词的宾语,比较常见的是"有"和"是"之后直接使用"一百个＋X"。如:

(27)领导既然这么决定了,乌云纵有一百个不愿意,也得按领导的安排执行。(邓一光《我是太阳》)

(28)他嘴里叼着烟卷,眼睛眯缝着像是什么事都没有,每次输了都还

嘿嘿一笑,两条瘦胳膊把钱推过来时却是一百个不愿意。(余华《活着》)

感觉类动词也可以带"一百个+X"宾语。如:

(29)一位宾客高兴地说:"看到桌上那样洁净,我就餐感到一百个放心。"(《福建日报》1984-11-29)

(30)化肥厂厂长一直陪同各位领导,对勇在领导面前的夸奖之词感到一千个满意。(《1994年报刊精选》)

3.3　充当状语

"一百个+X"构式还可修饰动词性成分充当状语,表示伴随某种状态进行某一行为动作。如:

(31)他拉着马青的手,同样一百个诚恳地说些肺腑之言:"我怎么能是骗子?"(王朔《你不是一个俗人》)

(32)说这么说,他还是一百个不恣地把衣裤脱了,上装去了邻铺,下装扔在地上。(兰晓龙《士兵突击》)

4.语用特点

4.1　情感色彩的转移

"一百个+X"构式的形成时间较早,为明代。CCL古代汉语语料库中"一百个+X"构式及其变式共有25例,其中表消极义的有23例,表积极义的仅有2例。积极义的用例均为"一百个+X"构式,形成时间较早,清末民初已有用例。相较于"一百个+X"构式,"一百二十个/一百八十个/一千个/一万个+X"构式产生的时间较晚,而且基本上表达的是消极义。我们认为构式产生之初应是仅用于消极义语境,使用过程中逐渐向积极义语境扩展。为验证这一观点,我们又检索了BCC语料库中的部分构式用例,各构式的情感倾向分布情况如表6-3。

表 6-3 "一百个＋X"构式及其变式在 BCC 语料库的使用情况

	积极	消极	中性
一百个	159	54	2
一百二十个	7	3	0
一千个	32	33	3
一万个	85	94	14
总计	283	184	19

观察表 6-3 可以看出,现代汉语中"一百个＋X"构式以表达积极情感义为主。如:

(33)孩子在这样的学校里学习,我们一百个放心。(《福建日报》2006-09-20)

(34)我点头说:"我信,一百二十个相信。"(余少镭《现代聊斋》)

"一千个＋X"构式因使用频率较低,色彩义倾向不明显。"一万个＋X"构式表消极义的用例多于积极义。如:

(35)然而,我们的工人最关心的是把自己的力量贡献给国家的社会主义建设,"并不看轻"也好,"原薪照发"也好,没有工作做,就是一千个不愿意,就要给上级写信,给报纸写稿。(《人民日报》1956-08-24)

(36)从小自尊心极强的女孩很害怕被别人说自己亏待老乡,于是哪怕心里有一千个不愿意,但都不忍心拒绝,最后导致自己家成了别人白吃白喝的旅馆,还落得被人说闲话的下场,吃力不讨好,自己还窝了一肚子的火。(CCL 微信)

(37)在轻纺城经商的金先生日前打电话说,房租这样翻跟斗,他一万个想不通。(《都市快讯》2003-01-20)

(38)"你一万个该死! 你要死了,就把杏子都吃了!"王德自己嘟囔着说。(老舍《老张的哲学》)

从明清时期表示消极情感义为主,发展到现代汉语中表示积极情感义为主,"一百个＋X"构式的语用色彩发生了转移。构式产生之初,人们主要用其凸显自身强烈的不满情绪,如"一百个不高兴"。随着用例的增加,构式的语用色彩逐渐泛化,不再限于消极义语境,而是广泛应用于积极义语境之中,并最终超过消极义语境的使用频率。

"一万个＋X"构式的分布倾向与我们的推测并不一致,其理由可能如下:一是由于该构式的形成时间较晚,语用色彩尚处在由"消极"向"积极"的转移过程之中;二是由于"一万个＋X"构式表达的是一种到达极值的量,这种意义通常暗示了一种极端情绪,如"一万个该死""一万个不服",因此消极义色彩更为明显。

4.2　具有口语化的特点

高量级程度通常用程度副词或程度补语来表达,如"很高兴""高兴极了",与这两种形式相比,"一百个＋X"构式作为一种创新性的句法表达,似乎更加口语化,更能表达说话者的强烈情感。

明清时期"一百个＋X"构式仅出现于小说中,小说作为在口语基础上加工提炼而成的白话,具有鲜明的通俗性,因此口语化的表达"一百个＋X"构式能够在小说中得到反映和体现。

下文将依据 BCC 语料库对现代汉语中"一百个＋X"构式及其变式的语体分布情况进行统计,结果如表 6-4。

表 6-4　"一百个＋X"构式及其变式语体倾向分布

	小说	微博	报刊	科技文献
一百个	103	51	42	19
一百二十个	9	0	0	1
一千个	23	36	7	2
一万个	60	114	17	2
总计	195	201	66	24

从表 6-4 中可以看出,构式主要分布于小说和微博类语体,而报刊与科技文献用例较少。小说相比报刊和科技文献而言,口语性较强;微博作为网络交流的主流阵地,更是如实反映了人们的口语及语言发展的最新趋势。因此,"一百个＋X"构式具有高度口语化的特点。

(二)构式的发展演变问题

1. 构式的起源与发展

《说文·竹部》:"个,竹枚也。""个"在古代汉语中较早用来计量竹子,先秦两汉时期计量范围由竹子扩展到物。如:

(39)故天下诸侯罢马以为币,缕纂以为奉,鹿皮四个。(《国语·齐语》)

(40)衣三属之甲,操十二石之弩,负服矢五十个。(《荀子·议兵篇》)

魏晋南北朝时期"个"除了计量物外,还可用来计量人,如:

(41)横藤碍路,弱柳低人。谁言洛浦,一个河神?(庾信《梁东宫行雨山铭》)

(42)天生男女共一处,愿得两个成翁妪。(梁《横吹曲辞·捉搦歌》)

隋唐时期"个"的计量范围进一步扩大,可用来修饰"想法""消息"等抽象名词。如:

(43)行者却请张日用:"与我书偈,某甲有一个拙见。"(《祖堂集·弘忍和尚》)

(44)招庆云:"阇梨先归山,山中或有异闻底事,乞个消息。"(《祖堂集·保福和尚》)

此期"个"的表量意义虚化,开始向其他语法成分演变。如:

(45)师打柱云:"打你个两重败阙!"(《祖堂集·云门和尚》)

(46)师示众曰:"今时出来尽学个驰求走作,将当自己眼目,有什摩相应时?"(《祖堂集·三平和尚》)

上述两例中的"个"并不表示计量,而是用作助词,表示"强调"义。计量功能的泛化为"个"用于表程度奠定了基础。

"一百"和"个"连用较早见于唐五代时期,既可修饰"人"等具体名词,也可修饰"话"等抽象名词。如:

(47)或即隐身没影,便即化作一百个人。(《敦煌变文校注·叶净能

诗》）

（48）举得一百个话，不如拣得一个话；拣得一百个话，不如道取一个话；道得一百个话，不如行取一个话。（《祖堂集·保福和尚》）

明代小说中"一百个"可用于虚指多量，仍修饰具体名词，但表现出夸张义。如：

（49）你就用一百口水缸，也是有的；你就用一百个火炉，也是有的。（《三宝太监西洋记》第十三回）

（50）若不是神差鬼使，就是一百个晁夫人也到不得大尹的跟前。（《醒世姻缘传》第二十回）

上述两例"一百个"所修饰的虽然是具体名词，但"一百个＋X"结构用于让步假设复句，并不表示实数，而是强调"多量"。如"一百口水缸""一百个火炉"和"一百个晁夫人"，明显具有夸张色彩。这种虚指用法进一步发展，"一百个"开始具有表示程度高的用法。考察发现，这种用法的"一百个＋X"构式较早出现在明代，动作动词或动宾短语均可出现在"X"位置上。如：

（51）宋江道："你真个不还？"婆惜道："不还！再饶你一百个不还！若要还时，在郓城县还你！"（《水浒传》第二十一回）

（52）不是我背地说，潘五姐一百个不及他。（《金瓶梅词话》第五十一回）

例（51）"一百个不还"侧重表强调语气，例（52）"一百个不及他"侧重表高量级程度。强调语气也是高量级程度的体现，正如蔡丽（2012:183）所言："程度与情态并非对立的，情态也有程度高低。"这里的"一百个不还""一百个不及他"虽然表示程度高，但并不典型，与现代汉语中的"一百个＋X"构式尚有差别。

此外，与之相类似的"一千个＋X"构式在明代也已出现。如：

（53）饶奴终日恁提心吊胆，陪着一千个小心，还投不着你的机会，只拿钝刀子锯处我，教奴怎生吃受？（《金瓶梅词话》第十二回）

（54）那伍小川两个受了晁大舍的嘱托，那凌辱作贱，一千个也形容不

尽那衙役恶处!(《醒世姻缘传》第十一回)

上述两例"一千个"相比"一百个"更为典型。因此,我们认为该构式明代也已经出现,但用例尚不太多。明代的"一百个+X"构式往往用于表达消极义。

"一百个+X"构式形成的关键条件在于"X"的变化,如果将表多量义的"一百个+NP"视为一个意义可推导的构式,那么当句法上"NP"扩展至"VP/AP",结构本身发生了构式压制。当构式中词义与构式义不兼容时,潜在语境就会产生强制因子,迫使相关词语发生类型移变(孙宝新 2019)。构式压制导致"一百个+X"构式不能再理解为数量义,而应该重新分析为"程度高/强调"义。

清代"一百个+X"构式仍不常见,但有一个重要的变化就是心理动词和形容词以及由它们构成短语可以出现在"X"位置上,而且情感倾向也逐渐由消极义扩展到积极义,但仍以消极义为主。如:

(55)清帝不但是不喜欢,而且有些厌恶,如今倒做了皇后,清帝心中自然一百个不高兴。(《孽海花》第二十六回)

(56)周琏道:"有钱,有钱,一百个有钱,只是不嫖你!"(《绿野仙踪》第81回)

清末民初还出现了变式"一百二十个/一万个+X"等的用例。如:

(57)走道摇头晃脑,喷痰吐沫,咬言咂字,七个不服,八个不答应,一百二十个不说理。(《康熙侠义传》第一百四十回)

(58)此时因发现了他平生最忌讳的戴绿帽子这句话,一万个不留神,竟同陈毓呕了一口。(《留东外史续集》第四十三章)

明清时期至 20 世纪 70 年代,"一百个+X"构式的用例一直不多,其真正兴起是在当代汉语①。如:

(59)一个马锐那样年龄的孩子即便一百个诚恳也无从表达,他所掌

---

① "当代汉语"指的是 1979 年改革开放以后的汉语。参看游汝杰(2020)。

握的语汇尚不足以详陈如此复杂、微妙的情感。（王朔《我是你爸爸》）

（60）很不愿让老婆离开自己的田光……听过周敬之的话，也是一百个高兴。（冯志《敌后武工队》）

当代汉语时期，"一百个＋X"构式的积极义用例比消极义用例更为常见。

2.构式形成与发展的动因

周敏莉（2010）认为"一百个"的新用法来源于"数量多＞程度高"的语用推理和句法结构的重新分析。储泽祥（2011）认为"一百个＋X"格式来源于"数量＋名"结构的泛化和"数量＞程度"功能的转移。两位先生对"一百个＋X"构式形成动因的分析实质上是一样的，都是从语义和句法平面切入，基本可以归纳为"语义隐喻"和"句法扩展"两个方面。

此外，我们认为"创新表达"和"语用效果"等语用动因，在"一百个＋X"构式的形成过程中具有特别的价值。"一百个＋X"构式的较早用例出现于明代，作为一个新兴的表高量级程度的构式，当人们用其来表示对人或事的主观评价时，不仅比"十分""很""非常"等副词表示的程度更高，而且表达方式也更新颖，表现力更好，是一种创新性的句法表达。前面已经提到，该构式可以兼表高量级程度义和肯定、确信的语气，具有主观夸张的语用效果；而"十分""很""非常"等程度副词只能表示程度高，不能表达情态义，这是"一百个＋X"构式能够产生且在现代汉语中兴起的一个重要原因。只有当某一语言形式具有其他语言形式所不能表达的语用效果时，这一形式才能流传开来。"一百个＋X"在现代汉语中使用频率的提高使该结构进一步固化，成为一个具有较强能产性的构式。

二、"一顿＋X"构式

"一顿"本来是用作计量的数量结构，可用于名词之前或动词之后，如"一顿饭""打一顿"。现代汉语中新出现了"一顿刷剧""一顿狂扇"等"一顿＋VP"结构，目前学界对这一构式的研究不多。袁媛（2012）认为"一顿＋VP"作为一种新构式，主要表示动作的幅度大、持续的时间长等情态义，构式化的动因是语言表达的缺位、语境吸收和方言接触的影响。金茗竹（2016）认为"一顿＋w"具有［描摹情态］、［持续时间长］、［超出常量］、［集中时段内大量］等构式义特征,构式化的动因和机制为语用缺位与语境吸收。从现有的研究可以看出,学界已经注意到"一顿"的新兴用法,且都将其视为一个意义不可推导的构式进行研究,但"一顿＋X"构式是如何形成的,历时演变过程是怎样的,使用状况如何,构式化的动因和机制是什么,目前的讨论仍不充分。下文将在现有研究的基础上,对上述问题进行考察。

（一）构式的概况①

1. 构成成分

"顿",本义是以首叩地。《说文·页部》:"顿,下首也。从页屯声。"张舜徽约注:"顿之言抵也,谓以头触地也……慧琳《一切经音义》卷十八'顿'字下引《说文》,作'下首至地也'。"量词"顿"的形成和发展问题,学界讨论甚多,如刘世儒(1965:160),潘允中(1982:121),王力(1989:39),王绍新(2000),王毅力(2011:74),李建平(2013),胡丽珍、雷冬平(2015),曾昭聪(2020)等。现代汉语里,"顿"既可用作名量词,又可以用作动量词。王绍新(2000)的研究很有代表性,该文认为语义演化路径大致为:叩首—停顿—住宿—宿处—宿处的一餐饭—任一餐饭。李建平(2013)特别关注动量词"顿"的形成问题,将量词"顿"的语法化路径重新整理为:

叩首→停顿 ↗ 住宿→宿处→宿处的→餐饭→任→餐饭→名量词→称量进食次数的动量词
　　　　　↘ 一次性地→称量责打行为的动量词

"一顿"连用,较早见于魏晋时期的文献。此期一般是与名词连用,构成"数量名"结构,"一顿"义为"一次",表示事物的数量,如:

（1）闻卿祠,欲乞一顿食耳。（《世说新语·任诞》）

隋代以后,量词"一顿"可以与动词性成分连用,构成"数量动"结构,表示动作行为的数量,如:

（2）谁想孙大哥酒醒起来,不见了靴中羊脂玉环、两锭钞,道是他偷了,拿将来一顿打,原赶了出去。（隋侯白《启颜录》）

（3）黄檗云,何不道,来日更吃一顿。（唐义玄《镇州临济慧照禅师语

---

① "一顿＋X"构式在句中只能充当谓语,因此下文不单独考察其句法功能。

录》）

构式"一顿＋X"中"一顿"的数量义被弱化,是作为一个整体表达"X"的程度或量幅等。构式中的"X"一般是动词性成分,且具有量幅的可变性或时间的持续性等特征。根据语义类型的差别,进入该"一顿＋X"构式的"X"主要有以下几类:

1.打骂类:臭骂、大骂、恶打、肥打、好打、狠打、栗暴、泼骂、拳打脚踢、收拾、痛斥、痛骂、责骂。如:

(4)这一下可把媳妇儿惹急了,一进门就是把他一顿臭骂。(冯苓植《猫腻》)

(5)一下窜出三个年轻男子,一把将黄衣拉下马来,先是一顿拳打脚踢,后来竟割去黄衣的两只耳朵。(李文澄《努尔哈赤》)

2.言说类:叮咛、恭维、埋怨、抢白、数落、数说、奚落、瞎扯、吆喝、嘱咐。如:

(6)陈伯达气得还想和叶剑英申辩,结果被老帅们一顿抢白,只好把话题转移到其他方面。(《1994年报刊精选》)

(7)不久,他托纳林布洛为他向搜稳提亲,反遭搜稳一顿奚落。(李文澄《努尔哈赤》)

3.吃喝类:大吃、大喝、好喝、狂吃、猛吃。如:

(8)这一顿好喝,光是五粮液酒,就喝去了六瓶。(池莉《来来往往》)

(9)吃面包就榨菜,一顿猛吃,一看别人鼓掌了,赶快夹着面包鼓掌,表示他听懂了这个音乐。(孔庆东《从〈说笑〉看钱钟书的幽默》)

此外,现代汉语中还有一些词语无法归入上述类别,但也可进入"一顿＋X"构式,用例较少。如:

(10)那心脏一顿搭桥啊,拍完片子医生一看都惊了,这不著名的西直门立交桥吗!(2012年央视春晚小品《今天的幸福》)

(11)父亲回家得知,火冒三丈,把胡光明夫妇一顿严斥厉训,还叫他们写了"保证书"才罢。(《人民日报》2020-04-29)

无论是打骂类词、言说类词、吃喝类词或是其他词语，通常本身都具有[＋持续]的语义特征，多数"X"的构成语素中同时还含有[＋大量]、[＋程度深]的语义特征，如"狠打""痛骂"等，"X"的这种语义特征与构式的整体义相匹配，因此可以进入"一顿＋X"构式，而短暂性动词因缺乏[＋持续]或[＋大量]的语义特征，一般无法充当变量"X"。

2.构式义

"一顿＋X"与"X＋一顿"中的"一顿"具有明显的不同，为便于讨论，我们称前者为A式，后者为B式，两者的不同主要体现在以下三个方面：

1.表达意义上，A式强调动作幅度大、持续时间长等情态意义[①]，B式则侧重客观计量。如：

(12)尽管他十分卖力，但很快就被老板一顿责骂，将他炒了鱿鱼。（张剑《世界100位首富人物发迹史》）

(13)你甚至宁愿让老师训斥一顿，以此刺激自己麻木的神经。（《福建日报》1994-05-28）

例(12)"一顿责骂"更突出"责骂"的时间长或力度大，具有主观强调的意味，而例(13)"训斥一顿"是客观计量"训斥"的次数，却不含有主观情态义。

2.结构形式上，A式"一顿"只能位于VP之前且中间不能插入其他成分，B式"一顿"位于VP之后，中间可以插入宾语或时态成分"了"。如：

(14)那人受了夏瞎子一顿辱骂，不服这口气，便每晚十二点钟的时候起来侦探。（向恺然《留东外史》）

(15)备方转怒为笑道："汝早知如此，我等自然好好伺候，何必受此一顿痛打哩?"（蔡东藩《后汉演义》）

(16)大汉如获至宝，仗着两膝有几百斤实力，想将黄文汉一把提起，当着大众侮辱一顿。（向恺然《留东外史》）

(17)完了，大车王出来，来人儿带着，给人家登门磕头，让人家教训大儿子似的数落了一顿，算是完事。（蔡友梅《小额》）

---

① 参看袁媛(2012)。

3.语音上,A式通常用在感叹或夸张的语境中,"一顿"是语用焦点,"一"是重音所在,需重读且音节延长,B式"一顿"通常位于句尾,读作轻声。"一顿+X"构式中的"一顿"重读属于语音强化现象,李小军(2015)认为语音强化与主观量的表达有关,指出:"语音强化式相较于原式,往往表示一个主观大量。"A式整体表达了一种"主观高程度情态"义,这种情态义反映在语音上,就表现为重音和音节延长。

上述三方面的不同表明"一顿+X"构式中的"一顿"已经不再是对动作的客观计量,而是与"X"一起表达一种主观高程度情态义,如"把他一顿责骂"侧重于突出"责骂"的力度大、程度高,同时含有说话者的主观评价,具有夸张、感叹的色彩。因此,可以将"一顿+X"的构式义总结为:说话人对某一事件或动作的持续时间、力度作出高量级程度的主观评价,具有感叹、夸张的语气。

3.语用特征

1.风趣、幽默的表达效果

"一顿+X"构式通常用于轻松、随意的交谈语境,听说双方关系比较亲密,使用该构式可达到风趣、幽默的语用效果。如:

(18)一顿瞎扯,然后才发现打错电话了。(微博)

(19)那心脏一顿搭桥啊,拍完片子医生一看都惊了,这不著名的西直门立交桥吗!(2012年央视春晚小品《今天的幸福》)

上述两例使用"一顿+X"构式营造出了一种轻松的话语氛围,而这种特殊的表达效果正是该构式能在现代汉语中得到大量使用的原因之一。

2.口语化的特点

"一顿+X"构式常见于BCC的微博、小说等口语语体中,在报刊、政论等正式语体中比较少见,这说明该构式具有高度口语化的特点。"一顿+X"构式的口语化还表现在常和话语标记"这""那"等共现使用。如:

(20)你瞧他把猪头小队长这一顿"训"吧!(刘流《烈火金钢》)

(21)还没熬透的鱼汤,就让你大哥大姐偷着喝了小半锅,回来让你爹知道了,那一顿好揍!(刘心武《小墩子》)

相比直接说"训了很久""揍了很久","一顿+X"构式与口语标记"这""那"

连用,既增强了夸张意味,也使语言表达变得新鲜、有趣,给人带来耳目一新的感觉。

(二)构式的发展演变问题

1.构式的起源与发展

《说文·页部》:"顿,下首也。从页,屯声。""顿"最初是动词,本义为"叩头",后引申出"停顿"义。如:

(22)忽万里而一顿兮,过列仙以托宿。役青要以承戈兮,舞冯夷以作乐。(扬雄《太玄赋》)

(23)众严都毕,行诣树王祠处,请佛及僧众佑,受施止顿。(《中本起经》4/153b)

例(22)中的"一顿"还未成词,是状中短语,表示"一次停顿"义,例(23)中"止"与"顿"为同义连用。此期"顿"又由"停顿"引申出"军队驻扎休息"义。如:

(24)今足下举倦敝之兵,顿之燕坚城之下,情见力屈,欲战不拔。(《汉书·韩信传》)

(25)为将得士众心,无部曲行阵,善就水草顿舍,人人自便。(《前汉纪·孝武皇帝纪二》)

由于军队驻扎休息需要补给食物,南北朝人把旅途中的休息、饮食叫做"出顿"(刘世儒 1965:160),因此"顿"在魏晋南北朝时期引申出名量词用法,用来修饰"饭食"等名词。如:

(26)主人迎神出见,问以非时,何得在此? 答曰:"闻卿祠,欲乞一顿食耳。"(《世说新语·任诞》)

(27)卿可豫檄光公,令作一顿美食,可投其饭也。(《全晋文》卷二十)

唐代"顿"始用作动量词,"一顿"常与"吃"或"打"等词连用。如:

(28)黄檗云:"何不道来日更吃一顿?"师云:"说什么来日,即今便吃。"(《镇州临济慧照禅师语录》)

(29)驿长惶怖拜伏,纳言曰:"我欲打汝一顿,大使打驿将,细碎事,徒

浣却名声。"(《朝野佥载》卷五)

宋元时期"一顿"的用例增多,作名量词用时主要位于名词之前,作动量词用时主要位于动词之后。动量词"一顿"除了继承唐代以来用于修饰"吃""打"类词外,还可修饰"斥骂""抢白"类词。如:

(30)然夫子亦不叫来骂一顿,教便省悟;则夫子于门人,告之亦不忠矣!(《朱子语类》卷三十三)

(31)他又问:"那壁小娘子莫非莺莺小姐的侍妾乎? 小姐常出来么?"被红娘抢白了一顿呵回来了。(《西厢记》第一本第三折)

明清时期动量词"一顿"开始出现新用法,可用于动词前表示主观大量义。如:

(32)怎说没有? 必定你受了他贿赂,替他解说。如取不来,连你也是一顿好打!(《二刻拍案惊奇》卷三十六)

(33)只苦的是陈定,一同妾丁氏俱拿到官,不由分说,先是一顿狠打,发下监中。(《二刻拍案惊奇》卷二十)

上述两例"一顿"位于"VP"前作状语,"VP"本身就含有高程度语素"好""狠","一顿＋VP"表示"VP"的力度大,具有主观大量义。高亚楠(2014:92)指出:"动量前置构式是一个语用功能多样的构式,它具有凸显动作的情状特征、表述动作的主观量和充当句子的次话题或话题焦点的功能;而动量后置构式的功能则相对单一,它常位于句子的末端表述动作的客观量。"因此,我们认为"一顿＋X"构式并非现代汉语中才出现的新用法,其产生时间可追溯到明代。

清代"一顿＋X"构式继续发展,用例增多。如:

(34)此时一枝梅杀得性起,当即飞舞单刀一顿乱砍,杀死了有数十个贼兵。(《七剑十三侠》第一百三十一回)

(35)这水怪被酒汉两三个一顿拳撞脚踢,打了飞走,却丢了鱼虾大鼋,都复了人身,尚昏迷不悟。(《东度记》第六十一回)

现代汉语中"一顿＋X"构式的用例更多,变量"X"的范围进一步扩展到其他动词。如:

（36）猫吃不着鱼很崩溃，对冰面一顿抓狂。（爱奇艺视频标题 2017-10-15）

（37）池铁城拿到狙击枪，对着苏文谦就是一顿嘚瑟，不料下秒却慌了！（新浪网 2020-11-11）

"抓狂"和"嘚瑟"原本都不能受"一顿"修饰，如我们不说"抓狂一顿""嘚瑟一顿"，但由于这类词具有［＋反复］、［＋持续］的语义特征，因此都能进入"一顿＋X"构式，这说明现代汉语中"一顿＋X"的构式化程度进一步加深。

"一顿＋X"构式在现代汉语方言中也有使用，如萍乡方言和长沙方言都用"一顿＋X"表示主观大量义：

（38）萍乡：走去就一顿［i¹²təŋ²³］骂。

（39）长沙：一顿（子）［i²³tən⁵⁵（·tsɿ）］打起/吵起。①

方言词典对上述两例中的"一顿"解释为"不由分说、不顾后果、一个劲儿"，实际上，"一个劲儿"也是一种主观大量，凸显了高程度情态义。

2.构式形成与发展的动因

袁媛（2012）、金茗竹（2016）都认为"一顿 VP"构式化的动因为语用缺位和语境吸收。语用缺位指的是"一顿＋X"构式的产生弥补了［＋持续］类高量级程度表达形式的缺位；语境吸收指的是动量词"一顿"由于常和表主观大量的词语共现，逐渐吸收了语境中的主观大量义。我们赞同语用缺位是构式产生的动因之一，但对语境吸收持怀疑态度，与其说"一顿"的主观大量义来自语境，本书更倾向于认为"一顿"本身就暗含了"大量"义，这种语义基础为"一顿＋X"构式的产生提供了条件。正如张谊生（2018）所指出的："词语本身的源义积淀有时是语法化过程中最为重要的决定性因素。"

在"一顿"成词之前，"顿"字已可表数量多义。王力（1989：39）指出："'顿'字也是集体单位词，表示数量之多。"邵敬敏（1996）也认为"顿"强调动作必须累积到一定的量，如"教训了一顿""骂了一顿"都暗含"教训""骂"的力度不小。曾昭聪（2020）从词源学的角度进行考察，认为"顿"不管是用作名量词还是动

____

① 例句引自李荣（2002：54）。

量词,都隐含了"屯多、聚多"的词源。

"一顿"成词之后,这种"大量"义在词义引申过程中也得到延续。王绍兴(2000:184)指出:"唐五代直至现代汉语中,'一顿'代表动作往往具有次数多或时间长的特点。"李建平(2013)认为这种大量义来源于"顿"的"停顿"义,"'停顿'是指物体经过一段时间的运动后的停止状态,因此也就隐含了'时间长'或'次数多'的语义因素"。此外,"一顿"在魏晋南北朝时期还有"一次性/同时/一下子"义,如例(76)、例(77),这一意义一直沿用至明清时期,甚至保留到现代汉语方言中,如赣方言:

(40)好不容易存得两百块,渠们一顿子[it⁵⁵tin⁴⁵tsʅ]呀用刮得。(好不容易存了两百块,他们一下子全用完了。)

(41)买得个浪多面包,渠一顿子[it⁵⁵tin⁴⁵tsʅ]就恰完矣。(买了那么多面包,他一次性就吃完了。)①

这种意义的"一顿"通常与表示"大量、多数"的成分共现,如上述两例中的"好不容易""个浪多",都表明说话人主观上认为数量多,因此"顿"的"一次性"义实际上也包含了主观大量义。这种表主观大量的语义基础为"一顿"用于表高程度情态义提供了条件。

语义基础只是构式形成的条件,构式能否形成还需要句法上的条件。动量词"一顿"是怎么从动词后移到动词前的呢?从历史语料中我们可以归纳出"一顿"所处句法位置的三个不同阶段:

1. VP(+NP)+一顿

(42)虽然不饱我一顿,且得噇饥。(《敦煌变文校注·降魔变文》)

(43)汝欲得活,时得瓜食之一顿,即活君也。(《敦煌变文校注·行孝第一》)

2. VP₁+一顿+VP(VP₁为实义动词)

(44)而今没来由偷别人的媳妇怎么?却吃这一顿打。(《朴通事谚

---

① 【一顿子】词条可参看《现代汉语方言大词典·南昌分卷》(第54页)。此外,《汉语方言大词典》(第39页)中有【一顿道】词条,为江苏吴江黎里方言,副词,表示"一并"义。词典未举例,"一顿道"与"一顿子"同。

解》上)

(45)我便去告诉老爷、夫人,看你这小贱人逃得过这一顿责罚也不!(《初刻拍案惊奇》卷二十)

3. VP₂＋一顿＋VP(VP₂为状态动词)

(46)只苦的是陈定,一同妾丁氏俱拿到官,不由分说,先是一顿狠打,发下监中。(《二刻拍案惊奇》卷二十)

(47)如取不来,连你也是一顿好打。(《二刻拍案惊奇》卷三十六)

我们推测,上述三个阶段展现了“一顿＋X”构式在句法上的形成过程。动量词“一顿”先是位于动词后充当补语,接着移到动词前,与其所修饰的动词一起充当另一个实义动词的宾语,最后与所修饰的动词一起充当状态动词的宾语。第三阶段“VP₂＋一顿＋VP”的句法环境引发了人们对“一顿＋X”构式的重新分析,“一顿”由动量词重新分析为情状或方式状语,凸显高量级程度义,“一顿＋X”构式也由此形成。

三、“一肚子＋X”构式

数量结构“一肚子”是由数词“一”与临时量词“肚子”①组合构成,相当于“满肚子”“全肚子”。其中数词只能是“一”,不能用其他数词替换。数量结构“一肚子”既可以修饰具体名词,表示计量,如“一肚子水”“一肚子私心”,又可以修饰情感类词,表示程度高,如“一肚子委屈”。如:

(1)但又不得不个个装模做样,作饮酒状,结果个个都只好喝一肚子水回家了。(《人民日报》1987-10-11)

(2)一嘴的国利民福,一肚子私心,给谁谋幸福啦?(蔡友梅《新鲜滋味》)

(3)大人全别着一肚子委屈,可不就抓个碴儿吵一阵吧。(老舍《赶集》)

(4)燕西本来一肚子不高兴,现在被她母女二人包围着,左一声右一

---

① “临时量词”的分类与界定,参看朱德熙(1982:50)。

声地叫七爷,叫得一肚子气,都化为轻烟。(张恨水《金粉世家》)

目前学界对"一肚子"的研究不多,仅有的成果都是在讨论"一＋量＋形"格式时作为例子附带提及。俞玮琦(2012:32)认为"一＋量＋形情感"本质上是一种"述人情感程度量"的构式;闫亚平(2015)则从修辞学的角度指出,"一＋量＋形"构式在进行量的夸张的同时,使抽象无形的性状得到了形象上的具体化、立体化、生动化;郭聪(2017:38)指出:"'一＋量词器官'作为数量结构来限定情感形容词,能唤醒伴随情感发生的生理变化,通过凸显器官的生理变化,即情感的情状细节,来表达情感的程度高。"将"一肚子"作为具体格式来研究的仅见张茜(2014),她认为"一肚子气"类格式可强调程度的加深,凸显"多、大量"的意义。张茜指出"一肚子＋X"表示程度高的语义,但对其形成发展过程、形成的动因与机制并未进行论述,因此本书将从共时与历时相结合的角度,对"一肚子＋X"构式进行更为全面的考察。

(一)构式的概况

1. 构成成分

"一肚子＋X"构式由数量词"一肚子"和变量"X"构成,其中"X"可以是抽象名词、心理动词和形容词。抽象名词是相对于"水""肥肉"等具体名词来说的,根据语义可以将其划分为"带情感义"和"不带情感义"两类。如:

(5)他憋了一肚子怨气离开商场。(《福建日报》1994-05-08)

(6)宋霭龄见了亲人后激动不已,有一肚子话要说。(程广、叶思《宋氏家族全传》)

前一例中的"怨气"带有"怨"的情感,"一肚子怨气"表面虽指"怨气多",但深层语义表达的却是"怨"的程度高;后一例中的"话"也是抽象名词,但不带有情感义,只表示数量多,不表示程度高,因此该类用例不属于本书所讨论的表高量级程度义的"一肚子＋X"构式。

"X"为心理动词的用如:

(7)吴安新则是一肚子不满,听他的?那就等着吧。(张平《十面埋伏》)

(8)在我要求为她戴着的戒指和手链拍几张特写的时候,从表情上看

175

她显然一肚子不情愿,但还是勉强同意我拍了。(《都市快讯》2003-11-27)

上述两例"不满""不情愿"都为心理动词,"一肚子＋X"构式相当于"非常/很不满""非常/很不情愿"。

形容词也可进入"一肚子＋X"构式,这些形容词通常为表现人的某种情感或性格的词语。如:

(9)于是他便埋怨宋子文作事不同他商量,可宋子文当时也是一肚子委屈。(程广、叶思《宋氏家族全传》)

(10)满嘴民胞物与、仁义道德、天下为公,一肚子势利与贪婪。(谢上熏《爱你其实不简单》)

变量"X"还可根据语义类别分为情感态度、思想观念、性格品性三类,其中情感态度类的使用最多。如:

(11)她虽没有说什么,好像一肚子不高兴,都在这一按一推上,完全表示出来。(张恨水《啼笑因缘》)

(12)小梅一肚子委屈,坐在庙台上哭。(袁静、孔厥《新儿女英雄传》)

思想观念类如:

(13)交通厅某处室以前事难办,脸难看,办事效率低,前来办事的同志对他们是一肚子意见。(《人民日报》2001-11-03)

(14)谁也不会知道这位东张西望的老人是一位一肚子学问,为人天真,热爱生活的大哲学家。(《读者导报》1995-07-03)

性格品性类如:

(15)宋妈妈虽然是个巫婆,一肚子古怪,力气却有限。(古龙《血鹦鹉》)

(16)他交待大师傅快炒一桌菜,然后就隐藏起一肚子的窝囊,陪着那些人喝茶,吸烟。(梁晓声《钳工王》)

2.构式义

"一肚子＋X"构式的表层义为"满肚子都是X",但深层义却是"非常/很

X",通常用来表示人的某种情感状态达到极高的程度,未见用于形容动物或无生命体事物。那么为什么"肚子"会和情感状态相联系呢?彭聃龄(2001:369)指出:"任何情绪都伴随着一系列的生理变化,即生理唤醒状态,而且这种状态会增强情绪的体验。"郭聪(2017:14)认为,在生理感知上,人们倾向于将实现生理变化的器官看作情感产生和存在的容器。强烈的情感通常会导致生理反应,如紧张时心跳加速、呼吸急促,悲愤时血压升高、脸部涨红等,基于这种情感与生理的联系,"一肚子+X"构式的形成有其理据性。情感虽产生于大脑,但表现于身体器官,"肚子"是人体器官中最重要、最易识别的部分,更容易在感知层面形成"完形",从而进入语言词库凸显计量义。

"肚子"具有容纳性、充斥性的特点,因此可以进行容器隐喻。某人在某方面"太 X"的结果表现为"X"充满了整个肚子,这种结果对于评价者而言是一种主观大量,从而隐喻为高量级程度。这一隐喻过程本质上经历了从空间域到数量域,最终到程度域的投射。

相比"非常/很+X"结构,"一肚子+X"构式还具有较强的摹状特征。"X"所表示的性状本是"无界"的,不可被分割或量化,但在"一肚子+X"构式中,"X"被隐喻为实体物质,像空气和水一样可以充满整个肚子。此构式将抽象事物描摹得具体可感,让听话者脑海中自动呈现某种情绪充满整个肚子的场景,进而获取[+高程度]的语义信息。

通过以上分析,我们认为可以将"一肚子+X"的构式义概括为:某个主体的情感达到了极高程度,说话人对这种高量级程度作出了描摹性的主观评价,这种评价通过器官量词"肚子"的容纳性得以凸显。

3.构式的句法功能

"一肚子+X"构式的句法条件限制较少,在句中可以充当多种句法成分。

1.充当主语

"一肚子+X"构式作主语的用例较少,既可以充当整个句子的主语,也可以充当主谓谓语句中的小主语。如:

(17)他在回家的路上,一肚子高兴憋得他要说话,可是只有他一个人,想说也没处说。(赵树理《李家庄的变迁》)

(18)韩江一肚子委屈不知从何说起,却见葛修一已伸手入襟褶,在羽

177

儿身上点了几处。(刘铮《凤凰琴》)

2. 充当谓语

"一肚子＋X"构式既可以在"S＋一肚子＋X"句法环境中作谓语,又可以单独作谓语。如:

(19)想起今天要被赶回美国,她就一肚子不乐意。(苋羽《姻缘巧订》)

(20)满嘴民胞物与、仁义道德、天下为公,一肚子势利与贪婪。(谢上熏《爱你其实不简单》)

3. 充当宾语

"一肚子＋X"构式可充当"忍着、怀着、憋着、带着、受了"等具有内隐义动词[①]的宾语,或充当介词"把"的宾语。如:

(21)我顿时哑口无言,怀着一肚子委屈,傻傻地呆视她。(亦舒《我的前半生》)

(22)妈妈可只叹着气,把一肚子委屈迸出来,搅得这闷热的空气都荡动着。(张天翼《夏夜梦》)

4. 充当定语

由于变量"X"主要为心理动词或情感形容词,而人是产生心理活动和情感的主体,因此"一肚子＋X"构式作定语时主要用来修饰人。如:

(23)即使到了现在,你们这些一肚子冤屈的家属们,你们谁想过那些牺牲的战士们?(都梁《亮剑》)

(24)他毕竟也才是个大孩子,在一肚子不高兴的状态下,才作了这个决定。(莫仁《翠仗玉球》)

5. 充当状语

"一肚子＋X"构式充当状语的用例较少,作状语时表示主体伴随着某种情感进行某一行为。如:

---

① "内隐义"的说法,参看郭聪(2017:30)。

(25)贞阳一肚子不情愿嫁人,但她同时也清楚地知道一点:这是生为女子的命运,即使是舅舅和阿诺也帮不了她。(谢上熏《名花与枭雄》)

(26)"这种事怎么说得出口!"芳枝一肚子委屈地说道。(杨咏清《我是你今生的新娘》)

6.充当补语

"一肚子＋X"构式也可在"V＋得＋一肚子＋X"句法环境中充当补语,表示"V"的结果,用例极少。如:

(27)措手不及的仪月被他吼得一肚子委屈,她又没做什么,他干嘛那么凶?(岳盈《有凤来仪》)

(28)原来悦宁出身虽好,却被敬谨王爷宠得一肚子草包。(郑媛《邪肆情郎》)

4.构式的语用特点

4.1　兼具指称和陈述功能

上文讨论了"一肚子＋X"构式的句法功能,可充当主语、谓语、宾语、定语、状语和补语,我们分别用"非常/很＋X"对充当不同句法成分的"一肚子＋X"构式进行替换,发现该构式充当谓语、定语、状语、补语时,可被"非常/很＋X"替换,而充当主语、宾语时则不能被替换(下文使用"?"标记)。如:

充当谓语:

(29)想起今天要被赶回美国,她就一肚子不乐意。(芃羽《姻缘巧订》)——她就非常/很不乐意

充当定语:

(30)他毕竟也才是个大孩子,在一肚子不高兴的状态下,才作了这个决定。(莫仁《翠仗玉球》)——在非常/很不高兴的状态下

充当状语:

(31)"这种事怎么说得出口!"芳枝一肚子委屈地说道。(杨咏清《我是你今生的新娘》)——非常/很委屈地说道

179

充当补语：

（32）措手不及的仪月被他吼得一肚子委屈，她又没做什么，他干嘛那么凶？（岳盈《有凤来仪》）——被他吼得非常/很委屈

充当主语：

（33）韩江一肚子委屈不知从何说起，却见葛修一已伸手入襁褓，在羽儿身上点了几处。（刘铮《凤凰琴》）——？韩江非常/很委屈不知从何说起

充当宾语：

（34）我顿时哑口无言，怀着一肚子委屈，傻傻地呆视她。（亦舒《我的前半生》）——？怀着非常/很委屈

造成这种差异的原因在于"一肚子＋X"构式兼具指称性和陈述性。当其处于谓语、定语、状语、补语位置上时，具有陈述性，可与同为陈述性结构的"非常/很＋X"互换；当其处于主语、宾语的位置上时，具有指称性，不能与"非常/很＋X"互换。正因为兼具指称性和陈述性的双重语用功能，构式"一肚子＋X"相比程度副词有其独特优势，适用范围更广。

4.2　多用于消极义语境

考察语料发现，变量"X"主要为消极义词，这说明"一肚子＋X"通常用于消极义语境。如：

（35）这时大家讲的话，他接谈不来，忍着一肚子的忌妒、愤怒、鄙薄，细心观察这些"绅士"们的丑态，有机会向小朋友们淋漓尽致地刻划。（钱钟书《猫》）

（36）留须人无言以对，干脆闭口无言，使劲挥了一鞭，把一肚子委屈，发泄到马儿身上。（卧龙生《小郎的绝招》）

"一肚子＋X"构式多用于消极义语境，主要与器官量词"肚子"本身的语义色彩有关。郭聪（2017：19）指出："就生活经验而言，'肚子'如果处于一种被填满的状态，人会感觉不舒服，自然不能与积极倾向义情感联系在一起。"此外，"肚子"作为人体的消化系统，所容纳的通常是排泄物等不为人知、难以外露的

东西,受此影响,"一肚子＋X"构式也多用于消极义语境。

(二)构式的发展演变问题

1.构式的起源与发展

"肚子"的量词用法较早见于明代,且一经产生就只与数词"一"组合,表示"满肚子"义,常用于修饰抽象名词。如:

(37)黄凤仙一肚子的怒气正没处去伸,抓过个福禄,就擂一刀。(《三宝太监西洋记》第六十九回)

(38)只为自己货儿果然破损,没个因头,难好开口,忍着一肚子恶气。(《醒世恒言》卷二十九)

上述两例中的"怒气""恶气"虽是抽象名词,但也具有程度属性,用"一肚子"计量凸显了主观大量。明代也可见到情感形容词进入该结构。如:

(39)仁卿一肚子恼怒[1],正无发泄处,一手揪住头发,拖将过来便打道:"多是你做了牵头,牵出事来的。"(《初刻拍案惊奇》卷二十九)

(40)百夫人骑在马上,这一肚子冤枉,再没处发泄,咬牙切齿,恨上两声。(《三宝太监西洋记》第八十二回)

上述两例"一肚子恼怒""一肚子冤枉"表示"恼怒""冤枉"的程度高。清代"一肚子＋X"构式用例增多,"X"主要是情感形容词。如:

(41)如今连平儿他也不叫我沾一沾了,平儿也是一肚子委屈不敢说。(《红楼梦》第四十四回)

(42)那知这两位公子,因科名蹭蹬,不得早年中鼎甲、入翰林,激成了一肚子牢骚不平。(《儒林外史》第八回)

现代汉语中"一肚子＋X"的用例大大增加,"X"的范围也进一步扩展到心理动词和其他形容词。如:

(43)何世纬一肚子狐疑,忍不住问:"刚刚那些追你们的人,到底是

---

[1]　"恼怒"判定为情感形容词,参看俞玮琦(2012)。此外,《现代汉语词典》(第7版)解释"恼怒"第一个义项是形容词,表"生气、发泄"义。

谁？他们为什么要追你们呢？"（琼瑶《青青河边草》）

（44）爹是个识时务的人，虽然有时也不免书空咄咄，一肚子不合时宜。（吴淡如《爱上三百岁的女孩》）

2.构式形成与发展的动因

"一肚子"在历史语料中有三种用法："一肚子＋名$_具$""一肚子＋名$_抽$""一肚子＋形/动"。其中"一肚子＋名$_具$"只表示计量义，如"一肚子水"；"一肚子＋名$_抽$"语义有所虚化，如"一肚子怨气"，既可以表示"怨气多"，也可以理解为"怨恨"的程度高，这个阶段"一肚子＋X"构式初具形态，但还不典型。"一肚子＋形/动"结构的出现才标志着"一肚子＋X"作为高量级程度义构式的真正形成，如"一肚子委屈"。我们认为"一肚子＋X"构式的产生和发展主要有语义隐喻和语用创新两点动因。

语义隐喻表现在"肚子"由器官隐喻为容器，同时把心理活动、情感状态视为可承载、可计量的实体。"肚子"本为名词，但在"一＋肚子＋X"结构中为临时量词，借用名词来作量词在人类语言中非常常见，如"一船人""a bottle of water"等。据范利、聂春梅（2001）的研究，名词临时作物量词的优先顺序为［＋可容性］［－人体器官］名词＞［＋可容性］［＋人体器官］名词＞［＋可附性］［＋人体器官］名词＞［＋可附性］［－人体器官］名词，"肚子"作为可容性的人体器官，容易被用作临时量词。从认知的角度来看，"肚子"由一种实体名词抽象为临时量词，其中起作用的机制为容器隐喻，即把抽象、无形的经验理解为离散、有形的容器实体，"一肚子"通过容器隐喻得以修饰具有程度属性的情感类词。

"一肚子＋X"构式的形成也有语用因素的推动。作为一种创新性用法，"一肚子＋X"表达高量级程度义并不是通过直接限定程度来完成，而是通过描摹"X"的生理表现来凸显程度高，这是其与高量级程度副词的不同之处。这种描摹性可以凸显情状细节，化抽象为具体，如"一肚子委屈"和"很委屈"都表示"委屈"的程度高，但"一肚子"是作为数量结构来限定"X"的多少，通过描摹"X"充满了整个肚子来凸显"X"的程度高；而"很"是直接对"X"的高低进行限定，不描摹状态，也不体现细节，抽象仍为抽象，我们只能获取"委屈的程度高"的客观信息，而无法形象感知"委屈"的具体表现。

四、"各种＋X"构式

"各种"是由指示代词"各"和集合量词"种"组成的指量短语,一般用于修饰名词性成分,表示种类繁多义。此外,现代汉语中出现了大量的"各种厌恶""各种喜欢"等说法,这种用法中的"各种"与指量短语"各种"的意义、句法表现存在较大差别。如:

(1)且近日各种报纸,大半皆重视小说,或文言或白话,争奇斗胜,以迎合阅者心理。(蔡友梅《益世余谭》)

(2)请愿团化作纸团儿,中国各种团体,也应如此处置。(蔡东藩、许廑父《民国演义》)

(3)这是个自动送上门求你潜,事后还对你各种厌恶却又丢甩不掉的奇怪男人的故事。(CCL微博)

(4)走了两个报刊亭买到,先看悦食,各种喜欢,版式正中下怀的美好,难得文字更美。(CCL微博)

目前学界对"各种"的此类用法已有不少讨论,其成果大致可以分为以下几个方面:(1)对"各种＋X"的句法、语义、语用进行描写和解释,如徐开妍(2013)讨论了"各种"超常搭配的句法特征、语义表现和语用色彩,并运用概念整合理论对其进行了解释;段纳(2016)也从三个平面角度对"各种＋谓词性成分"的特征进行了分析,认为该结构表示"程度高"或"动量多"。(2)从语法化的角度讨论"各种＋X"结构的演变过程和形成动因,如储泽祥(2014)认为"各种"从指量短语演变为程度副词,语义、语用上经历了"客观全部＞主观大量＞主观高程度"的变化过程;张璐、唐文菊(2018)认为"各种V/VP"构式具有数量义、程度义和无条件义,其语法化的诱因是常规结构式的超常组合、共时高频和语用驱动;陈晓蕾、陈文博(2016)认为"各种＋X"是"各种N"构式整体语法化的结果,演变机制为扩展和重新分析,演变动因为语用驱动。(3)从构式压制的角度解释"各种＋X"的形成,如宋作艳(2016)认为"各种"的副词化是"各种＋X"构式强迫的结果,"各种"的副词化与"各种＋X"的固化存在互动关系。关于"各种＋X"构式的现有研究已较为充分和深入,但未见从历时角度对其演变和发展过程进行研究的论文,几乎都是从现代汉语共时平面进行讨论,因此我们将侧重对历史文献中"各种+X"构式的考察,并对其演变动因和机制加以补充。

(一)构式的概况

1.构成成分

构式"各种+X"由指量短语"各种"和变量"X"构成.根据语法性质,变量"X"主要有以下几类:

1.1 动词性成分

"X"主要为心理动词。如:

(5)我的小礼物已经到咯,各种喜欢。(微博)

(6)烦,各种不爽,听个轻音乐静一下。(微博)

还可以是动宾短语或动补短语。如:

(7)我来揭露一个小三论坛,内容各种毁三观。(天涯论坛 2013-03-20)

(8)我心里激动,偷看女神 QQ 加为好友,然后各种聊得起劲,最后跟女神说能不能见个面。(人人网 2014-10-11)

1.2 形容词性成分

"X"既可以是性质形容词,又可以是状态形容词。如:

(9)老大最近的造型各种帅气,阿林哥辛苦了。(微博)

(10)其实我都觉得我吃太多了,手脚各种冰冷啊。(微博)

例(9)中"帅气"为性质形容词,例(10)中"冰冷"为状态形容词,上两例中的"各种+X"均表示程度高。

1.3 小句

变量"X"还可以是"被"字句。如:

(11)不过,你的魅力貌似有限,我就是各种被人嫌弃。(微博)

(12)今天各种被你帅哭。(微博)

陈晓蕾、陈文博(2016),张璐、唐文菊(2018)通过对出现频率较高的"X"进行分析,认为"X"主要由含有贬义特征或传递消极情绪的词充当,不少中性词语在实际使用中也经常用来描述不如意的遭遇,这与变量"X"可由"被"字句充当的语言事实一致,因此变量"X"通常具有[＋消极]的语义特点。

2.构式义

我们先看几个用例:

(13)我哥哥总在读书,先读各种"选读""选集"之类,因为那些书里有读不懂的地方,所以他又开始涉猎思辨哲学和中国传统哲学。(王小波《黑铁时代》)

(14)今天好多人啊,年终奖各种买,有了点过年的感觉。(微博)

(15)新到的黄色系列,真的各种喜欢啊!(微博)

(16)别人的男闺蜜各种贴心,各种帅气。(微博)

上述四例中的"各种＋X"结构实际上可以分为三种类型:

A.各种＋NP,如例(13)"各种选读、选集",语义为"NP的所有类型"。

B.各种＋VP,此类结构有两种语义:B_1 表示"VP的频率高",如例(14)"各种买"表示"买"这一动作的反复出现,"各种"相当于频率副词;B_2 表示"VP的程度高",如例(15)"各种喜欢"表示"喜欢"的程度高,"各种"相当于程度副词。

C.各种＋AP,如例(16)"各种贴心""各种帅气",语义为"AP的程度高"。

其中A类结构是"各种"的常规用法,B、C两类结构是"各种"的新用法,而我们所要讨论的"各种＋X"构式仅限于 B_2 和C两类表示主观高量级程度义的结构。

"各种＋X"构式通常表达的是说话人的主观情绪或主观评价,如上文示例中的"各种喜欢""各种帅气"都是说话人的主观表达,或是自我情绪的抒发,或是对其他事物的评价。这种高量级程度义的表达与程度副词相比有两点不同:一是理解上具有横向性,储泽祥(2014)认为相比"很"类程度副词,"各种"表示程度高倾向于"横向的繁多",而非"纵向的高深"。由于"各种"的源义为"类型多样",因此当其处于"各种＋X"构式中时,仍带有"种类繁多"的意味。以"不靠谱"为例,"各种不靠谱"在人们的主观认知中可以先理解为横向的"各种不靠谱的状况"或"各种不靠谱的人",进而理解为"不靠谱"的程度高,而"很不靠谱"仅表示"不靠谱"的程度在纵向量度上处于高量级。二是"各种＋X"构式的语气更为强烈,带有夸张、感叹语气,具体表现在"各种"要重读,"各"的音节拉长,以此凸显说话人的强调语气。

因此,"各种＋X"的构式义可以概括为:说话人对某一事物的性质或状态作出了高量级评价,这种主观高量通过横向的繁多来凸显,带有夸张、感叹的语气。

3. 构式的句法功能

"各种＋X"构式在句中可充当的句法成分主要有以下几类:

3.1 充当谓语

由于变量"X"主要由谓词性成分充当,整个构式具有谓词性,因此充当谓语是"各种＋X"构式的主要句法功能。如:

(17)有时候觉得做人真累,各种伪装。(微博)

(18)我最近酒量各种退步,估计不用你灌我就倒了。(微博)

3.2 充当宾语

构式"各种＋X"还可以充当感觉类动词"觉得"和判断动词"是"的宾语。如:

(19)聊天过程中她不间断的跟我说,于是我就莫名觉得各种戳笑点。(微博)

(20)平平姐,被你说中了,回来简直挡不住网络的诱惑,最主要的是各种不会呀!(微博)

3.3 充当补语

"各种＋X"构式还可充当程度补语。如:

(21)睡得各种不踏实,终于醒了碰到一个超级好大买家,感动的真的想哭。(微博)

(22)神奇,果然有你的晚安又睡得各种好了。(微博)

4. 构式的语用特点

4.1 以简洁的形式表达丰富的内容

邢福义（1997）指出："汉语语法重于意而简于形。在结构形式的选择上，常用减法；在结构语义的容量上，则常用加法。""各种＋X"构式就是汉语语法趋简性与兼容性的体现，如例（150）中的"各种喜欢"，喜欢的可能是礼物的颜色、款式、材质等，但这些并未在句中明确表达出来，说话人有意借助"各种"的指代功能，将种种情况囊括其中，集中表达自己"非常喜欢"的主观情感。"各种＋X"构式形式简单，但蕴含的语义丰富，符合语言使用中的经济性原则。

4.2　多用于网络语言

"各种＋X"构式常见于微博等网络媒体，文学、报刊中较为少见。造成这种语体倾向主要是因为网络交流通常要求生动风趣、言简意丰，以极少的字数表达极丰富的情感，同时网络用户具有求新求异心理，这种心理反映在语言上就要求使用创新性表达，语言形式要具有吸引眼球的效果，而"各种＋X"构式充分满足了网络用户的这些需求，因此能在网络语言中得到广泛应用。

（二）构式的发展演变问题

1.构式的起源与发展

《说文·口部》："各，异辞也。"指代一定群体中的不同个体，表示"各自"义，先秦时期已见。如：

（23）凡我造邦，无从匪彝，无即慆淫，各守尔典，以承天休。（《尚书·商书·汤诰》）

（24）草木畴生，禽兽群焉，物各从其类也。（《荀子·劝学篇》）

"种"的本义为"播种得早而成熟得晚的谷物"，后引申出"种类"义。汉代由"种类"义进一步引申出量词用法。如：

（25）狐貂裘千皮，羔羊裘千石，旃席千具，它果采千种，子贷金钱千贯。（《汉书·货殖传》）

（26）自天地六宗以下至诸小鬼神，凡千七百所，用三牲鸟兽三千余种。（《汉书·郊祀传》）

"各"与"种"连用较早见于明代，表"各种各样"义，后接名词性成分，此期用例较少。如：

(27)又一面将腰牌队册,照各种式样,预日刊刷齐备,式开于后。(《练兵实纪》卷一)

(28)各种教师置于左右,每日饮食之余,无所消遣,则用一教师习之,以为消遣之地,他功不妨,而武艺自精。(《练兵实纪》卷九)

清代"各种"的用例明显增多,所修饰的大多为名词性成分。如:

(29)晚上又教他叩头、请安、站班,各种规矩,卜通果然聪明,一学便会。(《二十年目睹之怪现状》第九十九回)

(30)及至看了那各种兵书,才知不但技艺可以练得精,就是膂力也可以练得到。(《儿女英雄传》第八回)

不过,此期"各种"也开始修饰一些动词性成分,用例较少。如:

(31)既设议事、董事之绅,又增佐治之官,则州县应议应办之事日多,各种治理皆赖财用。(《张文襄公全集》卷二百六十六)

(32)押官道:"大约亦止于此,惟多神荼郁垒、碎撕慢剥、各种啖嚼,其余刑狱较阴曹不过加重加久耳。"(《海国春秋》第四十回)

上述两例"治理""啖嚼"受"各种"修饰,在句中分别作主语和宾语,具有指称性。我们认为,这种指称性的"各种＋VP"结构为"各种＋X"构式的形成提供了条件,当其由在句中充当主语或宾语转变为充当谓语时,整体功能也由指称变为陈述,同时引发了人们对"各种＋VP"结构的重新分析,不能再理解为表多量的定中结构,而应理解为表示高量级程度的状中结构,于是就形成了新的"各种＋X"构式。清代语料中已偶见表示主观高量级程度的"各种＋X"构式。如:

(33)我所以各种犹疑,欲报不行,不报不可;放他又不能,不放他又不得。(《七剑十三侠》第一七五回)

(34)你只看他一经有钱有势,他就百般骄傲;及至无钱无势,他就各种谄媚。(《镜花缘》第五十八回)

上述两例中的"犹疑""谄媚"都具有[＋程度]、[＋性状]的语义特征,"各种犹疑"即"很/非常犹疑","各种谄媚"与"百般骄傲"对举,都表示程度高。因此,"各种＋X"构式并非现代汉语中出现的新用法,其源头可追溯到清代,只是清代用例较少,并未形成一种能产的构式。

相比清代处于萌芽时期的"各种＋X",现代汉语中"各种＋X"构式的使用频率大大增加,变量"X"的范围也进一步扩展至短语和小句,成为一个能产性的构式。如:

(35)一旦恋爱了,性格再果断的人也开始各种拿不定主意。(花瓣网2013-11-30)

(36)不过,你的魅力貌似有限,我就是各种被人嫌弃。(微博)

2. 构式形成与发展的动因

目前学界对"各种＋X"构式形成动因的研究已较为深入,如徐开妍(2013)的概念整合理论、宋作艳(2016)的构式强迫理论以及张璐、唐文菊(2018)和陈晓蕾、陈文博(2016)的语法化理论,都对"各种＋X"构式的形成进行了较为充分的解释。就语法化理论而言,学者们认为构式语法化的诱因为超常组合、共时高频和语用驱动,语法化的机制为扩展和重新分析。从构式的历时发展过程来看,"各种＋X"先是经历了"X"的扩展,即从名词性成分扩展为动词和形容词性成分,其次是句法位置的改变,即"各种＋VP/AP"由作主语或宾语转变为作谓语,这一变化导致了人们对"各种＋X"结构的重新分析。而在这一过程中,语用驱动也是一个重要的因素。发展至现代汉语时期,"各种＋X"构式又在语用驱动下经历了共时高频使用,从而固化为一个能产性构式。

此外,我们认为"各种＋X"由表示"种类多"演变为"程度高",也离不开隐喻机制的影响。沈家煊(1998)指出:"隐喻就是用一个具体概念来理解一个抽象概念的认知方式,现在常说成是从一个认知域到另一个认知域的投射。"隐喻机制起作用的前提在于两个不同认知域之间具有相似性。"各种＋NP"表达的是种类多,"各种＋X"表达的是程度高,由数量多隐喻为程度高,是数量域向程度域的投射,数量域和程度域同属于量范畴,都是量的体现,因此隐喻机制能够发生作用,促使"各种＋X"构式形成。

小　结

上文对"一百个＋X""一顿＋X""一肚子＋X"和"各种＋X"等四个表高量

级程度义的数量框架构式进行了讨论。"一百个＋X"构式较早见于明代,明清时期用例较少,现代汉语中使用频率增加,构式形成与发展的动因为语义隐喻、句法扩展和语用推动。"一顿＋X"构式早在明代就已产生,产生的动因为语用缺位、源义积淀和重新分析。"一肚子＋X"构式也较早见于明代,其形成动因为语义隐喻和语用创新。"各种＋X"构式的形成时间可追溯到清代,形成动因为句法扩展和语用驱动,形成机制为隐喻和重新分析。

通过个案考察,我们认为此类表达形式具有以下两点共性:

其一,构式的高量级程度义都由[＋主观大量]引申而来,这种主观大量可以表现为数量多("一百个＋X")、时间长("一顿＋X")、类别多("各种＋X")或"满、全"("一肚子＋X")等,这与本书讨论的两种语义演变路径是一致的,即"一百个＋X""一顿＋X"①"各种＋X"体现了"数量＞多量＞程度高"的语义演变路径,而"一肚子＋X"体现了"数量＞总括＞程度高"的演变路径,四个构式的考察进一步验证了上文所归纳的高量级数量表达语义演变路径的合理性。

其二,数量框架构式虽形成于明清时期,但真正兴起并得到广泛使用却是在现代汉语的网络语境之中,且使用者多为年轻人群。造成这一共性的原因有两点:一是作为一种创新性表达,其用法的稳固和传播需要共时的高频使用来促成,而网络环境为共时高频提供了条件,因此在现代汉语中兴起;二是与程度副词相比,此类框架构式言简意赅,化抽象为具体,体现了语言的创新性,为语言发展注入了活力,所以能在青年群体中得到广泛传播和使用。

---

① 我们认为"时间长"也可以看作一种"多量"。

第七章 "甚类词"的历时演变和现代汉语的使用①

　　汉语中表示性质、状态或某些动作行为程度很高的程度副词,可被称为"甚类词"。"甚类词"在语言中十分常见,历史汉语中的数量众多,据不完全统计,有几十个之多,②不过其主要成员则相对较少,且随着时代的变化而有所不同。一般认为,"甚类词"主要是用作状语,用来修饰形容词、心理动词以及部分动词短语(如"有精神""感兴趣")等。

　　汪维辉(2017:409)在讨论常用词替换时认为,"能不能找出一些行之有效的标准来帮助我们判断新旧替换过程已经完成了呢? 一般而言,判断的标准主要有三个:1.统计数据,2.组合关系,3.新旧词在典型语料中的使用情况"。本书将利用典型的汉语语料,结合"甚类词"主要成员的使用频率和搭配功能两个方面,考察该类词在汉语中的历时演变和共时分布情况。

一、上古时期

　　"甚类词"在上古汉语时期已经出现,其主要成员为"孔""大"和"甚"等,它

---

　　① 本章的部分内容曾以《汉语"甚类词"的历时演变研究》为题发表于张全珍、何亚南主编《庆祝柳士镇先生八十华诞问学集》,凤凰出版社 2024 年版。
　　② 本书的"甚类词"不同于祝鸿杰(1987)的"甚辞"。所谓甚辞,是表示最、很、非常、特别一类意义的词,略相当于今天所说的"程度副词"。历史汉语中的"甚类词"有"不方、不胜、差、大、大段、大故、大甚、大为、大小大、独、笃、多、多么、多少、非不、非常、非分、非甚、分外、怪、好、好不、好生、何、何等、何其、很、横、尽、尽自、精、可煞、可煞是、孔、酷、老、老大、良、蛮、满、丕、偏、颇、颇颇、颇甚、颇为、祁、奇、全、煞、煞是、深、深是、深为、深自、甚、甚大、甚生、甚是、甚为、生、盛、盛自、十分、殊、殊大、殊自、特、特地、挺、痛、痛自、万般、万分、无妨、响、雅、雅自、一何、异常、异样、尤、尤绝、尤其、尤为、正、重"等。

们的使用情况有所不同。见表 7-1。

表 7-1　上古时期"孔""大""甚"的使用情况

	《尚书》	《诗经》	《老子》	《仪礼》	《国语》	《左传》	《礼记》	《庄子》	《韩非子》	《吕览》	《史记》	《盐铁论》
孔	4	68	0	1	0	6	5	1	0	0	2	2
大	2	0	0	0	4	46	11	33	39	71	308	4
甚	0	3	8	0	14	26	4	20	55	59	243	9

1."孔"是一个具有上古汉语特色的程度副词。"孔"表程度的用法出现较早,且主要用于上古汉语早期的文献之中。《尚书》中"孔"3 例,如《尚书·禹贡》:"荆及衡阳惟荆州:江汉朝宗于海,九江孔殷,沱、潜既道,云土梦作乂。"《诗经》中"孔"共 68 例。"孔"多与形容词搭配,如《诗经·周南·汝坟》:"虽则如毁,父母孔迩。"毛传:"孔,甚。"《尔雅·释言》:"孔,甚也。"少数有动词搭配,如《诗经·小雅·吉日》:"瞻彼中原,其祁孔有。"

春秋战国以后,"孔"的使用渐少,如《仪礼》1 例、《左传》6 例、《礼记》5 例、《荀子》1 例、《庄子》1 例。值得注意的是,春秋之后的"孔"的使用多为引用《诗经》的用例,如《礼记·乐纪》:"诗云:'诱民孔易。'此之谓也。"又如《荀子·修身篇》:"诗曰:'□骎翕□骎翕訾訾,亦孔之哀。谋之其臧,则具是违;谋之不臧,则具是依。'此之谓也。"西汉以后使用更少,如《史记》2 例、《说苑》1 例、《淮南》1 例。这些用例基本上也都是引自《诗经》,如《史记·乐书》:"诗曰'诱民孔易',此之谓也。"又如《说苑》卷第五:"周颂曰:'丰年多黍多稌,亦有高廪,万亿及秭,为酒为醴,烝畀祖妣,以洽百礼,降福孔偕。'"

2."大"是上古时期使用最多的"甚类词"成员。"大"表程度高,在甲骨文、金文中已有表程度的"大",如:"王占曰:大吉。(合 35885)"(张玉金 1994:85)此后发展迅速,各种文献中频见。"大"与心理动词搭配更为常见,如《尚书·金縢》:"邦人大恐,王与大夫尽弁,以启金縢之书,乃得周公所自以为功,代武王之说。"也可与形容词搭配,如《国语·晋语一》:"言之大甘,其中必苦。潜在中矣,君故生心。"

3."甚"在上古时期使用较多,是比较成熟的程度副词。① "甚"用作程度副词多与形容词搭配,如《诗经·郑风·东门之墠》:"其室则迩,其人甚远。""甚"与心理动词搭配也比较常见,如《史记·宋微子世家》:"微子故能仁贤,乃代武庚,故殷之余民甚戴爱之。"

综上可知"孔""大""甚"3词在上古时期使用的基本情况:"孔"主要用于上古汉语早期,且主要见于《尚书》和《诗经》之中,此后使用不多且主要是对《诗经》的引用。"大"和"甚"在春秋之后的各种文献,如《论语》《老子》《仪礼》《国语》《左传》中均被频繁使用,战国之后继续广泛使用,且它们在这些文献中的使用频率不分伯仲、互有高下。

二、中古时期

此期"甚类词"主要有"大""甚"和"颇",与上古汉语相比,此期发生了一些变化,呈现出一些新的特点。见表7-2。

表7-2 中古时期"大""甚""颇"的使用情况

文献\词目	中土文献					汉译佛经					
	《论衡》	《抱朴子内篇》	《世说新语》	《南齐书》	《颜氏家训》	《修行本起经》	《中本起经》	《六度集经》	《百喻经》	《阿育王传》	《佛本行集经》
大	26	18	53	101	5	5	17	26	17	20	219
甚	26	36	139	160	26	8	15	64	15	18	170
颇	20	14	9	45	19	0	1	0	0	7	0

---

① 学界对程度副词"甚"的产生年代有争议:一种观点是上古汉语里"甚"可用作程度副词,如马建忠(1983:237)、吕叔湘(1956:148),杨树达(1979:236),杨伯峻(1983:87),杨伯峻、何乐士(2001:274)等,认为上古时期用作状语的"甚"为程度副词,用作谓语的"甚"为形容词;另一种观点是"甚"在上古汉语里仅用作形容词,六朝以后才转化为程度副词,如郭锡良(1985[2005])、李杰群(1986)、杨荣祥(2005:292-293)等,认为只有当"甚"仅能充当状语,而不再充当谓语等成分之时,才转化为程度副词。本书倾向于第一种看法,认为"甚"在上古汉语里是一个兼类词,既可作形容词,又可作程度副词。原因有二:一是用作形容词或程度副词的"甚"在意义和用法上都存在着较明显的差别。即形容词性的"甚"为"过分、厉害、超过一般"义,主要作谓语。程度副词"甚"为"很"义,表程度高,主要作状语。二是"甚"作状语的用法在上古时期已经大量存在,如表7-1所示。

其一,从使用频率上看,此期"甚类词"中"甚"的使用最多,"大"次之,"颇"最少,"孔"基本不再使用。"甚"和"大"是此期"甚类词"的主要成员,它们延续上古汉语的发展趋势,使用范围进一步扩大,使用频率进一步增加。"颇"表程度高的用法在中古时期兴起,其用例虽不及"大"和"甚"常见,但在不少文献中有较多的用例,如《论衡》20 例、《抱朴子内篇》14 例、《世说新语》9 例、《南齐书》45 例、《颜氏家训》19 例等。

其二,"甚类词"各个成员的文献分布存在较大差异。总的来看,中土文献中"大""甚"和"颇"均被广泛使用,其中"甚"的使用最多,"大"次之,"颇"最少;汉译佛经中"大"和"甚"均很常见,二者的频率不分上下。"颇"在汉译佛经中使用不多,如在《修行本起经》《六度集经》《百喻经》和《佛本行集经》等多种佛经文献中不见"颇"的踪迹。《中本起经》(1 例)和《阿育王传》(7 例)中虽有"颇"的少量例句,但数量却远远低于"大"和"甚"。

一般认为,中古佛经文献口语程度很高,是中古汉语研究必不可少的材料,语言的发展变化一般都会在佛经文献中有所体现。[①] "大""甚"文献分布广泛,中土文献和翻译佛经中均有大量用例,而"颇"在中土文献中较多使用,翻译佛经的使用却远不及中土文献常见,这是"颇"在中古时期使用上的一个重要特征。

其三,从搭配上看,"大""甚""颇"虽都可与形容词、心理动词及动词短语搭配,但它们的搭配倾向存在较大差异。"大"与心理动词的搭配最为常见,如《宋书·后妃列传》:"上大怒,封药赐死,既而原之。太子即帝位,立为皇后。""甚"的搭配词中多为形容词,如《洛阳伽蓝记》卷五:"其国有水,昔日甚浅,后山崩截流,变为二池。""颇"的搭配词中动词短语较多,如《搜神记》卷五:"望子芳香,流闻数里,颇有神验。"

三、近代时期

此期的"甚类词"很多,主要成员有"大""甚""颇""好""好不"和"很"等,它们具有不同的发展趋势。近代汉语的"甚类词"既有对前期的继承,又有发展

---

① 胡敕瑞(2002:104)指出:"佛典用词明显比《论衡》用词新。"

变化,最显著的特点是"大""甚"(尤其是"甚")的优势地位不断下降甚至消失和新兴成员"好""好不""很"的发展壮大。见表 7-3。

表 7-3 近代汉语"甚类词"的使用情况

	宋代之前		元代至明代中叶				明代后期之后		
	敦煌变文	《朱子语类》	《元刊杂剧三十种》	《元典章·刑部》	《训世评话》	《老乞大谚解》	《金瓶梅词话》	《红楼梦》(前80回)	《儿女英雄传》
大	69	267	2	10	5	1	95	128	9
甚	100	1876	5	37	12	3	181	65	32
颇	4	81	2	4	1	0	19	7	4
好	1	2	38	1	2	0	212	105	12
好不	0	0	5	0	0	1	109	8	28
很	0	0	1	12	0	5	0	84	50

注:《元典章·刑部》中"很"写作"哏"。

"甚类词"在近代汉语的演化具有明显的时代性,这种消长变化在近代汉语中后期表现得尤为明显。

宋代之前,"大"和"甚"被大量使用,仍是最为常见的"甚类词"。如唐五代的《敦煌变文校注》中"大"和"甚"分别为 69 例和 100 例,宋代的《朱子语类》中分别为 267 例和 1876 例,二词的使用频率远超过其他的"甚类词"成员。

元代到明代中期是"大""甚"与其他"甚类词"相互竞争的时期。部分文献中"大""甚"使用较多,频率占优,如元代的《元典章·刑部》中分别为 10 例和 37 例,明初的《训世评话》中分别为 5 例和 12 例,"大""甚"的使用远高于其他成员;另有一些文献中"好""好不"和"很"使用较多,而"大""甚"使用较少。如《元刊杂剧三十种》中的"好"38 例,《老乞大谚解》中的"很"5 例,均多于"大""甚"。这种情况表明,"大""甚"在这一时期的使用受到了其他"甚类词"的挑战。

经过元代到明代中叶的调整,"好""好不""很"等词在明代后期之后获得了很大的发展,在文献中频繁使用,而"大""甚"的优势地位不断下降。多数文献中最常用的"甚类词"已不是"大"或"甚",而是"好"或"很"等,如《金瓶梅词话》中"好"使用 212 例,多于"大"(95 例)和"甚"(181 例),《儿女英雄传》中

"很"使用 50 例,多于"大"(9 例)和"甚"(32 例)。不过,也存在例外,如《红楼梦》(前 80 回)中"大"使用 128 例,仍为最常见的"甚类词",但"好""甚""很"也颇为常见,分别为 105 例、65 例和 84 例。上述事实说明,明代晚期以后"大""甚"进一步衰退,其优势地位进一步下降甚至消失,有被其他词语替代的可能。

此外,"颇"在唐宋时期虽不及"大""甚"常见,但仍有不少用例,如《敦煌变文校注》4 例、《朱子语类》81 例。元代之后"颇"渐趋衰落,《元刊杂剧三十种》《元典章·刑部》等文献中的使用均不多,与"大""甚"的差距越来越大。"好""好不""很"的新兴和发展,进一步加快了"颇"的衰落进程,其使用频率越来越低。

四、现代时期

现代汉语时期是"甚类词"发生大变革的时期,不同成员的对比关系发生了显著变化,最突出的表现就是前期常用成员的继续衰落或消亡,以及"很"的发展壮大和"挺"的快速发展。

表 7-4 现代汉语"甚类词"的使用情况

	《骆驼祥子》	《北京人》	《围城》	《青春万岁》	《活着》	《编辑部的故事》
很	220	39	192	221	81	53
大	31	23	37	1	2	10
好	19	9	43	39	3	1
甚	18	2	21	0	0	1
颇	11	6	7	0	0	0
好不	2	0	5	0	0	4
挺	6	3	0	12	4	85

注:由于"X 得很"结构中"很"的性质尚有争议,上表仅指用于状语位置上的"很"。

"大""好""甚""颇""好不"等,在整个古代汉语时期或其中的某些时期使用频繁,但它们在现代汉语阶段以后整体衰落。

如表 7-4 所示,20 世纪 50 年代之前,"甚""颇"和"好不"的使用虽不及近代汉语时期频繁,却仍有不少用例,此3词在《骆驼祥子》中分别使用18例、11例、2例,《北京人》中为2例、6例、0例,《围城》中为21例、7例、5例;不过,20世纪50年代以后,"甚""颇"和"好不"的衰落十分迅速,基本不再使用,偶见零星用例,如《编辑部的故事》中"好不"使用4例,均是与"容易"搭配,单一的搭配功能,可视为"好不"渐趋衰落的一种反映。

"大"和"好"2词在现代汉语阶段虽然也在不断地衰落,但相对缓慢。在20世纪50年代之前的一些文献,如《骆驼祥子》《北京人》《围城》中"大"和"好"均被较为频繁地使用。20世纪50年代之后,"大""好"的使用虽然有所下降,但仍有一些用例,如"大"在《青春万岁》《活着》《编辑部的故事》中分别使用1例、2例和10例,"好"分别使用39例、3例和1例,表明"大""好"的使用虽不及前期频繁,但在现代汉语阶段仍被使用。

"很"的发展与壮大。清代中期(《红楼梦》时代)以后"很"发展迅速,现代汉语时期成为"甚类词"中最为常用的成员。现代汉语的6部文献中,"很"均是使用最多的"甚类词",逐渐呈现"一家独大"的局面,而且时代越晚"大""甚"等词与"很"的差距越大。

"挺"的快速发展。"挺"在清代后期已见,现代以后继续大量使用。如《儿女英雄传》第六回:"是个挺大的大狸花猫!"老舍《龙须沟》第三幕:"挺好! 挺合身儿!"上表7-4所示,"挺"是现代汉语中最主要的"甚类词"之一,使用量虽少于"很",但已不逊于"大"和"好",且时代越晚,"挺"的优势越明显。

五、搭配能力与历时演化

一般认为,程度副词在句中最常见的用法是修饰形容词和心理动词,也可用于部分动词短语等之前作状语,"甚类词"主要成员大都可与这些词类进行搭配。不过,"甚类词"的不同成员在搭配习惯和倾向上存在着差异,这些差异与该类词的历时演化有着密切的关联。

为考察"甚类词"搭配能力的异同,下文选取上古汉语到现代汉语的《左传》、《论衡》、《世说新语》、《敦煌变文校注》和《近代汉语语法研究资料》(宋元明代卷)、《红楼梦》(前80回)、《围城》和《编辑部的故事》等8种文献进行考察。由于程度副词"孔"主要用于上古汉语早期的《尚书》《诗经》之中,因此主要统计"大""甚""颇""很""好"和"好不"6个程度副词的使用情况。见表7-5。

表7-5 "甚类词"主要成员的搭配组合

		《左传》	《论衡》	《世说新语》	《敦煌变文校注》	《近代汉语语法研究资料》（宋元明代卷）	《红楼梦》（前80回）	《围城》	《编辑部的故事》
大	形容词	1	5	5	22	3	65	14	8
	心理动词	7	16	42	35	12	10	9	0
	动词短语	0	0	0	9	1	53	14	2
甚	形容词	16	14	83	64	14	47	8	1
	心理动词	6	8	34	15	4	12	8	0
	动词短语	3	0	22	8	2	6	5	0
颇	形容词	0	0	2	3	0	1	3	0
	心理动词	0	0	1	0	2	0	0	0
	动词短语	0	0	6	1	3	6	4	0
很	形容词	0	0	0	0	3	44	144	42
	心理动词	0	0	0	0	0	6	22	2
	动词短语	0	0	0	0	0	34	26	9
好	形容词	0	0	0	0	5	98	42	1
	心理动词	0	0	0	1	2	0	0	0
	动词短语	0	0	0	0	2	7	1	0
好不	形容词	0	0	0	0	0	7	5	4
	心理动词	0	0	0	0	0	0	0	0
	动词短语	0	0	0	0	0	1	0	0

1. 主要成员搭配功能的一致性和差异性

如表7-5所示，除了"好不"之外，[①]"甚类词"主要成员基本上都能与形容

---

① 调查文献中未见程度副词"好不"与心理动词搭配的用例。其实，"好不"应可与心理动词搭配，如"好不喜欢""好不生气"等。

词、心理动词及动词短语等进行搭配，①说明这些词的搭配功能比较均衡，所搭配的词类具有较大的一致性。

"甚类词"主要成员的搭配词类具有一定的倾向性，反映了它们在搭配上的差异性。如表 7-5 所示，多数词语最常见的用法是与形容词搭配，并能够与心理动词、动词短语搭配，如"甚""很""好""好不"，少数词语最常搭配的词类是心理动词，也能够与形容词、动词短语搭配，如"大"（《红楼梦》以后发生了变化），还有些词语常与动词短语搭配，少与形容词、心理动词搭配，如"颇"。

2."大"和"甚"的差异与共存

"甚类词"虽多，但"大""甚"是历史汉语中使用时间最长、频率最高的两个"甚类词"。它们是"甚类词"中最重要的成员，二词从上古到近代汉语"一路相伴"。仔细考察"大""甚"的搭配情况，发现它们在搭配上的分工颇为明显：从上古至近代汉语的绝大多数文献中，"大"主要修饰心理动词，与心理动词搭配的数量均为最多，超过了与形容词、动词短语的搭配。"甚"正好与"大"相反，"甚"以修饰形容词为主，与心理动词、动词短语的搭配一直少于形容词。"大""甚"在搭配上的这种分工颇有意思。

语言使用中存在一个"经济原则"（亦称"省力原则"），经济原则要求在日常的语言交际中，"如果一个词足够的话，决不用第二个"（郭秀梅 1985），这是由于人在生理和精神上的自然惰性要求言语活动中尽量减少能量的消耗（周绍珩 1980）。"大""甚"的语义相近，并不符合语言的经济原则。一般认为，程度副词最基本的句法功能是修饰形容词和心理动词。"大""甚"是上古至近代时期"甚类词"的最重要成员，它们的句法功能互补，在语言中担当不同的角色，各自的作用均不可或缺，联合起来才能共同完成"甚类词"的"历史使命"。也就是说，"大""甚"的互补分工是语言表达的需要，这就决定了它们之间并非不可能存在着"非此即彼"式的历时替换关系，而是一种长期共存的关系。上文研究表明，从上古至近代汉语时期，"大""甚"二词是一种共存关系，也说明

① 可从不同的角度来考察"大、甚、很"的句法功能，如它们对被饰成分的语法属性、音节结构、肯定形式和否定形式等方面。不过，"大、甚、很"的句法功能的差异主要体现在被饰成分的性质上。

了这一点。

3."很"的发展和壮大

"大""甚"的互补分布也反映了它们各自在搭配功能上的局限。由于它们无法独自完成"甚类词"的句法使命,决定了它们必须长期共存。不过,这种局面随着"很"的发展壮大而逐渐被打破。"很"在《红楼梦》中已较频繁地被使用,多达 84 例,使用量处于"大"(128 例)、"甚"(65 例)二者之间。应该说,此时"很"的大量使用,已经侵占了"大""甚"部分原有空间。而且,与"大""甚"相比,"很"的句法功能更为均衡(见表 7-6),除大量修饰形容词外,还广泛用于心理动词、动词短语之前。《红楼梦》之后,"很"进一步发展壮大,成为最常用的"甚类词"成员。与之相对应的是,"大""甚"则日渐衰落,它们的衰落给"很"的发展提供了广阔的空间。现代汉语以后"很"则远远超越其他成员,且有渐趋"一尊"之势。

六、现代汉语方言的使用情况

下文依据《汉语方言地图集·语法卷》第 20 图"很今天~热"考察"甚类词"在现代汉语的 930 个方言点的分布情况。统计发现,"甚类词"共有 A—F 的 6 个大类 51 个小类,[①]具体见表 7-6。

表 7-6 "甚类词"在现代汉语方言使用情况汇总[②]

	A	B	C	D	E	F
1	很$_{213}$	好$_{229}$	野$_{13}$	真$_{29}$	可$_{10}$	无对应副词$_{25}$
2	挺$_{35}$	好~很$_{39}$	野~真$_2$	真~很$_9$	尽$_{20}$	
3	挺~很$_6$	好点$_1$	野~诚$_3$	真~好$_8$	顶$_3$	
4	挺~真$_{24}$	上好$_2$	蛮$_{103}$	真~诚$_3$	极$_6$	

① 《汉语方言地图集·语法卷·凡例》指出:"与图目对应的一种方言说法或方言现象,为一个小类","在形式、意义、用法、来源等方面或其中某个方面具有共性的小类归并在一起,为一个大类"。这里的 A—F 的 6 个大类,共 51 小类,完全是依据《汉语方言地图集·语法卷》的第 23 图。

② 表 7-6、表 7-7 是依据《汉语方言地图集·语法卷》,感谢傅哲同学帮助统计和核对此二表。

	A	B	C	D	E	F
5			蛮~很$_{11}$	真穪$_1$	十分$_4$	
6			蛮~好$_{15}$	当真$_1$	特别$_1$	
7			蛮~好多$_1$	实$_1$	忒$_2$	
8			蛮~交关$_2$	是$_1$	太$_2$	
9			恶$_1$		老$_5$	
10			怪$_6$		够$_4$	
11			怪样$_1$		多$_1$	
12			糊涂$_4$		黑里$_1$	
13			危险$_3$		儿$_2$	
14			吓农~吓儿$_1$		当$_7$	
15			死人$_1$		交关$_3$	
16					介$_9$	
17					[na^{33}ku^{25}]等$_4$	
18					[kaŋ^{53}]等$_9$	
19					其他$_{41}$	

注:表中各个词形的下标数字,是使用该词的方言点数量。

观察上表可知,除"其他"和"无对应副词"外,930 个汉语方言点使用的词形多达 40 个,说明"甚类词"的词形丰富、数量繁多,它们分别是"好""很""蛮""挺""真""尽""野""可""介""[kaŋ^{53}]等""当""怪""极""老""够""糊涂""[na^{33}ku^{25}]等""十分""顶""诚""交关""危险""儿""上好""太""忒""当真""多""恶""怪样""好点""好多""黑里""实""是""死人""特别""吓儿""吓农""真穪"等。其中,"好""很"和"蛮"是汉语方言中"甚类词"的主要词形,3 词的使用范围很广泛,在众多的现代汉语方言中存在。依上表,使用"好"和"很"的方言点分别是 229 个和 213 个,可谓"旗鼓相当","蛮"的使用亦多,在 103 个方言点中使用。此 3 词的使用远超其他成员,3 词之后几乎呈"断崖式"分布,只有"挺""真"和"尽"的分布略多,分别在 35、29 和 20 种方言中使用,其他各词的使用很少,多数词语仅见于个别或几种汉语方言之中。

为更清楚地分析"甚类词"在各个汉语方言区的使用情况,现将 A-F 的各类词形在 21 种方言中的分布情况罗列如表 7-7。

表7-7　"甚类词"在方言区使用情况总表

	粤语	闽语	客家语	赣语	吴语	湘语	官话								晋语	徽语	平语	儋州语	畲话	乡语	土语
							江淮	东北	北京	冀鲁	中原	胶辽	西南	兰银							
A 很	3	4	3	7	14	5	19	11	6	12	54	5	25	17	23	4	16			1	1
A 挺								2	1	8		2			8						
A 挺~很										3											
A 挺~真								19	2	1		2									
B 好	47	15	35	34	51	18	9			1			37			3	14	1		3	12
B 好~很	2		2	6		4	3				2		16			1	2				1
B 好点							1									1					
B 上好																1					
C 野		12																	1		
C 野~真		2																			
C 野~诚		3																			
C 蛮			12	20		11	4				1		2							3	3
C 蛮~很			1	3	1	2	4						3								
C 蛮~好			1	4									5								2
C 蛮~好多	2				2								1								
C 蛮~交关																					
C 恶				1																	

续表

条目	粤语	闽语	客家语	赣语	吴语	湘语	官话								晋语	徽语	平话	儋州语	畲话	乡话	土话
							江淮	东北	北京	冀鲁	中原	胶辽	西南	兰银							
C怪		1					1			2	2		1								
C怪样																					
C糊涂					3						4										
C危险		3			1																
C吓农～吓儿					1																
C死人		20		1	5																
D真											1				1	1					
D真～很											6				2	1					
D真～好				8																	
D真～诚		1		1	1																
D真稽																					
D当真	1																				
D实		1																			
D是																					
E可		17								1	4				5						
E尽			2		2																
E顶					1														1		

续表

	粤语	闽语	客家语	赣语	吴语	湘语	官话								晋语	徽语	平话	儋州话	畲话	乡话	土语
							江淮	东北	北京	冀鲁	中原	胶辽	西南	兰银							
E极	1	4															1				
E十分			4																		
E特别		1	1																		
E武										1	1			1							
E大		1			1						2										
E老		1		1						1							1				
E够																					
E多							1														
E黑里															2						
E儿	1	1	4	4											2	1					
E当			3													1					
E交关					3																
E介					9																
E[na³³ku²⁵]等		4																			
E[kaŋ⁵³]等										5	1	3									
E其他	4	10	3	4	12	3					1		3			1	2				2
F无对应副词	1	1			14						3						1				1

注：上表的方言分类，参看了曹志耘《〈汉语方言地图集〉前言》的分类。

　　观察表 7-7 发现,所有的汉语方言均有"甚类词"的使用,且大都比较复杂。将上表与汉语历史文献中的程度副词进行比较,可以发现"甚类词"在汉语方言中的使用特征。

　　其一,汉语普通话中常用的"甚类词",在现代方言中也有较广的分布。如"好"在现代汉语方言中的分布很广,见于 229 个方言点,可用于绝大部分方言区,如粤语、闽语、客家话、赣语、湘语、江淮官话、冀鲁官话、西南官话、徽语、平话、儋州话、乡话和土话等均有使用。再如"很"是现代汉语中最常用的"甚类词"之一,也广泛分布于现代方言之中,共有 213 个方言点使用该词,除东北官话区、北京官话区、儋州话区以及畲话区外,在全国各个方言区都有分布。

　　其二,"甚类词"的使用具有明显的地域特征。如"挺"主要分布于东北官话、北京官话、冀鲁官话和胶辽官话区等官话方言。"怪"主要分布于江淮官话、冀鲁官话、中原官话和西南官话等官话方言。"蛮"主要分布在南方方言区,如客家话、赣语、吴语、湘语、江淮官话、西南官话和土话,少量分布在与南方方言接壤的中原官话和西南官话之中。"尽"主要分布在南方的闽语和吴语之中。方言差距越大,共有的"甚类词"越少,如北京官话和粤语是两种差别巨大的方言,如上表 7-7 所示,二者基本上没有共用的"甚类词"。相反地,方言归属越邻近,其使用的"甚类词"越接近,如北京官话和东北官话关系密切,二者使用的"甚类词"完全相同,都只有"很""挺"和"真"3 个词。

　　其三,不同方言区中"甚类词"的使用也很不均衡。在一些方言中的"甚类词"使用较少,如儋州话的"甚类词"仅有"好"1 个,畲话只有"好"和"尽"2 个,乡话使用"很""好"2 个,兰银官话使用的"甚类词"仅有"很"和"太"2 个;也有一些方言使用的"甚类词"比较多,如粤语使用的"甚类词"有"很""好""实""极""儿"等,闽语使用的"甚类词"有"很""好""野""真""诚""怪样""真穑""是""尽""极""太""老""儿""[na³³ku²⁵]"等等,客家话使用的"甚类词"有"很""好""蛮""顶""十分""太""儿""当"等,赣语使用的"甚类词"有"很""好""蛮""恶""真""当真""老"等,吴语使用的"甚类词"有"很""蛮""好""交关""危险""吓农～吓儿""死人""真""当真""尽""顶""老""介"等。同一种方言使用了较多的"甚类词",说明该种方言内部的复杂性和差异性。

　　其四,官话区和非官话区使用的"甚类词"与历史文献调查的结果存在差异。总的来说,大致有两种情况:一是官话区使用的"甚类词"多见于历史文献之中,如"怪""很""好""挺""太""忒""真"等。据文献调查和学界的研究,上述诸词均在近代汉语时期有较高的使用频率;二是非官话区使用的"甚类词",部分见于历史文献,如"尽""野"等。这些词用来表达程度,在近代汉语文献中已经存在,却往往被学界所忽视。现依据《汉语大词典》补充一些例句如下:

【尽】司马君实则论其失而取其长,为作补传。而程伊川则以为其议论尽高,有荀、扬道不到处。(元刘祁《归潜志》卷十三)|那江老儿名溶,是个老实忠厚的人,生意尽好,家道将就过得。(《二刻拍案惊奇》卷十五)|后山诗恁底深,他资质尽高,不知如何肯去学山谷?(清张泰来《江西诗社宗派图录·陈师道》)

【野】小村冷笑道:"清倌人只许吃酒勿许吵,倒凶得野哚!"(《海上花列传》第二回)|利钱重得野笃。(《九尾龟》第一六四回)①

一些"甚类词"是现代汉语时期新兴的,如"交关",如:

你屋里阿叔阿伯兄弟六七个,都交关要好。(甬剧《两兄弟》第一场)|她挑了一些药,用纸包成一包,说:"这种交关灵嘞! 一吃就好。"(茹志鹃《她从那条路上来》十一)

还有一些"甚类词"不见于汉语历史文献和现代汉语官话文献,如"当""儿""介""危险"等。

有鉴于此,我们考虑到一个问题:应当如何选择汉语史研究的语料,是一个需要重新审视的问题。众所周知,语料对汉语史的研究特别重要。因此,学术界的做法通常是选取典型语料进行统计和分析,典型语料的最基本特征就是口语性和可靠性(汪维辉 2000)。实际上,研究某一时期的语言现象,被选用的语料往往是相对固定的,如研究明代汉语,通常选择《老乞大谚解》《朴通事谚解》《三国演义》《水浒传》等,研究清代汉语,通常会选择《醒世姻缘传》《红楼

---

① 本句的"利钱"为"利钿",见清张春帆著:《九尾龟》(四),时代文艺出版社 2003 年版,第 183 页。原文如下:"说着又屈着指头算了一算道:'房饭账搭仔菜钿,算俚七百,再有四百洋钿借头,故歇过年格辰光,洛里去借啥洋钿? 要借洋钿,要末到中尚仁萧三大搭去借,不过利钿重得野笃。'"

梦》《金瓶梅》《歧路灯》《儿女英雄传》等。这样做的主要原因是这些语料的可靠性和口语性为学界所认可,学者们就习惯性地使用这些文献。但是,这么做可能会有一个明显的问题:依据这些文献进行研究,得出的结论是否能够如实地反映历史汉语的真实情况?

由此,我们认为汉语史研究中,除了注意语料的口语性和典型性之外,还需要注意语料的同质性和语料的广泛性。首先,我们不能将不同性质的语料杂糅起来使用,既要区分语料的时代性,又要区分语料地域性①。换言之,汉语史的研究不能将不同时代的语料混在一起进行统计(这一点,学界基本具有共识),也不能将不同方言背景的语料混杂起来,不加区分地进行统计分析(这一点,学界关注似乎还不够);其次,我们以往的汉语史研究,语料调查的范围比较有限,一些语言现象可能不见于这部分典型文献之中,而是存在于其他文献或方言文献之中。因此,扩大语料调查范围,既要扩大汉语历史文献的调查范围,除历史汉语的典型文献外,还要关注具有语言研究价值的其他文献,也要注意贯通古今,将汉语史的研究与现代汉语通语以及现代汉语方言的研究有机结合。只有这样,汉语史的研究才能尽可能呈现语言真实,才能构建系统科学的汉语语言史。

小　结

汉语史的"甚类词"数量虽多,但其主要成员只有"孔""大""甚""颇""好""好不""很"等。程度副词在使用过程中,程度语义会不断磨损。② 为了弥补程度磨损带来的"损失",语言中新的程度副词不断出现,新词出现之后旧词逐渐被替换。"甚类词"历时发展演变过程相当复杂,其面貌随着时代变化而有所不同。上古时期主要有"孔""大""甚",中古时期新出现"颇",近代时期"好"

---

① 汪维辉(2006)指出应重视词的"时代性"和"地域性"。其实,在汉语史研究中,语法、语音也应注意其"时代性"和"地域性"。

② 吴立红(2005)认为:"所谓状态形容词的程度磨损,其实是一种比较形象的说法,它指的是某些程度义的表达式原本隐含了一个相对固定的程度量(多为比较高的程度),由于长时间的使用,原有的固化程度不再那么明确,已经不能够被人们敏锐地感觉到,从而只有换用其他的表达方式。其表现之一就是前加程度词语,来重新定位原有的程度。"

"好不""很"等新兴。"甚类词"内部成员古今发生了变化,并不是简单的词汇替换,不同成员使用的时间有长有短。也就是说,"大""甚"是历史汉语中使用时间最长久、频率最高的"甚类词"成员,在整个古代汉语阶段一直在使用,而其他成员使用时间则较为短暂,不断变化更替,出现了"大""甚"与不同的"甚类词"共存的局面。

"甚类词"基本上可与形容词、心理动词和部分动词短语搭配,但各个成员之间存在着一定的差异。词语的搭配能力会影响到"甚类词"的历时演变速度,研究汉语常用词的历时变化,既要关注不同成员的使用频率,还应注意它们的搭配能力。上文研究表明,"甚类词"的历时演变过程中,"大""甚"二词"一路相伴",正是它们的搭配差异所致:前者多与心理动词搭配,后者多与形容词搭配。在近代汉语后期"大""甚"也都渐趋衰落,这就给"很"的发展提供了舞台。"很"与这些词语之间存在着一个"此消彼长"的过程,"很"的发展壮大过程正是这些词语的衰落过程。考察发现,这种变化开始于清代中期(《红楼梦》时代),完成于现代汉语时期。

语料对汉语史研究极为重要,汉语史研究必须重视语料的选择。结合"甚类词"的研究,我们认为汉语史研究,既要关注典型的历史语料,也要重视历代方言文献,同时还要将汉语史的研究与现代汉语结合起来,才能系统、全面地反映语言的历时面貌和共时特征。

第八章 结 语

　　程度是测定或评价某种行为、关系、状态或心理态度时表现出来的等级。对程度的描写和说明,反映了人类对程度范畴的认识和理解。在人类的语言中,程度范畴的表达方式涉及词汇、语法、语用等多个层面。一般认为,程度副词是程度范畴最重要的表达手段。汉语程度副词的历时演变有很多共性,但不同的成员之间也往往呈现出不同的特性。

　　本书重点探讨了汉语程度副词形成发展的路径、动因和机制,并将其与现代汉语方言、英语和其他语言进行比较,考察其共性和差异。下面将对本书的主要内容做简要总结和说明。

一、汉语程度副词的生成方式

　　汉语程度副词主要的生成方式有语法化、词汇化和构式化等几种。汉语的单音节程度副词,基本是通过语法化(虚化)的方式生成。这些词最初多是名词、动词或形容词,其意义一般比较具体,充当句子的主要成分。在使用过程中,它们被用在形容词或动词的前面或后面,处于状语或补语的位置上,经过高频使用,原来的词汇意义发生变化,进而转化为程度副词。

　　汉语双音节的程度副词,基本是通过词汇化的途径产生,其生成方式具体有三种方式。调查发现,从短语演化而来的汉语程度副词主要有并列、偏正、动宾和述补等四个类型,尚未发现主谓型的短语演化为程度副词;由句法结构发展而来的程度副词,主要是由程度副词与附加词缀连缀而成。汉语中的一些词缀构词能力很强,如"自""复""是""为"等,它们能够附在很多程度副词之后构成新词;跨层结构的词汇化是从非语言单位变为语言单位的语言变化,就程度副词而言,通过这种方式生成的程度副词不太多,主要有"极其""有点"

"有些"和"不胜"等少数成员。

汉语中的一些结构式(特别是数量结构式),在使用过程中通过构式化的方式获得程度语义。大致有两种类型:一是框架结构类,是指由数词构成的可表示程度义的四字格,如"千 X 百/万 Y""一 X 不 Y""一 X 二 Y"和"半 X 不/半 Y"等;二是框架构式类,是指"既有明显的框架形式,又有整体性的构式义"的存储单位,主要有"一百个+X""一顿+X"和"各种+X""一肚子+X"等。

二、汉语程度副词语义演化的路径

语法化和词汇化与语义演变关系密切,汉语程度副词的形成过程,伴随着语义变化的过程。程度副词形成演化过程中"来源项"和"目标项"在语义上存在关联。从演化路径上看,汉语程度副词的语义演变存在着若干具有规律性的链条。根据学界的已有研究成果,并结合我们的考察分析,本书罗列了一些常见的汉语程度副词演化路径。总的来看,主要的演化路径有以下几种:"穷尽>程度""超越>程度""异于一般>程度""增益>程度""微小>程度""询问>程度"和"比较>程度"等。

三、汉语程度副词的形成动因与机制

语言演变的动因和机制,学界的讨论已有很多。就程度副词而言,其形成的动因主要是语义基础和句法环境。任何一个程度副词的形成,必然与其源头意义有关,语义是其演化形成的基础。句法环境是程度副词形成的基本条件,程度副词都是在状语和补语位置上演化形成的。无论是单音节程度副词,还是复音节的形成,都是在这些位置上形成的,尤以状语位置的演化为常见。

程度副词的演化机制主要有类推、重新分析和语用推理等。类推和重新分析在前文有较详细的论述,语用推理值得特别注意。语用推理是语义演变的最主要机制之一,对程度副词的形成至关重要。具体而言,语用推理具体表现为隐喻和转喻两个认知过程。Croft(1993)利用域凸显来阐释概念转喻,Goossens(1990)指出隐喻和转喻是相互联系融合的,Panther(2006)认为概念隐喻具有象似关系(iconic relation),概念转喻具有指示关系(indexicalrelation),是一种意义的扩展(参看李福印 2008:147-152)。如指示代词"这/那/恁"和种类量词"样/般/等"的组合,从最初指示具体的类别演化为表达抽象的程度,同时具有隐喻和转喻两种机制起作用。从事物类别到行为类别是其表义功能的扩展,是相邻概念之间逐渐过渡的演化,是由转喻(metonymy)引起的。从类别语义到程度语义的变化,是不同认知域之间认知投射的顿变,由隐喻(metaphor)引发。

四、类型学视角下程度副词演化的个案研究

本书下编前三章是个案研究,选取了研究得不太充分的汉语程度副词,进行跨时代、跨语言和跨方言的类型学考察。研究发现,汉语史中确实存在"指示＞程度"和"数量＞程度"两类演化路径。而且,这两类演化路径,在汉语方言和其他民族的语言中也广泛存在,说明这些演化不是仅仅存在于汉语史之中,而是具有语言类型学上的共性,这也是对第三章的演化路径的有益补充。此外,我们还结合现代汉语方言,对较为典型的汉语程度词语集合——"甚类词"——的历时演化历程和共时分布状态进行了考察,探析它们的历时演化过程、共时分布和发展变化特征。

五、研究尚需改进的方向

程度语义的表达是一个比较复杂的问题,本书尽力呈现其生成的方式、演化的路径以及动因和机制,并以个案的形式考察了一些研究不太充分的程度词语或构式。不过,本书仍有一些可改进的地方,如考察的多为高量级程度副词,而低量级程度副词的数量虽然远少于高量级,但本书未对其进行系统考察,这是一个缺憾。

本书使用的外语材料多来自英语,间或使用了日语、韩语等其他语言。限于自身能力,未能广泛收集和使用更多语言的资料。本书使用的方言,多是依据《汉语方言地图集·语法卷》,未能全面使用现有的研究成果,也不是笔者自己的田野调查所得,这将是今后研究需要继续深化的地方。

参考文献

中文文献

鲍尔·J.霍伯尔、伊丽莎白·克劳丝·特拉格特 2008《语法化学说》，梁银峰译，上海：复旦大学出版社。

北京大学中文系 1955 级、1957 级语言班 1986《现代汉语虚词例释》，北京：商务印书馆。

贝罗贝、吴福祥 2000《上古汉语疑问代词的发展与演变》，《中国语文》第 4 期。

曹聪孙 1996《语言类型学与汉语的 SVO 和 SOV 之争》，《天津师范大学学报》（社科版）第 2 期。

曹广顺 1984《敦煌变文中的双音节副词》，《语言学论丛》（第十二辑），北京：商务印书馆。

曹小云 1996《〈五代史平话〉中已有肯定式"好不"用例出现》，《中国语文》第 2 期。

曹志耘 2008a《汉语方言地图集·语法卷》，北京：商务印书馆。

曹志耘 2008b《〈汉语方言地图集〉前言》，《语言教学与研究》第 2 期。

岑玉珍 2013《汉语副词词典》，北京：北京大学出版社。

常志伟 2014《"极其"的词化历程与动因》，《南京师范大学文学院学报》第 1 期。

陈钧 2019《试说东台方言"惹""惹来"》，《盐城师范学院学报》（人文社会科学版）第 2 期。

陈侃 2012《现代汉语高量级程度表达研究》，浙江大学博士学位论文。

陈侃 2018《汉语数词的程度义探析——以"十""百""千""万"为例》，《殷都学刊》第 2 期。

陈兰芬 2004《中古汉语程度副词探析》，华南师范大学硕士学位论文。

陈丽 2017《程度补语"不过"的历时来源及认知理据》，《长江师范学院学报》第 2 期。

陈丽雪 2009《十六世纪闽南语指示词的语法化现象》，《汉学研究》第 4 期。

陈林 2017《含"分"义素程度副词的语义异同比较研究》，《武汉纺织大学学报》第 1 期。

陈琳 2013《汉语虚词的语法化机制——以"非常"为例》，《安徽文学》（下半月）第 8 期。

陈敏燕、孙宜志、陈昌仪 2003《江西境内赣方言指示代词的近指和远指》，《中国语文》第 6 期。

陈青松 2011《现代汉语中的非时空排序表达及其比较》，《世界汉语教学》第 4 期。

陈群 1999《说"越来越 A"》，《汉语学习》第 2 期。

陈群 2006《近代汉语程度副词研究》，成都：巴蜀书社。

陈雪莹 2018《"万般"的语法化》，《现代语文》第 5 期。

陈燕玲 2004《"很"与"太"连带结构的比较与分析》，《泉州师范学院学报》（社会科学版）第 3 期。

陈颖、陈一 2013《"百分之百"的语法化及传信功能》，《语文教学通讯》（学术刊）第 9 期。

陈勇 2011a《从程度副词"半"的产生看重新分析这一机制》，《语言与翻译》第 1 期。

陈勇 2011b《汉语数量范畴及其非范畴化研究》，暨南大学博士学位论文。

陈勇 2014《试论语言范畴下"语义"的动态变化——以汉、英数量范畴为例》，《北京科技大学学报》（社会科学版）第 3 期。

陈勇 2017《汉语"一般"的词汇化与语法化历程考探》，《上海对外经贸大学学报》第 3 期。

陈又钧 1987《谈"三"——兼评汪中〈释三九〉》，《湖南科技大学学报》（社会科学版）第 2 期。

陈玉洁 2010《汉语指示词的类型学研究》,北京:中国社会科学出版社。

陈长旭 2013《河南固始话中的程度副词研究》,《信阳师范学院学报》(哲学社会科学版)第 6 期。

陈忠敏 2021《语义演变的类型、模式、机制及方向》,《辞书研究》第 5 期。

程美珍 1989《受"有点儿"修饰的词语的褒贬义》,《世界汉语教学》第 3 期。

池花 2012《英汉朝指示义表达方式对比研究》,延边大学硕士学位论文。

储泽祥、2011《强调高程度心理情态的"一百个(不)放心"类格式》,《世界汉语教学》第 1 期。

储泽祥 2014《网络语言里"各种"的词汇化和语法化——兼论网络语言的语法化特征》,《语言学论丛》第 1 期。

储泽祥 2023《"一顿 V"语序带来的句法语义语用特征》,《汉语学报》第 4 期。

储泽祥、邓云华 2003《指示代词的类型和共性》,《当代语言学》第 4 期。

戴予佳 2007《指示代词"这么/那么"认知研究》,复旦大学硕士学位论文。

邓统湘 2016《上古汉语常见框架构式的构式化及其发展》,湖南师范大学博士学位论文。

邓亦佳 2022《孟州方言程度范畴研究》,华中师范大学硕士学位论文。

翟会锋 2015《"各种＋AP/VP"格式的量性特征》,《鲁东大学学报》(哲学社会科学版)第 6 期。

翟会锋 2018《互动构式视角下"各种 X"作谓语的体词性分析》,《世界汉语教学》第 2 期。

丁可 2020《河南商丘方言中的程度性指示词"恁"》,《贵州工程应用技术学院学报》第 1 期。

丁萍 2013《突显程度的"这/那个＋V/A"》,《云南师范大学学报》(对外汉语教学与研究版)第 5 期。

董为光 2000《汉语副词的数量主观评价》,《语言研究》第 1 期。

董秀芳 2010《量与强调》,《量与复数的研究——中国境内语言的跨时空研究》,北京:商务印书馆。

董秀芳 2011《词汇化:汉语双音词的衍生和发展》(修订本),北京:商务印书馆。

董秀芳 2014《汉语词汇化研究的意义、存在的疑问以及新的研究课题》,《历史语言学研究》(第十一辑),北京:商务印书馆。

董正存 2017《汉语中约量到可能认识情态的语义演变——以"多半"为例》,《中国语文》第 1 期。

董正存 2020《汉语量化表达的语义来源及演变》,北京:华文出版社。

杜慧珍 2017《忻州方言代词研究》,山西师范大学硕士学位论文。

顿婷 2011《主观程度副词"何其"与"何等"》,《咸宁学院学报》第 2 期。

范晓慧 2014《偏关方言程度范畴》,山西师范大学硕士学位论文。

方一新 1997《东汉魏晋南北朝史书词语笺释》,合肥:黄山书社。

冯春田 2000《近代汉语语法研究》,济南:山东教育出版社。

冯春田 2010《近代汉语性状指示词"若""惹""日"的形成》,《语言学论丛》,北京:商务印书馆。

冯广艺、宋晓娟 2019《唐诗"一何"句考察》,《四川文理学院学报》第 1 期。

冯赫 2012《汉语空间词"所/许"历时演变研究》,中国社会科学院博士学位论文。

冯赫 2014《汉语演变过程中的韵律构词——基于性状指示词"许"历时形成的考察》,《山东大学学报》(哲学社会科学版)第 3 期。

冯赫 2016a《"尔所""尔许"探源》,《古汉语研究》第 2 期。

冯赫 2016b《样态指示词"如许""如所"的形成》,《中国语文》第 1 期。

冯赫 2018《指示词"如馨"与"尔馨"的形成》,《中国语文》第 3 期。

冯赫 2022《"几多""少多"与"多/大"类量度标记》,《古汉语研究》第 2 期。

冯赫 2023《"多(么)"的来源与形成新探》,《中国语文》第 1 期。

福建省地方志编纂委员会 1998《福建省志·方言志》,北京:方志出版社。

付玉萍 2006《"老大"从形容词到副词的语法化历程及其句法表现》,《首都师范大学学报》(社会科学版)第 5 期。

付元 2017《喀左方言代词研究》,辽宁师范大学硕士学位论文。

傅书灵 2005《〈歧路灯〉程度副词"极"字考察》,《安阳师范学院学报》第 4 期。

高娇 2021《河南周口方言代词"恁"》,《江西电力职业技术学院学报》第 11 期。

高晶 2015《霍州方言代词研究》,山西师范大学硕士学位论文。

高娟 2013《"好不 X"格式的历时演变研究》,《湖北社会科学》第 8 期。

高列过 2009《东汉佛经疑问代词"何等""何"地位演变差异探究》,《浙江教育学院学报》第 6 期。

高培培 2014《邯郸方言代词研究》,河北师范大学硕士学位论文。

高魏 2012《蒙山壮语的指示代词系统》,《梧州学院学报》第 5 期。

高亚楠 2014《汉语动态量词研究》,东北师范大学博士学位论文。

高育花 2001a《中古汉语"更"探微》,《湘潭大学社会科学学报》第 3 期。

高育花 2001b《中古汉语副词"颇"探微》,《温州师范学院学报》(哲学社会科学版)第 1 期。

高育花 2007《中古汉语副词研究》,合肥:黄山书社。

高育花 2009《汉语"很"类双音节程度副词发展演变概述》,《语言文字探索》第 4 期。

高育花 2010《汉语双音节程度副词"X 为"的历史发展及演变》,《长江学术》第 2 期。

高育花 2013《〈老乞大谚解〉〈朴通事谚解〉中的人称代词》,《人文丛刊》(第八辑)。

葛佳才 2005《东汉副词系统研究》,长沙:岳麓书社。

Greenberg 1984《某些主要跟语序有关的语法普遍现象》,陆丙甫、陆致极译,《国外语言学》第 4 期。

谷衍奎 2022《简明汉字源流字典》,北京:华夏出版社。

关黑拽 2015《古本〈老乞大〉中"那般者"的功能及其译读错讹现象》,《古籍整理研究学刊》第 2 期。

郭聪 2017《现代汉语"一+量词(器官)+形容词(情感)"结构研究》,华东师范大学硕士学位论文。

郭慧、原慧艳、车芳 2020《沁水县城东方言的指示代词》,《晋中学院学报》第 6 期。

郭锡良 1985《古汉语语法研究刍议》,《语文导报》第 9 期;又见郭锡良 2005《汉语史论集》(增补本),北京:商务印书馆。

郭秀梅 1985《使用英语修辞学》,南京:江苏人民出版社。

韩彩凤 2011《试析"那(个)X"》,《牡丹江大学学报》第 3 期。

韩陈其 1988《古汉语单音节程度副词之间的音义关系》,《徐州师院学报》第 4 期。

韩柳 2014《"这么"的句法语义功能研究》,山东大学硕士学位论文。

韩松岭 2011《指示代词"这/那"研究综述》,东北师范大学硕士学位论文。

韩新华 2012《程度副词"不胜"的产生》,《湛江师范学院学报》(哲学社会科学版)第 4 期。

Heine,B. & Kuteva,T. 2012.《语法化的世界词库》,龙海平、谷峰、肖小平译. 北京:世界图书出版公司.

何金松 1994《虚词历时词典》,武汉:湖北人民出版社。

何可 2007《"暴"类程度副词的语法化机制及组合功能》,辽宁师范大学硕士学位论文。

何余华 2014《赣语新余方言的指示代词》,《新余学院学报》第 5 期。

何瑜群 2013《〈醒世恒言〉程度副词计量研究》,《桂林航天工业学院学报》第 2 期。

何赟 2010《思南方言程度表达法研究》,西南大学硕士学位论文。

洪波 1998《论汉语实词虚化的机制》,郭锡良主编《古汉语语法论集》,北京:语文出版社。

洪波 2000《论平行虚化》,《汉语史研究集刊》第二辑,巴蜀书社。另收入《汉语历史语法研究》,北京:商务印书馆,2010 年。

洪波 2010《汉语历史语法研究》,北京:商务印书馆。

洪成玉 1997《〈史记〉中的程度副词"颇"》,《首都师范大学学报》(社会科学版)第 1 期。

胡敕瑞 2002《"尔许"溯源——兼论"是所""尔所""如所""如许"等指别代词》,《汉语史学报》第二辑。

胡方芳 2008《现代汉语转喻的认知研究》,华东师范大学博士学位论文。

胡附 1984《数词和量词》,上海:上海教育出版社。

胡华 2011《"such"的句法语义考察》,《长江大学学报》(社会科学版)第 8 期。

胡雷 2009《长子方言语法特色研究》,湘潭大学硕士学位论文。

胡丽珍 2008《再论三个程度副词"巨"、"狂"、"奇"》,《修辞学习》第 3 期。

胡丽珍、雷冬平 2015《再论动量词"顿"的产生时代及其来源》,《汉语史研究集刊》第 19 辑,成都:巴蜀书社。

胡莉蓉 2007《日语指示词"こ、そ、あ"在文章中的使用频率考察》,《中北大学学报》(社会科学版)第 1 期。

胡伟 2016《"半 A 半 B、一 A 一 B、一 A 二 B"比较研究》,《暨南学报》(哲学社会科学版)第 5 期。

黄汉君、连金发 2007《万历本荔枝记指示词研究》,《清华学报》第 2 期。

黄旻婧 2014《"那么"语法化的历时考察》,《现代语文》(语言研究版)第 11 期。

黄瑞红 2008《程度副词与动词的搭配——基于语料库的英汉对比研究》,上海交通大学博士学位论文。

黄瑞玲 2017《广东揭阳方言的指示词及其复音化－合音循环圈》,《语文研究》第 3 期。

黄盛璋 1957《谈程度副词》,《语文学习》第 4 期。

黄士平 2001《"越……越……"语句的逻辑解读》,《江汉大学学报》第 2 期。

黄树先、吴娟《论汉语方言的语义类型学意义——兼谈语义类型学视野下汉语方言大型词典的编纂》,《语文研究》2019 年第 4 期。

黄阳 2016《南宁粤语的助词"晒"》,《方言》第 4 期。

黄增寿 2005《〈贤愚经〉状语研究》,南京大学博士学位论文。

黄征、张涌泉 1997《敦煌变文校注》,北京:中华书局。

季薇 2011《现代汉语程度副词研究》,北京:光明日报出版社。

江蓝生 1995《说"麽"与"们"同源》,《中国语文》第 3 期。

江蓝生 1999《语法化程度的语音表现》,《中国语言学的新拓展》,香港:香港城市大学出版社。

江蓝生 2016《超常组合与语义羡余——汉语语法化诱因新探》,《中国语文》第 5 期。

江蓝生 2018《再论"们"的语源是"物"》,《中国语文》第 3 期。

姜南 2020《再探指示代词"那"的来源——来自汉译佛经的证据》,《古汉语研究》第 2 期。

姜迎春、甘于恩 2021《湖北武穴方言指示代词三分型研究》,《语言研究》第3期。

蒋华 2006《说"那个"》,《湖南工程学院学报》(社会科学版)第2期。

蒋绍愚 2017《近代汉语研究概要》(修订本),北京:北京大学出版社。

金立鑫 1988《"那么"的词类问题》,《中国语文》第2期。

金立鑫 1999《关于一些普遍的语序现象的解释》,《当代语言学》第4期。

金茗竹 2016《突显观视角下的汉语高程度语义的句法实现研究》,吉林大学博士学位论文。

阚绪良 1998《南北朝时期的副词"伤"》,《中国语研究》34号,日本白帝社。

雷冬平、胡丽珍 2011《说说程度副词"暴"和"超"》,《汉语学习》第5期。

雷文治 2002《近代汉语虚词词典》,石家庄:河北教育出版社。

黎锦熙 2000《新著国语文法》,北京:商务印书馆。

黎路遐 2016《近代汉语"这""那"不平衡发展考察》,《宜春学院学报》第4期。

黎路遐 2021《上古汉语指示代词演变研究》,北京:商务印书馆。

李福印 2008《认知语言学概论》,北京:北京大学出版社。

李高举 2014《由位数词"百"、"千"、"万"构成的框式结构研究》,安徽师范大学硕士学位论文。

李高举 2014《由位数词"百""千""万"构成的框式结构研究》,安徽师范大学硕士学位论文。

李计伟 2005《试论程度副词"老大"的来源》,《云南师范大学学报》(对外汉语教学与研究版)第6期。

李建平 2013《也谈动量词"顿"产生的时代及其语源——兼与王毅力先生商榷》,《语言研究》第1期。

李健、潘大陆 2009《数词的虚化形式及其修辞功能》,《韩山师范学院学报》第1期。

李杰群 1986《"甚"的词性演变》,《语文研究》第2期。

李杰群 1992《上古汉语程度副词考辨》,《纪念王力先生九十诞辰文集》,济南:山东教育出版社。

李晋霞 2005《"好"的语法化与主观化》,《世界汉语教学》第1期。

李琳 2004《论现代汉语的程度范畴》,东北师范大学硕士学位论文。

李露蕾 1986《甚词演变的一种趋势》,《中国语文》第 6 期。

李明 2014《试谈语用推理及相关问题》,《古汉语研究》第 4 期。

李倩 2014《河南固始方言代词研究》,浙江财经大学硕士学位论文。

李韧之 2008《类型学及其理论框架下的语言比较》,《解放军外国语学院学报》
　　第 1 期。

李泰洙 2003《〈老乞大〉四种版本语言研究》,北京:语文出版社。

李文泽 2001《宋代语言研究》,北京:线装书局。

李雯丽 2019《山西乡宁方言代词研究》,山西师范大学硕士学位论文。

李小军 2015《汉语语法化演变中的音变模式——附论音义互动关系》,《语言
　　学论丛》第 1 期。

李小军 2018《试论总括向高程度的演变》,《语言科学》第 5 期。

李小军 2021《汉语语法化词库》,北京:中国社会科学出版社。

李学琴 2020《内蒙古化德方言的指示代词研究》,《集宁师范学院学报》第
　　1 期。

李艳芝 2015《汉语中的构式化现象与构式宾语研究》,浙江大学博士学位
　　论文。

李宇涵 2022《现代汉语含指示代词的程度构式研究》,上海师范大学硕士学位
　　论文。

李宇明 2000《汉语量范畴研究》,武汉:华中师范大学出版社。

李宗江 2009《关于语法化机制研究的几点看法》,吴福祥、崔希亮主编《语法化
　　与语法研究(四)》,北京:商务印书馆。

李宗江 2013《关于词汇化的概念及相关问题——从同义并列双音词的成词性
　　质说起》,《汉语史学报》第十二辑。

李宗江 2016《汉语常用词演变研究》(第二版),上海:上海教育出版社。

栗学英 2017《中古汉语副词研究》,南京:南京大学出版社。

梁银峰 2018《汉语史指示词的功能和语法化》,上海:上海教育出版社。

林娟 2012《程度副词修饰无性状量级动词性成分考察》,《深圳大学学报》(人
　　文社会科学版)第 1 期。

林丽 2020《基于语料库的近代汉语"甚类词"研究》,浙江师范大学硕士学位
　　论文。

蔺璜、郭姝慧 2003《程度副词的特点范围与分类》,《山西大学学报》(哲学社会
　　科学版)第 2 期。

蔺梦月 2022《新乡方言词"恁"的多角度考察》,上海师范大学硕士学位论文。

刘畅 2015《程度构式"V 得这么/那么 A"及其否定式研究》,湘潭:湘潭大学硕
　　士学位论文。

刘丞 2014《副词"何等"的形成及其功能扩展》,《中南大学学报》第 6 期。

刘楚群 2004《说"越 V 越 A"》,《河北师范大学学报》(哲学社会科学版)第
　　4 期。

刘大为 2010a《从语法构式到修辞构式》(上),《当代修辞学》第 3 期。

刘大为 2010b《从语法构式到修辞构式》(下),《当代修辞学》第 4 期。

刘丹青 2001《语法化中的更新、强化与叠加》,《语言研究》第 2 期。

刘丹青 2002《汉语中的框式介词》,《当代语言学》第 4 期。

刘丹青 2003a《语序类型学与介词理论》,北京:商务印书馆。

刘丹青 2003b《语言类型学与汉语研究》,《世界汉语教学》第 4 期。

刘丹青、刘海燕 2005《崇明方言的指示词——繁复的系统及其背后的语言共
　　性》第 2 期。

刘芬 2016《英语情感强化副词的认知语义研究》,湖南师范大学博士学位
　　论文。

刘红妮 2024《汉语跨层结构词汇化模式和路径研究》,上海:学林出版社。

刘红妮 2019《汉语跨层结构的词汇化研究》,上海:学林出版社。

刘华林 2014《河南项城方言程度副词"镇(恁)"》,《考试周刊》第 62 期。

刘坚 1989《试论"和"字的发展,附论"共"字和"连"字》,《中国语文》第 6 期。

刘坚、曹广顺、吴福祥 1995《论诱发汉语词汇语法化的若干因素》,《中国语文》
　　第 3 期。

刘金勤 2013《程度副词"好"的共时分布与历时流变》,《湖北社会科学》第
　　6 期。

刘开骅 2004《中古汉语的并列双音副词》,《烟台师范学院学报》(社会科学版)

第 1 期。

刘凯鸣 1985《副词"伤"源流初探》,《汉语学习》第 6 期。

刘淇 1954《助字辨略》,章锡琛校注,北京:中华书局。

刘世儒 1965《魏晋南北朝量词研究》,北京:中华书局。

刘晓梅 2010《来自粤方言的超量级程度副词"太过"》,《中国语文》第 5 期。

刘颖 2017《山东临沂芝麻墩方言代词研究》,湖南师范大学硕士学位论文。

柳士镇 2019《魏晋南北朝历史语法》(修订本),北京:商务印书馆。

柳应九 1993《〈老乞大〉中的" 这们'"那们'与'这般''那般'》,《语言研究》第
　　2 期。

龙国富 2013《"越来越……"构式语法化——从语法化的视角看语法构式的显
　　现》,《中国语文》第 1 期。

卢惠惠 2005《近代汉语程度副词"十分"的语法化及其特殊用法》,《语言研究》
　　第 2 期。

卢惠惠 2007《古代白话小说句式运用研究》,上海:学林出版社。

卢惠惠 2009a《近代汉语程度副词"老"的语法化》,《语言研究》第 4 期。

卢惠惠 2009b《近代汉语程度副词"好"的语法化及其语体特征》《语言研究集
　　刊》第 6 辑。

陆丙甫 1993《核心推导语法》,上海:上海教育出版社。

陆雯雯 2008《济南方言的代词研究》,山东师范大学硕士学位论文。

罗常培 1981《现代汉语资料选编》,兰州:甘肃人民出版社。

罗耀华、孙敏 2010《"何必/何苦"的词汇化与语法化》,《汉语学习》第 2 期。

罗主宾 2016《副词"加倍"与"倍加"》,《绥化学院学报》第 9 期。

吕叔湘 1956《中国文法要略》,北京:商务印书馆。

吕叔湘 1984《汉语语法论文集》(增订本),北京:商务印书馆。

吕叔湘 1999《现代汉语八百词》(修订本),北京:商务印书馆。

吕叔湘著、江蓝生补 1985《近代汉语指代词》,上海:学林出版社。

吕文杰 2013《现代汉语程度范畴表达方式研究》,吉林大学博士学位论文。

吕雅贤 1992《从先秦到西汉程度副词的发展》,《北京大学学报》(哲学社会科
　　学版)第 2 期。

马碧 2004《汉语"更"类副词的历时考察》,湖南师范大学硕士学位论文。

马建忠 1983《马氏文通》,北京:商务印书馆。

马丽娜 2021《山西阳曲方言参考语法》,山西大学硕士学位论文。

马楠 2017《"越来越"中"来"的性质及其他——〈"越来越……"构式的语法化〉读后》,《中国语文》第 2 期。

马清华 2000《文化语义学》,南昌:江西人民出版社。

马清华 2003a《词汇语法化的动因》,《汉语学习》第 3 期。

马清华 2003b《强程度标记的叠加》,《华东师范大学学报》(哲学社会科学版)第 3 期。

马真 1981《修饰数量词的副词》,《语言教学与研究》第 1 期。

马真 1989《说副词"有一点儿"》,《世界汉语教学》第 4 期。

马真 1991《普通话里的程度副词"很、挺、怪、老"》,《汉语学习》第 2 期。

梅祖麟 1986《关于近代汉语指代词——读吕著〈近代汉语指代词〉》,《中国语文》第 6 期。

孟蓬生 2015《副词"颇"的来源及其发展》,《中国语文》第 4 期。

孟庆章 1996《"好不"肯定式出现时间新证》,《中国语文》第 2 期。

倪晋玉 2020《"十分"的副词化问题探究》,《安康学院学报》第 1 期。

聂丹、张显成 2011《论程度副词"最"的双层级特征形成机制》,《北方论丛》第 4 期。

聂志平 2005《关于"X 得很"中"很"的性质》,《中国语文》第 1 期。

潘海峰 2016《语言的主观性与主观化研究及其相关问题——兼论主观化与语法化的关系》,《上海师范大学学报》(哲学社会科学版)第 6 期。

潘海峰 2018《汉语主观性程度副词的多维研究——以"何其"与"何等"为例》,《同济大学学报》第 4 期。

潘红娅、李海娟 2009《中日指示词的对比研究——以文脉指示为中心》,《湖南财经高等专科学校学报》第 4 期。

潘悟云 1989《温州方言的指代词》,《温州师院学报》第 2 期。

潘晓军 2008《"稍微"类副词的连用方式和配合共现》,《云南师范大学学报》(对外汉语教学与研究版)第 5 期。

潘允中 1982《汉语语法史概要》,郑州：中州书画社。

彭姣娟 2005《新邵酿溪方言代词研究》,湖南师范大学硕士学位论文。

彭睿 2011《临界频率和非临界频率——频率和语法化关系的重新审视》,《中国语文》第 1 期。

朴银周 2005《程度范畴的韩汉对比研究》,华东师范大学硕士学位论文。

齐春红、罗耀华 2007《谈新程度副词"爆""超""巨"》,《语文教学与研究》第 4 期。

墙斯 2019《词汇类型学视角下汉语水中运动动词的历史演变》,《语言学论丛》（第五十九辑）。

乔治·莱考夫、马克·约翰逊 2015《我们赖以生存的隐喻》,何文忠译,杭州：浙江大学出版社。

桥本万太郎 2008《语言地理类型学》,余志鸿译,北京：世界图书出版公司。

秦朗 2016《湖南泸溪（浦市）方言代词研究》,湖南师范大学硕士学位论文。

邵敬敏、黄燕旋 2011《"半 A 半 B"框式结构研究》,《陕西师范大学学报》（哲学社会科学版）第 2 期。

邵敬敏、吴立红 2005《"副＋名"组合与语义指向新品种》,《语言教学与研究》第 6 期。

沈家煊 1991《〈类型和共性〉评介》,《国外语言学》第 3 期。

沈家煊 1994《"语法化"研究综观》,《外语教学与研究》第 4 期。

沈家煊 1998《实词虚化的机制——〈虚化而来的语法〉评介》,《当代语言学》第 3 期。

沈家煊 1999a《不对称和标记论》,南昌：江西教育出版社。

沈家煊 1999b《转指与转喻》,《当代语言学》第 1 期。

沈家煊 2001《语言的"主观性"和"主观化"》,《外语教学与研究》第 4 期。

沈家煊 2003《复句三域"行、知、言"》,《中国语文》第 3 期。

沈家煊 2004《语用原则、语用推理和语义演变》,《外语教学与研究》第 4 期。

沈家煊 2009《语言类型学的眼光》,《语言文字应用》第 3 期。

沈家煊 2012《怎样对比才有说服力——以英汉名动对比为例》,《现代外语》第 1 期。

盛益民 2011《绍兴柯桥话指示词研究》,南开大学硕士学位论文。

盛益民 2012《论指示词"许"及其来源》,《语言科学》第 3 期。

施建平 2013《近代汉语代词"这等"的历史嬗变》,《江苏大学学报》(社会科学版)第 5 期。

施顺玉 2008《〈儿女英雄传〉指示代词研究》,山东大学硕士学位论文。

石文娟 2013《"大半"和"多半"共时比较与历时演变》,华中师范大学硕士学位论文。

石毓智 2004《汉语研究的类型学视野》,南昌:江西教育出版社。

石毓智 2006《语法化的动因与机制》,北京:北京大学出版社。

石毓智、李讷 2001《汉语语法化的历程》,北京:北京大学出版社。

疏蒲剑 2016《程度副词的汉日对比研究》,《汉日语言对比研究论丛》第 7 辑。

疏蒲剑 2020《现代日语程度副词研究》,上海:华东理工大学出版社。

束定芳 2012《近 10 年来国外认知语言学最新进展与发展趋势》,《外语研究》第 1 期。

宋洪民 2002《〈史记〉副词"最"特殊句法位置试析》,《古汉语研究》第 2 期。

宋晓晖 2006《汉、韩指示代词对比研究》,对外经济贸易大学硕士学位论文。

苏日古嘎 2021《威妥玛〈语言自迩集〉(1867)指示代词"这么(着)"、"那么(着)"研究》,北京外国语大学硕士学位论文。

孙宝新 2019《"一肚子/脑子+中心成分"的认知语义学解释》,《安庆师范大学学报》(社会科学版)第 6 期。

孙东平、杨忠辉 2011《"好不"副词语法化过程中几个问题的续议》,《毕节学院学报》第 1 期。

孙锡信 1992《汉语历史语法要略》,上海:复旦大学出版社。

孙颖 2019《神池方言代词研究》,山西师范大学硕士学位论文。

太田辰夫 1991《汉语史通考》,江蓝生、白维国译,重庆:重庆出版社。

太田辰夫 1958[2003]《中国语历史文法》(修订译本),蒋绍愚、徐昌华译,北京:北京大学出版社。

谭景春 1998《名形词类转变的语义基础及相关问题》,《中国语文》第 5 期。

汤传扬 2015《近代汉语程度副词"紧"的语法化》,《牡丹江大学学报》第 5 期。

汤传扬 2017《程度补语"紧""很"的历史与现状》,《汉语学报》第 2 期。

汤珍珠、陈忠敏 1993《嘉定方言研究》,北京:社会科学文献出版社。

唐贤清 2002《〈朱子语类〉中的副词"大段"》,《湖南大学学报》(社会科学版)第 6 期。

唐贤清 2003《〈朱子语类〉副词"大故"探析》,《船山学刊》第 2 期。

唐贤清 2004《朱子语类副词研究》,长沙:湖南人民出版社。

唐贤清、罗主宾 2014《程度副词作补语的跨语言考察》,《民族语文》第 1 期。

唐韵 1992《近代汉语的程度副词"十分"》,《四川师范学院学报》(哲学社会科学版)第 4 期。

陶瑷丽 2012《程度范畴形式化的词汇手段:固定语》,《中南大学学报》(社会科学版)第 1 期。

田华 2009《关于"那么"的多角度探究》,南开大学硕士学位论文。

田家隆 2015《程度副词"非常""异常""无比""万分"的衍生与发展——兼论其在现代汉语状补位置上的不对称性》,《国际汉语学报》第 1 期。

万琴 2013《泥母系代词的发展动向》,温州大学硕士学位论文。

汪化云 2008《汉语方言代词论略》,成都:巴蜀书社。

汪维辉 2006《论词的时代性和地域性》,《语言研究》第 2 期。

汪维辉 2017《东汉—隋常用词演变研究》(修订本),北京:商务印书馆。

汪维辉 2020《汉语史研究要重视语体差异》,《南京师范大学文学院学报》第 1 期。

汪智云 2009《现代汉语程度副词的来源研究》,湖南师范大学硕士学位论文。

王博 2019《"这样""这么"的语法功能对比研究》,华中师范大学硕士学位论文。

王静 2003a《"很"、"非常"和"十分"的不对称及其原因》,《黄河科技大学学报》第 5 卷第 4 期。

王静 2003b《"很"的语法化过程》,《淮阴师范学院学报》(哲学社会科学版)第 4 期。

王静 2010《"有些""有点"的来源及其在近、现代汉语中的用法》,《宜宾学院学报》第 5 期。

王珏 1992《可受程度副词修饰的动词短语》,《解放军外国语学院学报》1992年第1期。

王力 1980《汉语史稿》,北京:中华书局。

王力 1989《汉语语法史》,北京:商务印书馆。

王丽艳 1997《试析"千…万…"式成语的格式与语法功能的关系》,《内蒙古民族师院学报》(哲学社会科学汉文版)第3期。

王茜 2022《山西曲沃方言代词研究》,西北大学硕士学位论文。

王擎擎、金鑫 2013《"百分之百"类词语从数量短语到副词的演变》,《求索》第3期。

王瑞敏 2019《语义一致性视角下"各种+X"的生成》,《内江师范学院学报》第1期。

王绍新 2000《隋唐五代的动量词》,《课余丛稿》,北京:北京语言文化大学出版社。

王世凯 2022《"这样/那样"的信疑用法和语法化——兼与"的样子"比较》,《语言教学与研究》第1期。

王霞 2017《映射高程度性质/情态的"第一漂亮/关注"类序数短语》,《汉语学习》第1期。

王信娟 2012《现代汉语语汇层面表程度的义类语素研究》,上海师范大学硕士学位论文。

王秀玲 2007《程度副词"分外"的来源及其发展》,《古汉语研究》第4期。

王亚倩 2021《渑池方言中特殊副词"可、痛、镇、恁、些"探赜》,《宿州教育学院学报》第4期。

王阳阳、马贝加 2007《副词"更"的语法化》,《浙江教育学院学报》第1期。

王毅力 2011《动量词"顿"的产生及其发展》,《语言研究》第3期。

王寅 2007《认知语言学》,上海:上海外语教育出版社。

王寅 2012《认知语言学和历史语言学的最新发展——历史认知语言学》,《外语教学与研究》第6期。

王寅、黄蓓 2008《极性程度副词"极"的主观化》,《外语研究》第5期。

王寅、严辰松 2005《语法化的特征、动因和机制——认知语言学视野中的语法化研究》，《解放军外国语学院学报》第 4 期。

王英伟 2012《"千 A 万 B"格式的多维考察》，上海师范大学硕士学位论文。

王莹莹 2019《蒙城方言副词研究》，华中师范大学硕士学位论文。

王永超 2009《元明时期汉语代词研究》，山东大学博士学位论文。

危艳丽 2014《虚词"半"的模糊语义特征》，《语言研究》第 3 期。

魏培泉 2004《汉魏六朝称代词研究》，"中研院"语言研究所。

魏玮 2019《河南信阳方言代词研究》，华中师范大学硕士学位论文。

温锁林 2011《"一量 VP"与"VP 一量"的句法与表意差别》，《广西师范大学学报》(哲学社会科学版)第 2 期。

温锁林 2012《话语主观性的数量表达法》，《语言研究》第 2 期。

温旭霞 2010《宁武方言的代词研究》，山西大学硕士学位论文。

文贞惠 1995《说指代程度的"这么/那么＋A"格式》，《汉语学习》第 2 期。

吴春相 2009《当代语言类型学视野下的汉语研究方法论》，《东江学刊》第 3 期。

吴福祥 1996《敦煌变文语法研究》，长沙：岳麓书社。

吴福祥 2003《汉语伴随介词语法化的类型学研究——兼论 SVO 型语言中伴随介词的两种演化模式》，《中国语文》第 1 期。

吴福祥 2005《汉语语法化研究》，北京：商务印书馆。

吴福祥 2007《汉语方所词语"後"的语义演变》，《中国语文》第 6 期。

吴福祥 2011《汉语主观性与主观化研究》，北京：商务印书馆。

吴福祥 2014《语言接触与语义复制——关于接触引发的语义演变》，《苏州大学学报》(哲学社会科学版)第 1 期。

吴福祥 2015《近代汉语语法》，北京：中国社会科学出版社。

吴福祥 2017《试谈语义演变的规律》，《古汉语研究》第 1 期。

吴福祥 2019《语义演变与主观化》，《民族语文》第 5 期。

吴福祥 2021《也谈语法化的机制和动因》，《语文研究》第 2 期。

吴立红 2005《状态形容词的程度磨损及其表达式的变化》，《修辞学习》第 6 期。

吴琦幸 1982《"伤"字新解》，《中国语文》第 1 期。

吴勇、周国强 2009《英语强调词研究的特点与趋势》,《外语教学理论与实践》第 4 期。

吴早生、李学义 2010《从光山话的"恁"看指示代词"三分法"》,《阜阳师范学院学报》(社会科学版)第 3 期。

武荣强、赵军 2006《"最"的语法化和主观化》,《湖南科技学院学报》第 6 期。

武振玉 2004a《〈朱子语类〉中的"十分"》,《古籍整理研究学刊》第 2 期。

武振玉 2004b《程度副词"非常、异常"的产生与发展》,《古汉语研究》第 2 期。

武振玉 2004c《程度副词"好"的产生和发展》,《吉林大学社会科学学报》第 2 期。

武振玉 2004d《程度副词"十分"的产生与发展》,《山东教育学院学报》第 6 期。

武振玉 2005《古代汉语中双音程度副词的产生和发展》,《新疆师范大学学报》(哲学社会科学版)第 2 期。

夏青 1996《"颇"字小议》,《古汉语研究》第 1 期。

香坂顺一 1992《水浒传词汇研究(虚词部分)》,植田均译、李思明校,台北:文津出版社。

向熹 2010《简明汉语史(下册)》(修订本),北京:商务印书馆。

小川环树 1981《苏州方言的指示代词》,《方言》第 4 期。

谢应光 2008《语言研究中的离散性和连续性概念》,《重庆师范大学学报》(哲学社会科学版)第 2 期。

邢福义 1985《"越 X,越 Y"句式》,《中国语文》第 3 期。

邢福义 1993《现代汉语数量词系统中的"半"和"双"》,《语言教学与研究》第 4 期。

邢福义 2000《"最"义级层的多个体涵量》,《中国语文》第 1 期。

邢福义 2016《汉语语法学》,北京:商务印书馆。

徐宝华、[日]宫田一郎 2020《汉语方言大词典》(修订本),北京:中华书局。

徐朝华 1993《上古汉语的程度词》,《河北师院学报》第 3 期。

徐朝华 1998《汉代的副词"颇"》,《纪念马汉麟先生论文集》,天津:南开大学出版社。

徐继磊 2009《广丰方言代词研究》,浙江财经学院硕士学位论文。

徐建宏 2005《程度副词"很"与"太"的用法辨析》,《辽宁大学学报》(哲学社会科学版)第 2 期。

徐俊霞 2003《程度副词"非常"的来源》,《殷都学刊》第 1 期。

徐烈炯、刘丹青 1998《话题的结构与功能》,上海:上海教育出版社。

徐默凡 2001《"这"、"那"研究述评》,《汉语学习》第 5 期。

徐时仪 2005《"不成"、"没"和"这"的语法化探补》,《现代汉语虚词研究与对外汉语教学》,上海:复旦大学出版社。

许陆君 2018《程度副词"十二分"的演变研究》,《西昌学院学报》(社会科学版)第 2 期。

许娜 2020《"半 X"结构的整合度及其句法语义属性》,《新疆大学学报》(哲学·人文社会科学版)第 4 期。

许秋莲、聂智 2006《"第一"用法小议》,《现代语文》第 11 期。

许余龙 2010《语言的共性、类型和对比——试论语言对比的理论源泉和目的》,《外语教学》第 4 期。

闫亚平 2015《"一＋量＋形"的构式化及其修辞动因》,《当代修辞学》第 2 期。

颜峰 2012《山东郯城方言的指示代词和疑问代词》,《现代语文》(语言研究版)第 7 期。

颜刚 2018《情态副词"八成"和"多半"的比较研究》,《四川职业技术学院学报》第 3 期。

颜刚 2020《"八成":数量、程度、情态》,《汉语学习》第 1 期。

颜君鸿 2013《从信息论看"X 是 X"构式》,《语文学刊》第 14 期。

杨伯峻 1983《文言文法》北京:中华书局。

杨伯峻、何乐士 2001《古汉语语法及其发展》(修订本),北京:商务印书馆。

杨海明 2019《论数字化时代汉语新兴高程度词——言语的私人定制、语境管辖与高程度表达的语体风格倾向》,《当代修辞学》第 5 期。

杨苛鑫 2022《"那么"的指示代词用法研究》,《阜阳职业技术学院学报》第 2 期。

杨丽君 2001《试论"一 X 不 Y"式成语》,《湖北大学学报》(哲学社会科学版)第 6 期。

杨荣祥 2004《从历史演变看"VP＋甚/极"的句法语义结构关系及"甚/极"的词性》,《语言科学》第 2 期。

杨荣祥 2005《近代汉语副词研究》,北京:商务印书馆。

杨树达 1979《词诠》,北京:中华书局。

杨永龙 2017《实词虚化与结构式的语法化》,上海:学林出版社。

杨勇 2017《高程度副词的语义磨蚀及其补偿机制》,《汉语学报》第 1 期。

杨玉玲 2007《"这么"和"那么"篇章不对称考察》,《语言文字应用》第 4 期。

姚菊芳 2013《山西繁峙方言代词研究》,山西师范大学硕士学位论文。

姚占龙 2004《也谈能受程度副词修饰的"有＋名"结构》,《汉语学习》第 4 期。

姚占龙 2005《现代汉语程度量表达研究》,上海师范大学博士学位论文。

叶建军 2020《肯定义句式"好不 A"的来源及"好不"的词汇化》,《新疆大学学报》(哲学·人文社会科学版)第 6 期。

叶南 2007《程度副词作状语和补语的不对称性》,《西南民族大学学报》(人文社科版)第 5 期。

叶玉英 2009《论程度副词{太}出现的时代及其与"太"、"大"、"泰"的关系》,《福建师范大学学报》(哲学社会科学版)第 3 期。

尹继群、李稳 2002《试论"千 A 万 B"式成语》,《语言研究》(S1)。

游艺 2017《浚县方言代词研究》,陕西师范大学硕士学位论文。

余义兵 2017《近代汉语"第一"主观情态义窥探》,《古汉语研究》第 4 期。

俞光中、植田均 1999《近代汉语语法研究》,上海:学林出版社。

俞玮琦 2012《现代汉语"一＋量＋情感形容词"结构研究》,华东师范大学硕士学位论文。

袁宾 1984《近代汉语"好不"考》,《中国语文》第 3 期。

袁芳 2011《现代汉语"很"与英语的对应程度》,中南大学硕士学位论文。

袁媛 2012《新构式"一顿＋VP"考察》,《学习月刊》第 7 期。

袁媛 2016《量词"顿"的句法界定及语义特征》,《宜宾学院学报》第 1 期。

袁媛 2012《新构式"一顿＋VP"考察》,《学习月刊》第 7 期。

岳辉、金茗竹 2016《高程度构式"不知道有多 W"研究》,《东北师大学报》(哲学社会科学版)第 6 期。

詹全旺 2009《英语增强词 terribly 的主观化———一项基于语料库的研究》,《外国语》第 5 期。

张伯江、方梅 2014《汉语功能语法研究》,北京:商务印书馆。

张德鑫 1999《"百、千、万"小考漫议(之一)》,《汉语学习》第 3 期。

张德鑫 1999《"半"解》,《语言文字应用》第 2 期。

张桂宾 1997《相对程度副词与绝对程度副词》,《华东师范大学学报》(哲学社会科学版)第 2 期。

张桂梅 2006《〈红楼梦〉前八十回"这"、"那"两系指示代词研究》,北京语言大学硕士学位论文。

张惠英 2001《汉语方言代词研究》,北京:语文出版社。

张惠英 2009《崇明方言研究》,北京:中国社会科学出版社。

张家合 2010a《程度副词"过"、"过于"的语法化及功能差异》,《佳木斯大学社会科学学报》第 5 期。

张家合 2010b《程度副词"越"、"越发"的语法化及相关问题》,《汉语学习》第 5 期。

张家合 2013《汉语"更加"类副词的历时演变》,《浙江师范大学学报》(社会科学版)第 1 期。

张家合 2017a《程度副词"有些""有点"的历史考察》,《浙江师范大学学报》(社会科学版)第 2 期。

张家合 2017b《汉语程度副词历史演变的多角度研究》,北京:中国社会科学出版社。

张家合 2022《基于语料库的汉语程度副词历时研究:兼与英语比较》,北京:中国社会科学出版社。

张家合 2024《汉语"甚类词"的历时演变研究》,张全珍、何亚南主编《庆祝柳士镇先生八十华诞问学集》,南京:凤凰出版社。

张俊阁 2007《明清山东方言代词研究》,山东大学博士学位论文。

张俊阁 2011《明清山东方言指示词"这""那"与"这么""那么"及其连词化》,《鲁东大学学报》(哲学社会科学版)第 2 期。

张莉 2016《语义类型学导论》,北京:世界图书出版公司。

张璐、唐文菊 2018《新兴"各种 V/VP"结构式的多维考察》,《山西大学学报》(哲学社会科学版)第 4 期。

张律 2013《由新兴程度副词看现代汉语中的超常搭配现象——以"各种 XX""真心 XX"为例》,《文教资料》第 35 期。

张美兰、战浩 2018《从甚词的角度看 19 世纪末 20 世纪初沪语新派老派的分布》,《语言科学》第 5 期。

张敏 1997《从类型学和认知语法的角度看汉语重叠现象》,《国外语言学》第 2 期。

张平 2006《程度副词"还"新探》,《广西民族学院学报》(哲学社会科学版)第 3 期。

张茜 2014《"一肚子气、一脸迷茫"类格式研究》,河南大学硕士学位论文。

张诗妍 2009《武汉方言中的程度副词"这"》,《大众文艺》(学术版)第 2 期。

张文君 2015《程度副词"非常"和"十分"的对比辨析与教学》,《黑龙江教育学院学报》第 5 期。

张相 1953《诗词曲语辞汇释》,北京:中华书局。

张晓静 2014《河北武邑方言语法研究》,福建师范大学博士学位论文。

张亚军 2002《时间副词"正"、"正在"、"在"及其虚化过程考察》,《上海师范大学学报》(哲学社会科学版)第 1 期。

张燕娣 2007《南昌方言研究》,北京:文化艺术出版社。

张诒三 2001《〈三国志·魏书〉程度副词的特点》,《殷都学刊》第 3 期。

张艺 2022《汉语程度语义数量表达的历时研究》,浙江师范大学硕士学位论文。

张谊生 2000a《论与汉语副词相关的虚化机制——兼论现代汉语副词的性质、分类与范围》,《中国语文》第 1 期。

张谊生 2000b《现代汉语虚词》,上海:华东师范大学出版社。

张谊生 2004《现代汉语副词探索》,上海:学林出版社。

张谊生 2007《从间接的跨层连用到典型的程度副词——"极其"词汇化和副词化的演化历程和成熟标志》,《古汉语研究》第 4 期。

张谊生 2010《现代汉语副词分析》,上海:生活·读书·新知三联书店。

233

张谊生 2013《程度副词"到顶"与"极顶"的功能、配合与成因》,《世界汉语教学》第 1 期。

张谊生 2014《现代汉语副词研究》(修订本),北京:商务印书馆。

张谊生 2016《试论语法化的动因和机制》,《历史语言学研究》(第十辑)。

张谊生 2017a《从相对到绝对:程度副词"最"的主观化趋势与后果》,《语文研究》第 1 期。

张谊生 2017b《与汉语虚词相关的语法化现象研究》,上海:学林出版社。

张谊生 2018《从夸张类别到穷尽方式与强调程度——"百般、万般"与"千般"的表达功能与演化模式探讨》,《语言研究》第 1 期。

张谊生 2019《"很/太+名/动"的形化模式与演化机制及其表达功用——兼论程度副词在相应组配中的四种功用》,《汉语学习》第 3 期。

张颖 2013《关于"第一+形"与"最+形"的差异——兼与陈青松先生商榷》,《学术交流》第 11 期。

张永哲 2011《凤翔方言代词研究》,陕西师范大学硕士学位论文。

张玉金 1994《甲骨文虚词词典》,北京:中华书局。

张志玲 2022《四川渠县方言程度范畴研究》,西南大学硕士学位论文。

张志莹 2011《洛阳方言中的程度副词》,《考试周刊》第 27 期。

章也 1998《也释三五九》,《内蒙古社会科学》第 4 期。

赵彩红 2016《"不是一般(的/地)+A/AP"构式解析——兼谈"一般"的程度副词化倾向》,《语言科学》第 3 期。

赵军 2005《程度副词"顶"的形成与分化》,《云南师范大学学报》(对外汉语教学与研究版)第 3 期。

赵军 2010《现代汉语程度量及其表达形式研究》,华东师范大学博士学位论文。

赵军 2009《"最"类极性程度副词的形成和发展》,《宁夏大学学报》(人文社会科学版)第 4 期。

赵彧 2020《语用推理与极性程度义的获得——以构式"V 过 A 的,没 V 过这么 A 的"为例》,《汉语学习》第 4 期。

曾建松 2016《汉语数量词的主观意义研究》,《外语学刊》第 3 期。

曾琴 2018《基于语料库的中日指示词对比研究——以"こ(そ？あ)んなに"和"这么/那么"为中心》,《汉字文化》第 23 期。

曾昭聪 2020《"顿"的量词用法的词源》,《汉字汉语研究》第 3 期。

甄珍 2016《现代汉语口语主观评议构式"那叫一个 A"研究》,《语言教学与研究》第 3 期。

甄珍、陈蒙 2018《山东淄博方言指示词的三分现象》,《方言》第 4 期。

郑宏 2008《副词"很"的形成考》,《韶关学院学报》第 11 期。

郑利平 2007《上虞方言语法研究》,上海大学硕士学位论文。

郑淑花 2012《"恁"的演变及属性研究》,《毕节学院学报》第 2 期。

郑伟 2013《早期和现代吴语中的指示词"能"及相关问题》,《汉语史学报》第 13 辑。

郑燕明 2004《析〈儿女英雄传〉中的程度副词"最"》,《兵团教育学院学报》第 3 期。

志村良治 1995《中国中世纪语法史研究》,江蓝生、白维国译,北京:中华书局。

中国社会科学院语言所 2001《古代汉语虚词词典》,北京:商务印书馆。

钟兆华 2011《近代汉语虚词研究》,北京:中国社会科学出版社。

周秉钧 1981《古汉语纲要》,长沙:湖南人民出版社。

周法高 1990《中国古代语法:称代编》,北京:中华书局。

周荐 2001《〈现代汉语词典〉中的待嵌格式》,《中国语文》第 6 期。

周娟 2006《"暴"类新流行程度副词的多维考察》,《修辞学习》第 6 期。

周孟战、张永发 2014《量词"般"的历时演变》,《现代语文》第 9 期。

周敏莉 2010《非具体数量义的"一百个"用法试析》,《理论界》第 11 期。

周敏莉、蒋文华 2018《新邵湘语中与指示相关的程度表达形式》,《钦州学院学报》第 2 期。

周若凡 2013《瑞安方言词法释要》,杭州师范大学硕士学位论文。

周小兵 1995《论汉语的程度副词》,《中国语文》第 2 期。

朱德熙 1982《语法讲义》,北京:商务印书馆。

朱德熙 2008《语言地理类型学·序》,余志鸿译,北京:世界图书出版公司。

朱冠明 2005《口语中新流行的程度副词"巨"》,《语文建设通讯》第 3 期。

朱冠明 2019《再谈近指代词"這"的来源》,《中国语文》第 6 期。

朱玲莉 2022《瑞金方言词典》,上海师范大学硕士学位论文。

朱祖延 1978《释"十二""三十六""七十二"》,《武汉师范学院学报》(哲学社会科学版)第 1 期。

祝鸿杰 1987《试论若干甚辞的来源》,《语言研究》第 2 期。

庄宇 2016《量词"顿"的多角度考察》,《才智》第 25 期。

宗轶丽 2011《现代汉语"一＋量＋形"结构的认知性研究》,复旦大学硕士学位论文。

英文文献

Adamson, S. & V. González-Díaz. 2004. "Back to the Very Beginning: The Development of Intensifiers in Early Modern English". Presented at the Thirteenth International Conference on English Historical Linguistics, Vienna.

Allerton, D. J. 1987. "English Intensifiers and Their Idiosyncrasies". In R. Steele & T. Threadgold(eds.). *Language Topics: Essays in Honor of Michael Halliday*. Volume 2. Amsterdam: Benjamins.

Anderson, W. 2006. "Absolutely, Totally, Filled to the Brim with the Famous Grouse: Intensifying Adverbs in the Scottish Corpus of Texts and Speech". *English Today*. 22(3).

Athanasiadou, A. 2007. "On the Subjectivity of Intensifiers". *Language Sciences*. 29(4).

Bauer, L. & W. Bauer. 2002. "Adjective Boosters in the English of Young New Zealanders". *Journal of English Linguistics*. 30(3).

Benzinger, E. M. 1971. *Intensifiers in Current English*. University of Florida.

Biber, D., et al. 1999. *Longman Grammar of Spoken and Written English*. Pearson Education Limited, London.

Bolinger, D. 1972. *Degree Words*. The Hague & Paris: Mouton.

Bybee, J. 2003. "Mechanism of Change in Grammaticalization: The Role of Frequency". In J. Janda & B. D. Joseph (eds.). *Handbook of Historical Linguistics*. Blackwell.

Bybee, J., Perkins, R. & Pagliuca, W. 1994. *The Evolution of Grammar: Tense, Aspect, and Modality in the Languages of the World*. Chicago: The University of Chicago Press.

Cacoullos, T. R. 2002. "From Pronoun to Intensifier". *Linguistics*. 40(2).

Calle-Martín. J. 2019. "No Cat Could Be That Hungry! This / That as Intensifiers in American English". *Australian Journal of Linguistics*. 39(2).

Chinfa L. 2014. "The Development of Southern Min Demonstratives + Type Classifier/Quantifier Construction in Late Ming and Early Qing Texts: From Demonstratives to Intensifiers". *Language and Linguistics*. 15 (4).

Crystal, D. (eds.). 2008. A Dictionary of Linguistics and Phonetics. Malden, MA.: Blackwell.

de Klerk, V. 2005. "Expressing Levels of Intensity in Xhosa English". *English World-Wide*. 26(1).

Dekeyser, X. 1994. "The Multal Quantifiers Much /Many and the Iranalogues: A Historical Lexico-semantic Analysis". *Leuvense Bijdragen*. 83(3).

Diessel, H. 1999. *Demonstratives: Form, Function, and Grammaticalization*. Am sterdam: John Benjamins.

Finegan, E. 1995. "Subjectivity and Subjectivisation: An Introduction", In Stein, D. & Wright, S. (eds.). *Subjectivity and Subjectivisation*. Cambridge: Cambridge University Press.

Fischer, O. 2007. *Morphosyntactic Change: Functional and Formal Perspectives*. New York/Oxford: Oxford University Press.

Fries, Charles C. 1940. *American English Grammar*. New York: Appleton

Century Crofts.

González-Díaz, V. 2005. "Much and Very Much: Very Much the Same Thing?" Presented at New Reflections on Grammaticalization. Santiagode Compostela.

González-Díaz, V. 2008. "Recent Developments in English Intensifiers: The Case of Very Much". *English Language and Linguistics*. 12(2).

Greenberg, J. H. 1957. "The Nature and Uses of Linguistic Typologies". *International Journal of American Linguistics*. 23(2).

Harris, A. & L. Campbell. 1995. *Historical Syntax in Cross-linguistic Perspective*, Cambridge: Cambridge University Press.

Heine et al. 1991. *Grammaticalization: A Conceptual Framework*. Chicago: The University of Chicago Press.

Hopper P. J. 1991. "On Some Principles of Grammaticalization". In Elizabeth C. Traugott & Bernd Heine (eds.). *Approaches to Grammaticalization*. Vol. I. *Theoretical and methodological issues*. Amsterdam & Philadelphia: John Benjamins.

Hopper, P. J. & E. C. Traugott. 1993. *Grammaticalization*. London: Cambridge University Press.

Ito, R. & S. Tagliamonte. 2003. "Well Weird, Right Dodgy, Very Strange, Really Cool: Layering and Recycling in English Intensifiers". *Language in Society*. 32(2).

Javier Calle-M. 2014. "On the History of the Intensifier Wonder in English". *Australian Journal of Linguistics*. 34(3).

Javier Calle-M. 2019. "This / That as Intensifiers in American English". *Australian Journal of Linguistics*. 39(2) .

Jespersen, O. 1922. *Language: Its Nature, Development, and Origin*. London: George Allen & Unwin.

Kennedy, G. 2003. "Amplifier Collocations in the British National Corpus: Implications for English Language Teaching". *TESOL Quarterly*. 37

(3).

Klein, H. 1998. *Adverbs of Degree in Dutch and Related Languages*. Amsterdam: John Benjamins Publishing Company.

Koptjevskaja-Tamm, M. & M. Vanhove, et al. 2007. "Typological Approaches to Lexical Semantics". *Linguistic Typology*. 11(1).

Kuha, M. 2004. "Investigating the Spread of 'So' as an Intensifier: Social and Structural Factors". Texas Linguistic Forum.

Labov, W. 1985. "Intensity". In D. Schiffrin(eds.). *Meaning, Form and Use in Context: Linguistic Applications*. Washington DC: Georgetown University Press.

Lakoff, G. & Johnson M. 1980. *Metaphors We Live by*, Chicago and London: University of Chicago Press.

Langacker, R. W. 1977. "Syntactic Reanalysis". In Charles N. Li(eds.). *Mechanisms of Syntactic Change*, Austin: University of Texas Press.

Langacker, R. W. 1987. *Foundations of Cognitive Grammar*, Vol. 1. Stanford: Stanford University Press.

Lehmann, C. 1995. *Thoughts on Grammaticalization*. Berlin: Language Science Press.

Lorenz, G. 1999. *Adjective Intensification—Learners Versus Native Speakers: A Corpus Study of Argumentative Writing*. Amsterdam: Rodopi.

Lorenz, G. 2002. "Really Worthwhile or Not Really Significant? A Corpus-based Approach to the Delexicalization and Grammaticalization of Intensifiers in Modern English". In I. Wischer & G. Diewald(eds.). *New Reflections on Grammaticalization*. Amsterdam: Benjamins.

Louw, B. 1993. "Irony in the Text or Insincerity in the Writer? The Diagnostic Potential of Semantic Prosodies". In M. Baker, G. Francis & E. Tognini-Bonelli (eds.). *Text and Technology*. Amsterdam: John Benjamins.

McEwen, W. & B. Greenberg. 1970. "Effects of Message Intensity on Receiver Evaluations of Source, Message, and Topic". *Journal of Communication*. 20(4).

Meillet, A. 1958. "Comment les Mots Changent de Sens". In his *Linguistiue historique et linguistiue generale*. Paris: Champion.

Méndez-Naya, B. 2003. "On Intensifiers and Grammaticalization: The Case of Swiþe". *English Studies*. 84(4).

Méndez-Naya, B. 2004. "Full Good, Right Good, Well Good? On the Competition of Intensifiers in the Middle English Period". Presented at the Thirteenth International Conference on English Historical Linguistics, Vienna.

Mendez-Naya, B. 2006. "Adjunct, Modifier, Discourse Marker: On the Various Functions of Right in the History of English". *Folia Linguistica Historica*. 27(1).

Méndez-Naya, B. 2007. "He Nas Nat Right Fat: On the Origin and Development of the Intensifier Right". In Gabriella Mazzon (eds.). *Studies in Middle English Forms and Meanings*. Bern: Peter Lang.

Méndez-Naya, B. 2008. "Special Issue on English Intensifiers". *English Language and Linguistics*. 12(2). Cambridge: Cambridge University Press.

Méndez-Naya, B. 2008. "On the History of Downright". *English Language and Linguistics*. 12(2).

Miller, W. J. 2017. *Grammaticalization in English: A Diachronic and Synchronic Analysis of the "ASS" Intensifier*. San Francisco, California (Thesis).

Murphy, B. 2010, *Corpus and Sociolinguistics: Investigating Age and Gender in Female Talk*. Amsterdam: Benjamins.

Mustanoja, T. 1960. *A Middle English Syntax*. Amsterdam: John Benjamins Publishing Company.

Nevalainen, T. & R. Matti. 2002. "Fairly Pretty or Pretty Fair? On the Development and Grammaticalization of English Downtoners ". *Language Sciences*. 24(3-4).

Nevalainen T. 2008. "An Introduction to Early Modern English". *Journal of Historical Pragmatics*. 9(1).

Newcombe, N. & D. Arnkoff. 1979. "Effects of Speech Style and Sex of Speaker on Person Perception". *Journal of Personality and Social Psychology*. 37(8).

Paradis, C. 1997. *Degree Modifiers of Adjectives in Spoken British English*. Lund: Lund University Press.

Paradis, C. 2000. " Reinforcing Adjectives: A Cognative Semantic Perspective on Grammaticalization". In Bermudez-Otero, Ricardo et al (eds.). *Generative Theory and Corpus Studies: A Dialogue from 10 ICEHL. Topics in English Linguistics*. Berlin: Mouton de Gruyter.

Paradis, C. 2008. "Configurations, Construals and Change: Expressions of Degree". *English Language and Linguistics*. 12(2).

Partington, A. 1993. "Corpus Evidence of Language Change: The Case of the Intensifier". In M. Baker, G. Francis, & E. Tognini-Bonelli (eds.). *Text and Technology: In Honour of John Sinclair*. Amsterdam: John Benjamins.

Peters, H. 1994. "Degree Adverbs in Early Modern English". In Dieter Kastovsky(eds.). *Studies in Early Modern English*. Berlin & New York: Walter de Gruyter.

Quirk, R. , S. Greenbaum, G. & Leech et al. 1972. *A Grammar of Contemporary English*. London: Longman Group Limited.

Quirk, R. , S. Greenbaum, G. Leech et al. 1985. *A Comprehensive Grammar of the English Language*. New York: Longman.

Rissanen, M. 2008. "From 'Quickly' to 'Fairly': On the History of Rather". *English Language and Linguistics*. 12(2).

Stöffel，C. 1901. *Intensives and Downtoners：A Study in English Adverbs*. Heidelberg：Carl Winter.

Tagliamonte，S. & C. Roberts. 2005. "So Weird；So Cool；So Innovative：The Use of Intensifiers in the Television Series 'Friends'". *American Speech*. 80(3).

Tagliamonte，S. 2008. "So Different and Pretty Cool！Recycling Intensifiers in Toronto，Canada". *English Language and Linguistics*. 12(2).

Talmy，L. 2000. *Toward a Cognitive Semantics*. Cambridge：MIT Press.

Traugott，E. C. 1999. "Why Must Is Not Moot". Fourteenth International Conference on Historical Linguistics. Vancouver，British Columbia.

Traugott E. C，& Graeme G. Trousdale. 2013. *Constructionalization and Constructional Changes*. Oxford：Oxford University Press.

Traugott，E. C. & Richard B. Dasher. 2002. *Regularity in Semantic Change*. Cambridge：Cambridge University Press.

Traugott，E. C. 1996. "Grammaticalization and Lexicalization". In Bromn and Miller （eds.）. *Concise Encyclopedia of Syntactic Theories*. Oxford：Pergamon.

Wittouck，H. 2010. *A Corpus-based Study on the Rise and Grammaticalisation of Intensifiers in British and American English*. Universiteit Gent.

后　记

　　程度副词的研究很有意思,成果极为丰富。从读博算起,我就持续关注程度副词的问题。近二十年,我的文献阅读和理论学习大都是围绕该问题进行的。由于勤奋不够,天资不足,现在呈上的仍是一些不成熟的思考,内心十分惶恐,敬祈方家同好指正!

　　二十年不可谓不长,限于目前的研究任务和其他原因,未来的一段时间内将不会系统聚焦程度副词问题。因此,本书可以说是对过往学习和研究的一个见证。

　　感谢各位师友!我的点滴进步,都得到大家的关心和帮助。课题研究中的指导,论文评阅中的建议,或是学术会议茶歇中的意见,我都心存感激。

　　感谢我的学生!在教学相长的过程中,我既获取了新的知识和信息,开阔了自己的视野,又提升了自己的研究能力。如果没有你们的帮助,本书的完成可能还需要推迟很久,在此向各位表示感谢。

　　感谢学校社科处和行知学院为本书出版提供的帮助,感谢学院对我的关心和支持,感谢学院教务老师在课程安排上给予的便利,本人才能集中时间和精力完成本书的写作。

　　感谢浙江大学出版社的宋旭华先生和胡畔女士,以专业的态度和敬业的精神,为本书的出版做了大量精细的工作。

　　感谢我的爸爸妈妈!感谢我的家人!无论是自己处在任何状态之中,他们都对我无条件地理解、宽容和支持。

张家合

2024 年 8 月 30 日